数据科学与工程技术丛书

HETEROGENEOUS INFORMATION NETWORK
ANALYSIS AND APPLICATIONS

异质信息网络分析与应用

[中] 石川（Chuan Shi）[美] 俞士纶（Philip S. Yu） 著

胡琳梅 石川 译

机械工业出版社
China Machine Press

图书在版编目（CIP）数据

异质信息网络分析与应用 / 石川，（美）俞士纶（Philip S. Yu）著；胡琳梅，石川译 . -- 北京：机械工业出版社，2021.3
（数据科学与工程技术丛书）
书名原文：Heterogeneous Information Network Analysis and Applications
ISBN 978-7-111-67735-2

I. ①异… II. ①石… ②俞… ③胡… III. ①异质 - 信息网络 - 网络分析 IV. ①G202

中国版本图书馆 CIP 数据核字（2021）第 042941 号

本书版权登记号：图字 01-2020-3413

本书对异质信息网络分析的最新发展以及该领域的一些新颖的数据挖掘任务进行了全面的综述，从逻辑上分为两个部分：第一部分（第 1、2、9 章）深入全面地总结了该领域的最新进展，其中第 9 章根据最新发展和趋势指出了未来的研究方向；第二部分（第 3~8 章）通过几类数据挖掘任务说明了异质信息网络分析的特征。

本书读者对象为数据挖掘领域（尤其是社交网络分析领域）的工程师和研究人员，也适合计算机科学及相关专业的高年级本科生或研究生阅读。

出版发行：机械工业出版社（北京市西城区百万庄大街 22 号 邮政编码：100037）
责任编辑：王春华 刘 锋　　责任校对：殷 虹
印 刷：北京文昌阁彩色印刷有限责任公司　　版 次：2021 年 3 月第 1 版第 1 次印刷
开 本：185mm × 260mm 1/16　　印 张：14
书 号：ISBN 978-7-111-67735-2　　定 价：89.00 元

客服电话：(010) 88361066 88379833 68326294　　投稿热线：(010) 88379604
华章网站：www.hzbook.com　　读者信箱：hzjsj@hzbook.com

前　　言

现实环境中的交互和多类型组件构成了相互连接的网络——可以称为信息网络。这些无处不在的信息网络是现代信息基础架构的重要组成部分。近年来，信息网络分析引起了计算机科学、社会科学、物理学等许多领域研究人员的极大关注。特别是，在过去的十年中，信息网络分析已成为数据挖掘、数据库和信息检索领域的主流方向。基本范式是通过从网络数据中挖掘链接关系来发现隐藏模式。信息网络分析还涉及社交网络分析、链接挖掘、图挖掘和网络科学方面的工作。

当前信息网络分析通常基于同质信息网络，这种网络中只有一种类型的对象或链接。示例之一是作者合作网络，该网络仅包含作者和共同作者之间的关系。这些同质信息网络通常是通过简单地忽略对象和链接的异质性或仅考虑一种对象之间的一种链接来简化实际交互系统。但是，大多数实际的交互系统都包含多种类型的交互组件，这些组件可以建模为包含不同类型的对象和链接的异质信息网络。例如，文献数据库（如DBLP）可以构建成一个异质信息网络，其中包括多种类型的对象（例如，论文、作者和会议）和链接关系（例如，作者与论文之间的写/被写，论文和会议之间的发表/发表于）。显然，作者合作网络隐含在异质信息网络中，可以从论文和作者之间的被写/写的关系推导得到。

与同质信息网络相比，异质信息网络可以有效地融合更多的信息，并在对象和链接中包含更丰富的语义，从而形成了数据挖掘的新发展。自 2009 年异质信息网络的概念首次提出，它很快成为数据挖掘中的一个热门研究主题，并且基于这种网络出现了许多创新的数据挖掘任务。此外，一些独特的分析技术（例如，基于元路径的挖掘）的提出，展现了异质信息网络的优势。特别是，随着大数据时代的到来，异质信息网络成为一种建模和分析大数据中复杂对象及其关系的有效方法。

本书首先对异质信息网络分析的最新发展以及该领域的一些新颖的数据挖掘任务进行了全面的综述。本书从逻辑上分为两个部分。第一部分包括第 1、2、9 章，深入全面地总结了该领域的最新进展。第 1 章深入介绍异质信息网络，第 2 章综述大多数数据挖掘任务的研究进展，此外，根据最新发展和趋势，在第 9 章中指出了未来的研究方向。在第二部分，通过第 3~8 章中的几类数据挖掘任务说明了异质信息网络分析的特点。第 3 章介绍相关性度量，第 4 章介绍排名和聚类，第 5 章介绍推荐，第 6 章介绍融合学习，第 7 章介绍模式丰富的异质网络挖掘，第 8 章讨论一些有趣的原型系统。

本书的读者对象是数据挖掘领域（尤其是社交网络分析领域）的工程师和研究人员，同时也适用于人工智能和信息学领域的工程师及研究人员。更广泛地讲，读者对象还包括那些统计学、社会科学、物理学和生物学等其他学科中对社交网络分析感兴趣的学者。本书可用做一些课程的教材，例如数据挖掘、社交网络分析、复杂网络、高级人工智能，适合计算机科学及相关专业的高年级本科生或研究生阅读。建议读者通过第一部分快速了解该领域，然后深入研究第二部分中的数据挖掘任务。

衷心感谢参与本书编写的所有人员。首先，感谢张佳伟博士在第 6 章所做的贡献，这使得本书更加完整。然后，感谢我们的合作者在异质信息网络方面的工作，他们是孔翔南、孙怡舟、吴斌、李依彤、张志强、刘剑、王然、郑玉艳、郑静、曹晓欢、胡嘉伟、孟晓峰、周翀等。我们也要感谢本书编写过程中的支持者，他们是万欣、陈晓纪、吉余岗、纪厚业、张依丁、肖杨、胡斌斌、韩霄天、陈璞迪、宋礼、Govardhana K.、Melissa Fearon、Jennifer Malat 等。此外，这项工作获得了中国国家重点基础研究发展计划（973）（No. 2013CB329600）、中国国家自然科学基金委员会（No. 61375058 和 61672313）以及美国国家科学基金委（III-1526499）的资助。最后，感谢我们的家人在整个项目中的全力支持。

目　　录

第1章 引　言

摘要　本章首先介绍异质信息网络中的一些基本概念和定义，并将其和其他相关概念比较。然后给出这个领域的一些常见例子。最后分析异质信息网络挖掘称为新的数据挖掘范式的原因。

1.1　基本概念和定义

我们都知道，大多数实际系统通常由许多交互的、多类型的组件组成，例如人类社交活动、通信和计算机系统以及生物网络。在这些系统中，交互的组件构成相互连接的网络，该网络不失一般性地可以称为信息网络。显然，信息网络无处不在，并成为现代信息基础架构的一个重要组成部分。信息网络分析得到许多学科如计算机科学、社会科学和物理学等研究人员的广泛关注。特别地，在近几十年中，信息网络分析已成为数据挖掘和信息检索领域的热门研究课题。它的基本范式，是通过从网络数据中挖掘链接关系来发现隐藏的模式。信息网络分析与关系挖掘分析 [3-4,6]、社交网络分析 [20, 34]、超文本和网络挖掘 [1]、网络科学 [12]、图挖掘 [2] 等任务有关。

信息网络是现实世界的抽象，关注对象及其之间的交互。我们正式定义信息网络如下:

定义 1.1（**信息网络** [27-28]）　信息网络定义为一个具有对象类型的映射函数 $\varphi: V \to \mathtt{A}$ 和关系类型映射函数 $\psi: E \to \mathtt{R}$ 的有向图 $G=(V,E)$。每个对象 $v \in V$ 属于对象类型集合 A: $\varphi(v) \in \mathtt{A}$ 中的一个特定对象类型，并且每个关系 $e \in E$ 属于关系类型集合 R: $\psi(e) \in \mathtt{R}$ 中的一个特定关系类型。如果两个关系属于同一关系类型，那么这两个关系的始末对象类型分别相同。

与传统的网络定义不同，我们明确区分信息网络中的对象类型和关系类型，并提出异质/同质信息网络的概念。为简单起见，我们在本书中也把异质信息网络称为异质网络或 HIN。

定义 1.2（**异质/同质信息网络**）　若信息网络的对象类型数 $|\mathtt{A}| > 1$ 或者关系类型数 $|\mathtt{R}| > 1$，那么称之为异质信息网络；否则，称之为同质信息网络。

例子 1.1　图 1.1 展示了一个关于文献数据的异质网络实例 [27]。文献信息网络，如从 DBLP⊖ 中抽取的涉及计算机科学研究人员的文献网络，是典型的异质网络，它包括三种类型的信息实体：论文、会议和作者。对于每一篇论文，都有到一个作者集合和一个会议的关系链接，这些链接属于关系类型的集合。

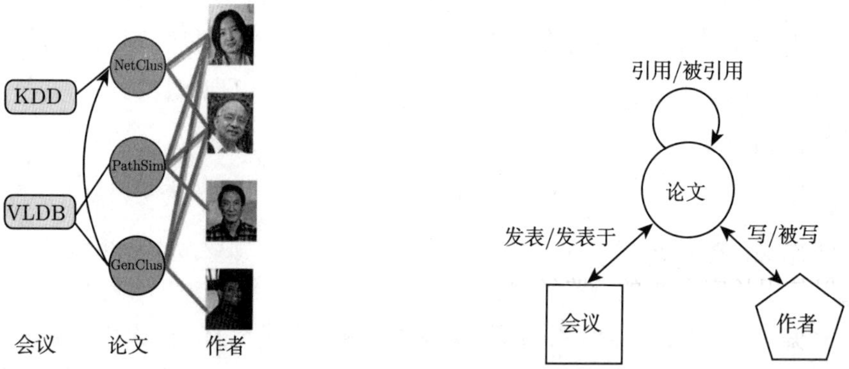

a) 网络实例　　b) 网络模式

图 1.1　由文献数据构建的异质信息网络 [27]

为了更好地理解复杂异质信息网络中的对象类型和关系类型，需要提出元层次（即模式层次）网络的描述。因此，人们提出网络模式的概念来描述网络的元结构。

定义 1.3（**网络模式** [27-28]）　一个记为 $T_G = (\mathtt{A}, \mathtt{R})$ 的网络模式，是带有对象类型映射 $\varphi : V \to \mathtt{A}$ 和关系类型映射 $\psi : E \to \mathtt{R}$ 的信息网络 $G = (V, E)$ 的元模式。网络模式是定义在对象类型集合 $\mathtt{A}$ 上的有向图，并以 $\mathtt{R}$ 上的边为关系。

异质信息网络的网络模式强调了对于对象集合与对象之间的关系的类型限定。这些限定使异质信息网络半结构化，并指导网络的语义探索。遵循某网络模式的信息网络称为该网络模式的**网络实例**。对于从对象类型 S 到对象类型 T 的关系类型 R，即 $S \xrightarrow{R} T$，S 和 T 分别是关系类型 R 的**源对象类型**和**目标对象类型**，可分别记为 $R.S$

⊖ http://dblp.uni-trier.de/。

和 $R.T$。自然地，我们有逆关系 $R^{-1}: T \xrightarrow{R^{-1}} S$。一般情况下，$R$ 不等于 R^{-1}，除非 R 是对称的。

例子 1.2 如上所述，图 1.1a 展示了文献数据中真实对象及其对象之间的联系。图 1.1b 说明了描述异质网络中的对象类型及其关系的网络模式。图 1.1a 是图 1.1b 网络模式的网络实例。在该实例中，它包含三种类型的对象：论文 (P)、作者 (A) 和会议 (V)。关系链接不同类型的对象。关系类型由两种对象类型之间的关系定义。例如，作者和论文之间的关系表示为写或被写，而会议和论文之间的关系表示为发表或发表于。

与同质网络不同，异质网络中两个对象可以通过不同的路径连接，这些路径具有不同的实际意义。如下，这些路径可以被分类为元路径。

定义 1.4（**元路径** [29]） 元路径 P 是在网络模式 $S=(A,R)$ 上定义的路径，记为 $A_1 \xrightarrow{R_1} A_2 \xrightarrow{R_2} \cdots \xrightarrow{R_l} A_{l+1}$，表示定义在对象 $A_1, A_2, \cdots, A_{l+1}$ 之间的复合关系 $R = R_1 \circ R_2 \circ \cdots \circ R_l$，其中 $\circ$ 表示关系上的复合运算。

为简单起见，如果相同对象类型之间没有多种关系类型，我们也可以使用对象类型来表示元路径：$P=(A_1A_2\cdots A_{l+1})$。例如，在图 1.1a 中，作者在会议上发表论文的关系，可以使用长度为 2 的元路径 $A \xrightarrow{writting} P \xrightarrow{written\text{-}by} A$ 来描述，或简写为 APA。我们说网络 G 中对象 a_1 和 a_{l+1} 之间的具体路径 $p=(a_1a_2\cdots a_{l+1})$ 是相关路径 P 的**路径实例**，若对于 P 中每个 a_i，都有 $\phi(a_i)=A_i$ 且每条关系 $e_i=\langle a_i, a_{i+1}\rangle$ 属于关系 R_i，则记为 $p \in P$。当元路径 P 定义的关系 R 对称时（即 $P=P^{-1}$），元路径 P 就是**对称路径**，比如 APA 和 $APVPA$。当且仅当 $A_l=B_1$ 时，两条元路径 $P_1=(A_1A_2\cdots A_l)$ 和 $P_2=(B_1B_2\cdots B_k)$ 是**可拼接的**，而拼接的路径记为 $P=(P_1P_2)$，即 $(A_1A_2\cdots A_lB_2\cdots B_k)$。一个简单的可连接例子是 AP 和 PA 可以拼接为路径 APA。

例子 1.3 考虑图 1.2 所示的例子，作者可以通过元路径连接，如“作者-论文-作者”(APA) 路径、“作者–论文–会议–论文–作者”($APVPA$) 路径等。此外，表 1.1 显示了元路径的路径实例和语义。显然，这些路径下的语义不同。APA 路径是指作者合作写一篇论文（即合作关系），而 $APVPA$ 路径表示作者在同一会议发表论文。元路径还可以连接不同类型的对象。例如，作者和会议可以由 APV 路径连接，这表示作者在会议上发表论文。

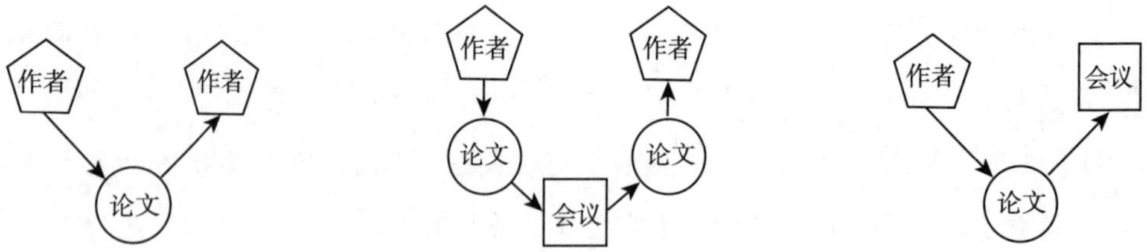

a) *APA*　　b) *APVPA*　　c) *APV*

图 1.2 关于文献数据的异质信息网络中的元路径示例

表 1.1 关于文献数据的元路径示例及其实际意义

路径实例	元路径	实际意义
Sun-NetClus-Han Sun-PathSim-Yu	作者–论文–作者（*APA*）	作者合写一篇论文
Sun-PathSim-VLDB-PathSim-Han Sun-PathSim-VLDB-GenClus-Aggarwal	作者–论文–会议–论文–作者（*APVPA*）	作者在同一会议发表论文
Sun-NetClus-KDD Sun-PathSim-VLDB	作者–论文–会议（*APV*）	作者在一个会议上发表论文

元路径的丰富语义是异质网络的一个重要特征。基于不同的元路径，对象具有不同的连接关系和不同的路径语义，这可能会对许多数据挖掘任务产生影响。例如，基于不同元路径评估的作者之间的相似性得分是不同的 [30]。根据 APA 路径，共同发表论文的作者更相似，而根据 $APVPA$ 路径，在同一会议发表论文的作者将更加相似。另一个例子是对象的重要性评估 [13]。在 APA 路径下，作者重要性对写了大量有多个作者的论文的作者有偏向，而在 $APVPA$ 路径下，作者重要性强调在那些知名的会议上发表许多论文的作者。作为一个独有的特征和有效的语义捕获工具，元路径已被广泛使用于许多异质网络数据挖掘任务中，例如相似性度量 [22, 29]，聚类 [30] 及分类 [10]。

1.2 与相关概念的比较

随着社交网络分析的蓬勃发展，各种网络数据随之出现，人们提出了建模网络数据的许多概念。这些概念具有相似的含义，也有细微的差异。例如，Long 等人提出的多类型关系数据 [18] 就是异质网络，多视图数据 [15] 也可以构成异质网络。在这里，我们将异质网络概念与那些最相关的概念进行比较。

异质网络与同质网络 异质网络包括不同类型的节点或关系，而同质网络仅具有一种类型的对象和关系。同质网络可以视为异质网络的特例。此外，异质网络可以通过网络映射或忽略对象异构性转换为同质网络，但这会丢失许多信息。传统的关系挖掘 [11,14,32] 通常基于同质网络，但许多同质网络上的分析技术不能直接应用于异质网络。

异质网络与多关系网络[36] 与异质网络不同，多关系网络只有一种类型的对象，但对象之间的关系不止一种。因此，多关系网络可以看作异质网络的一个特例。

异质网络与多维/多模网络[31] Tang 等人 [31] 提出了多维/多模网络概念，与多关系网络含义相同。也就是说，网络只有一种类型的对象，但对象之间有多种关系。因此，多维/多模网络也是异质网络的一个特例。

异质网络与复合网络[39-40] Qiang Yang 等人提出了复合网络概念 [39, 40]，此网络中的用户具有各种关系，在每个单独网络或子网中表现出不同的行为，且在网络之间具有一些共同的潜在兴趣。因此，复合网络实际上是一个多关系网络，是异质网络的一个特例。

异质网络与复杂网络 复杂网络是一个具有非平凡拓扑特征的网络，其元素之间的连接模式既不是完全规则的也不是完全随机的 [7]。这种非平凡的拓扑特征包括长尾度分布、高聚类系数、社区结构和分层结构。复杂网络的研究汇集了包括数学、物理学、生物学、计算机科学、社会学等许多领域的研究人员。研究表明，许多实际网络都是复杂网络，如社交网络、信息网络、技术网络和生物网络 [19]。所以，我们可以说许多实际的异质网络都是复杂网络。但是，对复杂网络的研究通常只关注其结构、功能和特征。

1.3 异质信息网络示例数据集

直观地，大多数真实系统包括多种交互对象。例如，社交媒体网站（例如，Facebook）包含一组对象类型，如用户、帖子、标签。医疗保健系统包含医生、患者、疾病和设备。一般来说，这些交互系统都可以建模为异质信息网络。具体地说，可以由以下三种类型的数据构建异质网络。

1）**结构化数据** 存储在数据库表中的结构化数据使用实体–关系模型进行组织。不同类型的实体及其关系自然地构成了信息网络。例如，文献数据（参见上面的例子）被广泛用作异质信息网络。

2）**半结构化数据** 半结构化数据通常以 XML 格式存储。XML 中的属性可以视为对象类型，并且可以通过分析属性的内容来确定对象实例。属性之间的连接构成对象关系。

3）**非结构化数据**　对于非结构化数据，异质信息网络也可以通过对象和关系提取来构造。例如，对于文本数据，实体识别和关系抽取可以形成异质网络的对象和关系。

虽然异质信息网络无处不在，但用于研究的标准数据集并不多，因为这些异质信息通常存在于不同的数据源中。在这里，我们总结了一些文献中广泛使用的异质网络。

单类型对象多关系网络　传统的多关系网络是一种异质网络，其中存在单类型对象和对象之间的多种类型的关系。这种网络广泛存在于社交网站中，如 Facebook 和人人网 [40]。图 1.3a 显示了这种网络的网络架构 [40]，用户之间可以通过记录、浏览、聊天和发送好友请求等方式进行广泛的连接。

二分网络　作为典型的异质网络，二分网络被广泛用于构建两种类型的对象之间的交互，例如用户–物品 [5] 和文档–单词 [16]。图 1.3b 显示了连接文档和单词的二分网络的架构 [16]。作为二分图的扩展，k 分图 [17] 包含多种类型的对象，相邻对象类型之间存在关系。二分网络已经深入研究了很长时间，它是最简单的异质网络，我们不会在本书中讨论。

星形模式网络　星形模式网络是该领域最常用的异质网络。在数据库表中，目标对象及其属性对象自然地构成一个异质网络，其中目标对象作为中心节点连接不同的属性对象。如图 1.3c 所示，文献信息网络是典型的星形模式异质网络 [22,29]，其包含不同的对象（例如，论文、会议、作者和术语）以及它们之间的关系。许多其他数据集也可以表示为星形模式网络，例如来自互联网电影数据库㊀（IMDB）的电影数据 [23, 37] 和来自美国专利数据网站㊁的专利数据 [41]。

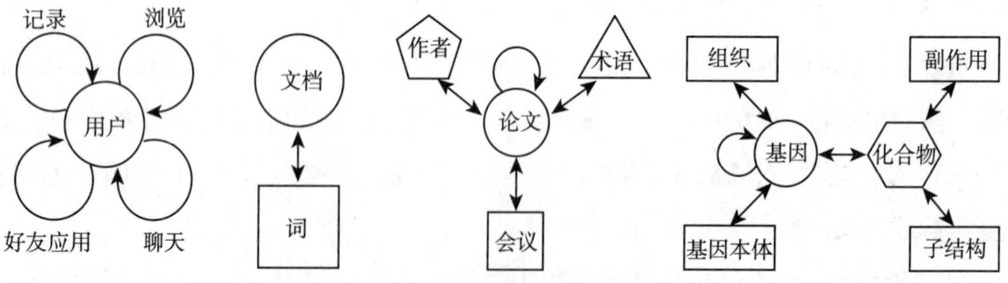

a) 多关系　b) 二分　c) 星形模式　d) 多中心

图 1.3　异质信息网络的网络模式

㊀ www.imdb.com/。
㊁ http://www.uspto.gov/patents/。

多中心网络　除了星形模式架构之外，一些网络具有更复杂的结构，涉及多中心对象。这种网络广泛存在于生物信息学数据中 [8,33]。一个生物信息学的例子如图 1.3d 所示，包括两个中心：基因和化合物。另一个例子可以在豆瓣数据集㊀ [24] 中找到。

除了这些广泛使用的网络之外，许多实际系统也可以构建为更复杂的异质网络。在一些实际应用中，用户可以存在于多个社交网络，并且每个社交网络都可以被建模为异质网络。图 1.4a 显示了两个异质社交网络（Twitter 和 Foursquare）的示例 [9]。在每个网络中，用户通过社交关系相互连接，并且还通过在线活动与一系列位置、时间戳和

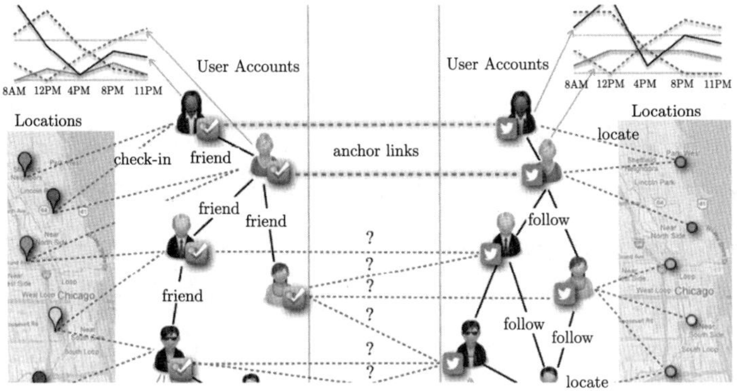

a) 多重异质网络[10]

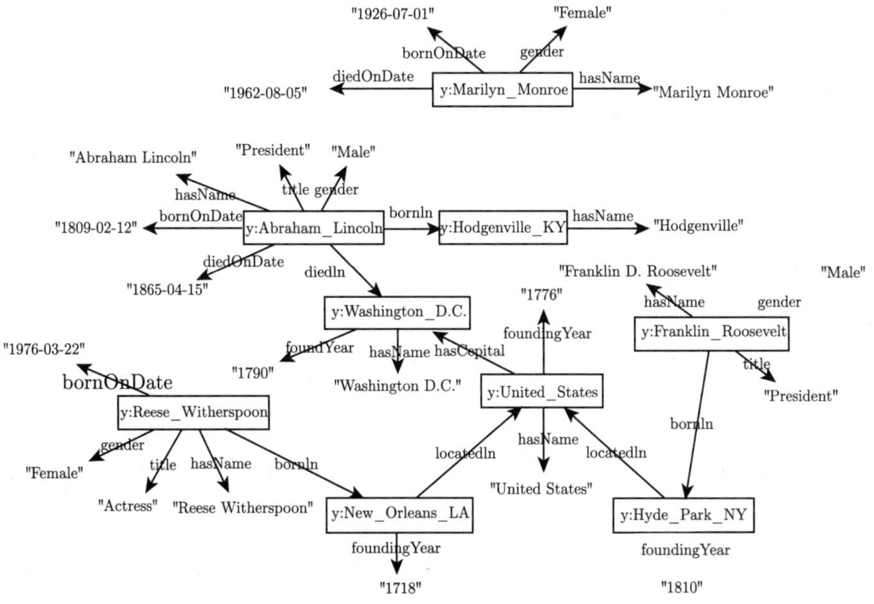

b) 模式丰富的异质网络[42]

图 1.4　两个复杂信息网络的例子

㊀ http://www.douban.com/。

文本内容连接。此外，一些用户分别在两个社交网络中拥有两个账户，这两个用户是连接两个网络的锚节点。更一般地，一些交互系统太复杂以至于不能被建模为具有简单网络模式的异质网络。知识图谱 [25] 就是这样一个例子。我们知道知识图谱基于资源描述框架（RDF）数据 [21]，它符合 < 主语，属性，宾语 > 模型。这里，“主语”和“宾语”可以被认为是对象，“属性”可以被认为是“主语”和“宾语”之间的关系。因此，知识图谱可以被视为异质网络，如图 1.4b 所示。在这样的语义知识库中（如 Yago[26]），有超过 1000 万个不同类型的实体（或节点），以及超过 1.2 亿个实体之间的链接。在这种模式丰富的网络中，不能用简单的网络模式来描述这种网络。

在异质网络中，我们区分节点和关系的类型，与传统的同质网络相比，这样应该能引入一些新颖模式的发现。虽然许多网络化数据可以建模为异质网络，但异质网络仍然存在一些局限性。首先，一些真实数据太复杂，无法建模为有意义的异质网络。例如，我们可以将 RDF 数据视为异质网络，但我们无法简单地描述其网络模式。其次，即使可以将某些网络化数据建模为异质网络，但从异质网络的角度进行分析可能还是很困难。这些局限性也是异质网络未来需要解决的问题。我们需要在异质网络中设计更强大的挖掘方法，使其能够应用于更多方面，并发现更多新颖的模式。

1.4　为什么要进行异质信息网络分析

在过去的几十年中，关系分析已被广泛探索 [4]。人们已经提出了许多方法用于信息网络分析，并且已经用同质网络开展了许多数据挖掘任务，例如排名、聚类、关系预测和影响分析。然而，由于异质网络的一些独特性质（例如，更多信息和丰富语义的融合），同质网络中的大多数方法不能直接应用于异质网络，但也有可能在这种网络中发现更有意思的模式。

数据挖掘的新发展方向。早期的数据挖掘问题关注分析对象的特征向量。在 20 世纪 90 年代后期，随着万维网的出现，越来越多的数据挖掘研究人员开始研究对象之间的关系。从对象的特征和关系信息中挖掘隐藏模式是主要的研究方向之一。在这些研究中，同质网络通常是由互连的对象构成的。近年来，不少社交媒体出现，许多不同类型的对象互联。将这些交互对象建模为同质网络很难，但将不同类型的对象和它们之间的关系建模为异质网络是很自然的。特别是随着线上用户产生内容的快速增长，大数据分析成为一项亟待研究的重要课题。多样性是大数据的一个重要特征 [35]。作为一种半结构化表示，异质信息网络是在大数据中对复杂对象及其关系建模的一种有效的方法。

融合更多信息的有效工具。与同质网络相比，异质网络可以自然地融合更多对象及其交互。此外，传统的同质网络通常由单一数据源构成，而异质网络可以融合多个数据源的信息。例如，客户使用 Google 提供的许多服务，例如 Google 搜索、Gmail、地图和 Google+。我们可以用异质信息网络把这些信息融合在一起，在网络中客户与许多不同类型的对象进行交互，例如关键字、邮件、位置和关注者。从广义上讲，异质信息网络还可以融合跨社交网络平台的信息 [9]。我们知道有很多不同的社交网络平台，如 Facebook、Twitter、微信和微博，而用户经常使用多个社交网络。由于每个社交网络仅捕获用户的部分甚至有偏差的视图，因此我们可以使用多个异质信息网络融合多个社交网络平台上的信息，其中每个异质网络表示来自一个社交网络的信息，并用一些锚节点连接这些网络 [38]。

包含丰富的语义。在异质网络中，不同类型的对象和关系共存，它们的语义也不同。如图 1.1 的文献数据示例，它包括作者、论文和会议对象类型。关系类型“作者–论文”表示作者撰写论文，而关系类型“论文–会议”表示在会议上发表的论文。考虑语义信息将获得更微妙的知识发现。例如，在 DBLP 文献数据 [29] 中，如果你想找与“Christos Faloutsos”最相似的作者，在 APA 路径下会找到他的学生，如“Spiros Papadimitriou”和“Jimeng Sun”，而在 $APVPA$ 路径下会找到富有声誉的研究人员，如“Jiawei Han”和“Rakesh Agrawal”。如何利用语义信息来挖掘有意思的模式是异质网络中的一个独特问题。

参考文献

1. Chakrabarti, S., et al.: Mining the Web: Analysis of Hypertext and Semi Structured Data. Morgan Kaufmann, San Francisco (2002)
2. Cook, D.J., Holder, L.B.: Graph-based data mining. IEEE Intell. Syst. **15**(2), 32–41 (2000)
3. Feldman, R.: Link analysis: current state of the art. In: Tutorial at the KDD-2 (2002)
4. Getoor, L., Diehl, C.P.: Link mining: a survey. SIGKDD Explor. **7**(2), 3–12 (2005)
5. Jamali, M., Lakshmanan, L.: HeteroMF: recommendation in heterogeneous information networks using context dependent factor models. In: WWW, pp. 643–654 (2013)
6. Jensen, D., Goldberg, H.: AAAI Fall Symposium on AI and Link Analysis. AAAI Press (1998)
7. Kim, J., Wilhelm, T.: What is a complex graph? Phys. A Stat. Mech. Appl. **387**(11), 2637–2652 (2008)
8. Kong, X., Cao, B., Yu, P.S.: Multi-label classification by mining label and instance correlations from heterogeneous information networks. In: KDD, pp. 614–622 (2013)
9. Kong, X., Zhang, J., Yu, P.S.: Inferring anchor links across multiple heterogeneous social networks. In: CIKM, pp. 179–188 (2013)

10. Kong, X., Yu, P.S., Ding, Y., Wild, D.J.: Meta path-based collective classification in heterogeneous information networks. In: CIKM, pp. 1567–1571 (2012)
11. Konstas, I., Stathopoulo, V., Jose, J.M.: On social networks and collaborative recommendation. In: SIGIR, pp. 195–202 (2009)
12. Lewis, T.G.: Network Science: Theory and Applications. Wiley, New York (2011)
13. Li, Y., Shi, C., Yu, P.S., Chen, Q.: HRank: a path based ranking method in heterogeneous information network. In: WAIM, pp. 553–565 (2014)
14. Liben-Nowell, D., Kleinberg, J.: The link prediction problem for social networks. In: CIKM, pp. 556–559 (2003)
15. Liu, J., Wang, C., Gao, J., Han, J.: Multi-view clustering via joint nonnegative matrix factorization. In: SDM, pp. 252–260 (2013)
16. Long, B., Zhang, Z.M., Yu, P.S.: Co-clustering by block value decomposition. In: KDD, pp. 635–640 (2005)
17. Long, B., Wu, X., Zhang, Z., Yu, P.S.: Unsupervised learning on k-partite graphs. In: KDD, pp. 317–326 (2006)
18. Long, B., Zhang, Z., Wu, X., Yu, P.S.: Spectral clustering for multi-type relational data. In: ICML, pp. 585–592 (2006)
19. Newman, M.E.: The structure and function of complex networks. SIAM Rev. **45**(2), 167–256 (2003)
20. Otte, E., Rousseau, R.: Social network analysis: a powerful strategy, also for the information sciences. J. Inf. Sci. **28**(6), 441–453 (2002)
21. Özsu, M.T.: A survey of RDF data management systems. Front. Comput. Sci. **10**(3), 418–432 (2016)
22. Shi, C., Kong, X., Yu, P.S., Xie, S., Wu, B.: Relevance search in heterogeneous networks. In: International Conference on Extending Database Technology, pp. 180–191 (2012)
23. Shi, C., Zhou, C., Kong, X., Yu, P.S., Liu, G., Wang, B.: HeteRecom: a semantic-based recommendation system in heterogeneous networks. In: KDD, pp. 1552–1555 (2012)
24. Shi, C., Zhang, Z., Luo, P., Yu, P.S., Yue, Y., Wu, B.: Semantic path based personalized recommendation on weighted heterogeneous information networks. In: The ACM International, pp. 453–462 (2015)
25. Singhal, A.: Introducing the Knowledge Graph: things, not strings. In: Official Google Blog (2012)
26. Suchanek, F.M., Kasneci, G., Weikum, G.: Yago: A core of semantic knowledge. In: WWW, pp. 697–706 (2007)
27. Sun, Y., Han, J.: Mining heterogeneous information networks: a structural analysis approach. SIGKDD Explor. **14**(2), 20–28 (2012)
28. Sun, Y., Yu, Y., Han, J.: Ranking-based clustering of heterogeneous information networks with star network schema. In: KDD, pp. 797–806 (2009)
29. Sun, Y., Han, J., Yan, X., Yu, P., Wu, T.: PathSim: meta path-based top-k similarity search in heterogeneous information networks. In: VLDB, pp. 992–1003 (2011)
30. Sun, Y., Norick, B., Han, J., Yan, X., Yu, P.S., Yu, X.: Integrating meta-path selection with user-guided object clustering in heterogeneous information networks. In: KDD, pp. 1348–1356 (2012)
31. Tang, L., Liu, H., Zhang, J., Nazeri, Z.: Community evolution in dynamic multi-mode networks. In: KDD, pp. 677–685 (2008)
32. Tang, J., Gao, H., Hu, X., Liu, H.: Exploiting homophily effect for trust prediction. In: WSDM, pp. 53–62 (2013)
33. Wang, R., Shi, C., Yu, P.S., Wu, B.: Integrating clustering and ranking on hybrid heterogeneous information network. In: PAKDD, pp. 583–594 (2013)
34. Wasserman, S.: Social Network Analysis: Methods and Applications. Cambridge University Press, Cambridge (1994)
35. Wu, X., Zhu, X., Wu, G., Ding, W.: Data mining with big data. IEEE Trans. Knowl. Data Eng. **26**(1), 97–107 (2014)
36. Yang, Y., Chawla, N.V., Sun, Y., Han, J.: Predicting links in multi-relational and heterogeneous networks. In: ICDM, pp. 755–764 (2012)

37. Yu, X., Ren, X., Sun, Y., Sturt, B., Khandelwal, U., Gu, Q., Norick, B., Han, J.: Recommendation in heterogeneous information networks with implicit user feedback. In: RecSys, pp. 347–350 (2013)
38. Zhang, J., Yu, P.S.: Integrated anchor and social link predictions across social networks. In: Proceedings of the 24th International Conference on Artificial Intelligence, IJCAI'15, pp. 2125–2131. AAAI Press (2015)
39. Zhong, E., Fan, W., Wang, J., Xiao, L., Li, Y.: ComSoc: adaptive transfer of user behaviors over composite social network. In: KDD, pp. 696–704 (2012)
40. Zhong, E., Fan, W., Zhu, Y., Yang, Q.: Modeling the dynamics of composite social networks. In: KDD, pp. 937–945 (2013)
41. Zhuang, H., Zhang, J., Brova, G., Tang, J., Cam, H., Yan, X., Han, J.: Mining query-based subnetwork outliers in heterogeneous information networks. In: ICDM, pp. 1127–1132 (2014)
42. Zou, L., Özsu, M.T., Chen, L., Shen, X., Huang, R., Zhao, D.: gStore: a graph-based SPARQL query engine. VLDB J. **23**(4), 565–590 (2014)

第 2 章
研究进展综述

摘要 异质信息网络提供了一种管理网络化数据的新范式。与此同时，它也为许多数据挖掘任务带来了新的挑战。在这里，我们简要介绍了该领域的最新研究进展。具体而言，我们分析了近年来 100 多篇相关会议和期刊论文，并依据相应数据挖掘任务将它们分为七类。在本章中，我们将这些数据挖掘任务按照从基本到复杂粗略排序，并分别概述其研究进展。

2.1 相似性搜索

相似性度量用于评估对象的相似性，是许多数据挖掘任务的基础，如 Web 搜索、聚类和产品推荐等。关于相似性度量的研究已有较长历史，这些研究方法可大致分为两类：基于特征的方法和基于链接的方法。基于特征的方法利用对象特征来度量相似性，如计算余弦相似度、杰卡德（Jaccard）系数和欧几里得距离。基于链接的方法根据图中相应对象的链接结构来度量相似性，如个性化 PageRank 算法 [33] 和 SimRank 算法 [32]。

最近，许多研究人员开始关注异质网络中的相似性度量问题。与同质网络上的相似性度量不同，异质网络上的相似性度量不仅要考虑两对象间的结构相似性，还要考虑连接两对象的元路径。众所周知，连接两对象的元路径不同，则包含的语义不同，从而可能导致不同的相似性结果。因此，异质网络的相似性度量往往受元路径约束。

考虑到不同类型对象构成的元路径所包含的语义，Sun 等人首先提出 PathSim 方法 [88] 来评估基于对称路径的相同类型对象间的相似性。之后，一些研究人员 [23-24] 通过整合更丰富的信息进一步扩展 PathSim，如传递相似性、动态时序信息和节点属性等。基于路径的相似性连接方法 [108] 可以根据用户指定的连接路径返回前 k 个相似对象对。Wang 等人 [101] 定义了基于元路径的关系相似性度量方法 RelSim，用于度量模式丰富的异质网络中关系实例间的相似性。此外，Wang 等人 [99] 将文档建模为异质信息网络，并提出新型相似性度量方法 KnowSim 来计算两文档间的相似性。在信息检索领域，Lao 和 Cohen[46-47] 提出了一种路径约束的随机游走模型（PCRW），用于度量由科技文献元数据构建的带标签有向图中的实体相似度。

为了评估不同类型对象间的相似性，Shi 等人 [72,74] 提出 HeteSim 方法来度量任意元路径下任意对象对的相似性。作为 HeteSim 的改进版本，LSH-HeteSim[48] 用于挖掘异质生物网络中的药物靶标相互作用，其中药物和靶标通过复杂的语义路径相连。为克服 HeteSim 在高计算量和高内存需求方面的不足，Meng 等人 [62] 提出了 AvgSim 度量方法，该方法通过沿给定元路径和反向元路径两个随机游走过程来分别评估相似性。此外，还有一些方法 [8,141] 将基于元路径的相似性搜索与用户偏好相结合。

尽管基于元路径的相似性度量方法可以较有效地捕获源对象和目标对象间的单一关系（如元路径 APA 下的共同作者关系），但在应用中仍然存在一些问题。如文献数据中，我们希望基于以下事实来衡量两位作者的关系：他们的论文不仅发表在同一会议上，还具有相同的主题（即 $APVPA$ 和 $APTPA$ 路径）。为衡量对象间的复杂相似性，Huang 等人 [28] 提出基于元结构的相似性度量方法，元结构是一种有向无环图，可以认为是元路径的组合。同样，Fang 等人 [20] 将元图作为一种新兴手段，用来表征某类相似性所描述的通用结构。此外，他们还提出了一系列基于元图的相似度，并利用监督技术从中自动学习满足相应要求的相似度形式。

很多工作开始整合网络结构和额外信息，用于度量异质信息网络中对象间的相似性。结合影响力和相似性信息，Wang 等人 [102] 同时度量异质信息网络中的社交影响力和对象相似性，从而计算出更有意义的相似性得分。Wang 等人 [96] 提出一种通过分析异质网络中在线目标的上下文情境来学习相似性的模型。Yu 等人 [116] 根据元路径特征空间中的用户查询来预测语义含义，并学习一种排名模型来回答相似性查询。最近，Zhang 等人 [133] 提出一种新的相似性度量方法，根据属性相似性和中心间的连接来计算星形网络中心间的相似性。

2.2 聚类

聚类分析是将数据对象划分为一组簇的过程，簇中的对象彼此相似，不同簇中的对象彼此不同。常规聚类方法基于对象特征，如 k-means 等 [30]。近来，基于网络化数据（如社区检测）的聚类方法被广泛研究。此类方法将数据建模为同质网络，并使用给定度量（如归一化切割 [78] 和模块度 [63]）将网络划分为一系列子图。现已提出许多算法来解决这个 NP-hard 问题，如谱方法、贪心算法 [93] 和采样技术 [71] 等。一些研究工作还同时考虑对象的链接结构和属性信息，从而提高聚类准确性 [110,140]。

最近，异质网络的聚类引起了广泛关注。与同质网络相比，异质网络包含了多种类型的对象，从而为聚类带来了新的挑战。一方面，网络中共存的多类型对象会导致新的聚类范式，因此，异质网络中的簇可能包含相同主题的不同类型对象 [82]。例如，在文献异质网络中，数据库领域的一个簇由一组作者、会议、术语和论文组成。通过这种方式，异质网络中的聚类可以保留更丰富的信息，但也面临很多挑战。另一方面，异质网络中包含的丰富信息使得聚类集成额外信息或其他任务更加方便。在本节中，我们将根据集成信息或任务的类型来回顾这些工作。

属性信息被广泛地应用在异质网络的聚类分析中。Aggarwal 等人 [1] 使用局部属性在异质网络中创建平衡社区。考虑到异质网络中对象属性和链接类型的不完整性，Sun 等人 [85] 提出一种基于模型的聚类算法，用于整合不完整的属性信息和网络结构信息。Qi 等人 [67] 提出基于异质随机场的聚类算法，用于建模具有离群链接的社交媒体网络内容及结构。Cruz 等人 [14] 利用结构维度和复合维度构建属性图解决社区检测问题。近期，基于密度的节点聚类模型 TCSC [7] 提出检测聚类同时考虑网络链接和顶点属性。

文本信息在异质网络研究中起着重要作用。Deng 等人 [17] 提出了一个带有偏重传播的主题模型，将异质网络与主题建模相结合。此外，他们 [16] 还提出了一个联合概率主题模型，用于同时建模异质网络中的多类型对象。LSA-PTM [103] 通过 LSA 获得的主题在多类型对象间进行传播，从而识别多类型对象的簇。Wang 等人 [104] 将文档内容和链接建模在异质网络中，提出同时用于主题挖掘和多类型对象聚类的主题模型。近期，CHINC [98] 使用通用知识作为间接监督信息，进一步改善聚类结果。

用户指导信息也可以集成到聚类分析中。Sun 等人 [87] 提出了一种半监督聚类算法，可以根据用户指导选择不同路径从而产生不同的聚类结果。Luo 等人 [58] 首先提出关系路径概念以衡量同类型对象间的相似性，并使用标记信息加权关系路径，最终将 SemiRPClus 方法用于异质网络中的半监督学习。

聚类通常是一项独立的数据挖掘任务。但是，它也可以与其他数据挖掘任务相结合，从而相互增强提高性能。最近，出现了基于排名的异质网络聚类方法，表明聚类和排名任务可以相互增益。RankClus 方法 [83] 基于聚类质量和排名彼此增强的思想，为双型网络中的特定类型对象生成簇。NetClus 方法 [84] 则用于处理星形模式网络。Wang 等人 [105] 通过利用具有自环的星形网络来结合异质和同质信息，并引入 ComClus 方法以提高聚类和排名性能。此外，HeProjI 通过将网络投影到子网络，可以在任意模式的异质网络中进行基于排名的聚类 [75]。Chen 等人 [12] 提出了一种概率生成模型，用于在任意模式的异质网络上同时实现聚类和排名。为利用文本信息和异质实体，Wang 等人 [97] 提出了一种聚类和排名算法，自动构建多类型主题层次结构。此外，Qiu 等人 [68] 提出了 OcdRank 算法，将重叠社区检测和社区成员排名结合在有向异质社交网络中。

离群检测是利用与预期明显不同的行为来查找数据对象的过程。离群检测和聚类分析是两个高度相关但不同的任务。为检测离群值，Gupta 等人 [21] 提出基于联合非负矩阵分解的离群值识别方法，用于发现普遍的社区分布模式。此外，他们还提出在给定联合选择查询的情况下，检测异质网络中相关联的集团离群值的方法 [22]。更进一步，Zhuang 等人 [142] 提出了一种离群检测算法，根据不同的查询和语义检测子网络离群值。同样根据查询，Kuck 等人 [44] 提出基于元路径的离群值度量方法，用于挖掘异质网络中的离群点。

此外，某些聚类方法还集成了其他一些信息。例如，基于社会影响力的聚类框架 SI-Cluster 利用用户间的联系和他们的社交活动来分析异质社交网络 [138]。除用于异质网络聚类的传统模型（如主题模型和谱聚类）之外，Alqadah 等人 [4] 提出了一种新的博弈论框架，可以在异质网络中定义和挖掘簇。

2.3　分类

分类是一种数据分析任务，可以通过构建模型或分类器来预测类标签。传统机器学习的分类任务主要针对满足独立同分布的相同结构对象。但是，许多真实世界数据集中的对象间存在链接，使得其不满足独立同分布。因此，基于链接的对象分类受到广泛关注，它们大多利用数据图扩展了传统分类方法。其中，数据图是由彼此相连的对象构成的，从而可以考虑对象间的相关性 [45]。基于链接的对象分类通常认为图中的对象和链接分别是相同的，也就是它们构成了同质网络。

与传统的分类研究不同，异质网络研究的分类问题具有一些新的特点。首先，异质网络中包含的对象是不同类型的，这意味着可以同时对多类型的对象进行分类。其次，标签可以通过不同类型对象间的各种链接传播。在异质网络中，对象的标签由其不同类型链接所连的不同类型对象综合决定。

许多工作将传统分类方法扩展到异质网络中。其中，部分工作扩展了转导分类，即预测未标记数据的标签。例如，GNetMine 方法 [35] 模拟具有任意网络模式和任意对象/链接类型的信息网络。Wan 等人 [94] 结合典型的基于图的转导分类方法和同质网络的转导回归模型，提出一个基于元路径的图正则转导回归模型。Luo 等人提出 HetPathMine 方法 [56]，通过新的元路径选择模型在异质网络上对少量标签数据集进行聚类。Jacob 等人 [29] 通过计算强制连通节点的潜在表示接近空间来学习不同类型节点的标签。最近，Bangcharoensap 等人 [6] 利用边的中介中心性进行边的权重归一，并进一步提高中心性，使其适用于异质网络。另外，一些工作还扩展了归纳分类，也就是在整个数据空间中构建决策函数。例如，Rossi 等人 [70] 使用二分异质网络来表示文本文档集合，并提出 IMBHN 算法归纳分类模型给文本术语分配相应权重。

多标签分类在实际应用中很普遍，即每个实例可同时与一组多个标签相关联 [41]，这种分类任务也扩展到了异质网络中。Angelova 等人 [5] 提出一种基于图的多标签分类模型，通过随机游走来建模节点间的相互影响，从而标记异质网络。Kong 等人 [41] 使用从异质网络中挖掘的多类型关系来促进多标签分类过程。Zhou 等人 [139] 考虑结构亲和性和标签邻近性，提出以链接为中心的多标签分类方法。

元路径作为一种独有的特征，广泛用于异质网络的分类任务中。许多方法利用元路径生成特征，如 GNetMine [35] 和 HetPathMine[56]。Kong 等人 [40] 利用对象间基于元路径的依赖关系研究集体分类问题。最近，Wang 等人 [100] 在文本异质网络表示中研究了基于元路径的核方法用于文本分类任务。

与聚类问题类似，分类也可以与异质网络中的其他数据挖掘任务相集成。基于排名的分类是将分类和排名同时整合到一个相互增强的过程中。Ji 等人 [36] 提出一个基于排名的分类框架 RankClass，以进行更准确的分析。作为 RankClass 的扩展，Chen 等人 [13] 提出统一分类框架 F-RankClass，可应用于单峰或多峰数据的二元或多元分类。一些方法还将分类与信息传播相结合。例如，Jendoubi 等人 [34] 基于社交信息在网络中的传播过程和信念函数理论对社交信息进行分类。

2.4 排名

排名是网络分析中一项重要的数据挖掘任务，即基于一些排名函数来评估对象的重要性或流行度。同质网络领域已经存在许多排名方法，如 PageRank[65] 和 HITS[39]，但这些方法仅考虑了相同类型的对象。

异质网络中的排名重要且有意义，但面临着一些挑战。首先，在异质网络中存在不同类型的对象和关系，若同等处理所有对象，会将不同类型的对象混合在一起。其次，异质网络中不同类型的对象和关系具有不同的语义含义，这可能导致不同的排名结果。以文献异质网络为例，在不同的元路径下，作者的排名有所不同 [50,77]，原因是这些元路径会在作者间构建不同的链接结构。另外，不同类型对象的排名会相互影响。例如，知名的作者通常会在顶级的会议上发表论文。

二分图中的共同排名问题在过去几十年中受到了广泛关注。例如，Zhou 等人 [137] 通过耦合两个随机游走过程，同时排名作者及其出版物，而 co-HITS 方法 [15] 将内容信息和相关约束整合入二分图中。Soulier 等人 [80] 提出双型实体排名算法，通过组合基于内容和基于网络的特征，在针对主题查询的文献网络中实现文档和作者的共同排名。在多关系网络上也有一些排名相关的工作。例如，MultiRank 方法 [64] 同时确定多关系数据中对象和关系的重要性，HAR 方法 [49] 可以确定对象的中心和权限得分以及关系的相关性得分，从而用于多关系数据中的查询搜索。这两种方法关注于具有多种类型关系的相同类型对象。最近，Huang 等人 [26] 将形式体裁和推断社交网络与推文网络相结合，实现对推文的排名。虽然这项工作在异质网络中使用了各种类型的对象，但它仍然只针对一种类型的对象进行排名。

考虑到异质网络上元路径的特征，一些著作中提出了基于元路径的排名方法。例如，Liu 等人 [54] 通过利用异质文献图上的多条元路径，提出基于伪相关反馈的出版物排名方法。利用张量分析，Li 等人 [50] 提出 HRank 以同时评估多类型对象和元路径的重要性。

排名问题也进一步扩展到了社交媒体网络所构建的异质网络中。对于社交媒体中的图像搜索，Tsai 等人 [91] 提出 SocialRank 方法，在社交网络中利用社交提示进行图像搜索和排名。为识别 Q&A 系统中的高质量对象（问题、答案和用户），Zhang 等人 [129] 提出一个基于异质网络的无监督框架，在 Q&A 站点中同时对多个对象进行共同排名。对于异质跨域排名问题，Wang 等人 [95] 提出通用的正则化框架来发现两个域的潜在空间，并在潜在空间中同时最小化两个加权排名函数。考虑到文学网络的动态性，一个相互强化的排名框架 [106] 可以同时对新出版物和年轻研究人员的未来受欢迎程度进行排名。

2.5 链接预测

链接预测是链接挖掘中的基本问题，即基于观测链接和节点属性来估计两节点间存在链接的可能性。链接预测通常被视为简单的二分类问题：对于任何两个可能连接的对象，预测链接存在（1）或不存在（0）。一种方法是完全基于网络结构属性进行预测 [51]，另一种方法是利用属性信息进行预测 [66]。

近年来，异质网络中的链接预测成了一个重要的研究课题，它具有以下特征。首先，待预测的链接具有不同的类型，因为异质网络中的对象与不同类型的链接相连。其次，在多种类型的链接间存在依赖性。因此，需要基于不同类型链接间的复杂关系和额外的预测信息来实现异质网络中多类型链接的预测。

基于元路径，许多工作采用两步框架来解决异质网络中的链接预测问题。第一步，提取基于元路径的特征向量。第二步，训练回归或分类模型来计算链接的存在概率 [10,11,84,86,115]。例如，Sun 等人 [84] 提出 PathPredict 方法，通过利用基于元路径的特征提取和逻辑回归模型来解决共同作者的预测。Zhang 等人 [130] 基于元路径提取的特征，实现了组织结构图或管理层次结构的预测。Cao 等人 [10] 利用复杂的链接信息，设计相关性度量方法来构建链接特征向量，并提出一种迭代框架来同时预测多种类型的链接。此外，Sun 等人 [86] 利用拓扑特征来模拟关系建立时间的分布，从而预测何时形成某种关系。

概率模型也广泛应用于异质网络中的链接预测任务。Yang 等人 [112] 提出概率方法 MRIP，模拟影响力在异质关系间的传播过程，从而预测多关系异质网络中的链接。此外，TFGM 模型 [113] 定义潜在的主题层来桥接多个网络，并构建半监督学习模型来挖掘异质网络间的竞争关系。Dong 等人 [19] 提出迁移的排名因子图模型，将几种社交模式与网络结构信息相结合，用于链接预测和推荐。矩阵分解是处理链接预测问题的另一种常用工具。例如，Huang 等人 [27] 提出联合流形分解（JMF）方法聚合异质社交网络，并利用辅助评级矩阵进行信任预测。

上述方法主要针对单个异质网络上的链接进行预测。最近，Zhang 等人 [42,126,128] 提出多个对齐异质网络的链接预测问题。在文献 [42] 中提出一种两阶段链接预测方法。第一阶段从多个网络中提取异质特征，第二阶段则将锚链接推断形式化为稳定匹配问题。另外，Zhang 等人 [126] 提出 SCAN-PS 方法，利用“锚点”解决新用户的社交链接预测问题。此外，他们还提出 TRAIL [128] 方法同时预测社交链接和位置链接。针对新用户的冷启动问题，Liu 等人 [52] 利用另一个类似的社交网络信息，提出对齐因子图模型进行用户–用户链接预测。为识别来自多个异质社交网络的用户，整合不同网络，在考虑多网络间局部和全局一致性的基础上，提出基于能量的模型 COSNET [134]。

链接预测的大多数工作都是针对静态网络的，然而动态链接预测也非常重要且富有挑战性。考虑到网络数据的动态性和异质性，Zhao 等人 [135] 提出一个通用框架，用于从异质网络数据演变中表示和预测社区成员。为解决时序异质网络中的动态链接推断问题，Aggarwal 等人 [2-3] 提出一个两级方案来有效地进行宏观和微观决策，从而组合拓扑和类型信息。Ma 等人 [60] 提出演化因子模型，利用邻域分布向量和标签演化矩阵两种新结构来预测标签在给定节点邻域上的分布。

2.6 推荐

推荐系统帮助消费者搜寻可能感兴趣的产品，如书籍、电影和餐馆等。推荐常利用信息检索、统计和机器学习等各种技术来计算产品和顾客偏好间的相似性。传统的推荐系统通常仅利用用户–产品评分反馈信息进行推荐。其中，协同过滤是应用最广泛的技术之一，包括两种方法：基于记忆的方法和基于模型的方法。最近，矩阵分解在推荐系统中表现出了强劲的性能，它将用户–产品评分矩阵分解为两个低秩的用户–特征和产品–特征矩阵，然后利用分解得到的矩阵进行进一步的预测 [81]。随着社交媒体的普及，越来越多的研究人员通过利用用户间的社交关系 [59,111] 研究社交推荐系统。

最近，一些研究人员开始意识到异质信息对于推荐的重要性。异质网络全面的信息和丰富的语义使其有望产生更好的推荐结果。例如，电影推荐系统 [76] 构建的异质网络中，不仅包含不同类型的对象（如用户和电影），而且还说明了对象间的各种关系，如观看记录、社交关系和属性信息等。构建异质网络可以有效地融合各种信息进行推荐，而且网络中的对象和关系具有不同语义，利于揭示对象间的细微关系。

元路径可以很好地探索语义并提取对象间的关系。Shi 等人 [73] 实现了一个基于语义的推荐系统 HeteRecom，利用元路径的语义信息来评估电影间的相似性。此外，考虑属性值，如链接上的评分，他们进一步将推荐系统建模为加权异质网络，并提出基于语义路径的个性化推荐方法 SemRec [76]。为充分利用关系异质性，Yu 等人 [117-118] 引入元路径的潜在特征来表示不同类型路径下用户和产品间的链接，并利用贝叶斯排名优化技术在全局和个性化水平上定义推荐模型。同样基于元路径，Burke 等人 [9] 提出了加权混合多种关系进行推荐的方法。

许多方法利用异质网络来融合各种信息。结合不同的上下文，Jamali 等人 [31] 提出上下文相关的矩阵分解模型，同时考虑实体的一般潜在因子和上下文依赖的潜在因子。使用用户隐式反馈数据，Yu 等人 [117-118] 进一步解决了全局和个性化实体推荐问题。基于相关兴趣组，Ren 等人 [69] 提出基于簇的引用推荐框架来预测文献网络中查询的引用。同样，Wu 等人 [107] 结合兴趣组信息，利用图摘要和基于内容的聚类方法来进行媒体推荐。基于多种异质网络特征，Yang 等人 [109] 使用基于 SVMRank 的方法将多个特征统一建模。利用多种类型的关系，Luo 等人 [57] 提出一种社交协同过滤算法。此外，一些著作提出利用用户和产品的相似性作为正则化方法，文献 [75, 136] 则提出用于推荐的矩阵分解框架。

2.7 信息融合

信息融合，即从具有不同概念、上下文和印刷表示的异质源合并信息的过程。由于各种数据源的出现，融合这些分布式信息源已经成为一个重要的研究问题。过去的几十年中，传统数据挖掘领域已发表了数十篇关于该问题的论文，如数据仓库中的数据模式集成 [61]、蛋白质–蛋白质相互作用网络（PPI）、生物信息学中的基因调控网络匹配 [79] 和 Web 语义中的本体映射 [18] 等。如今，随着异质网络数量的激增，跨多个异质网络的信息融合已经成为一个新颖且意义非凡的问题。通过融合不同的异质网络，可以获得关于这些网络中共享的共同的信息实体更全面和更一致的知识，包括结构、属性和活动等。

为融合多个异质网络，一个重要的前提条件是通过共同的信息实体对齐异质网络。实体可以是社交网络中的用户、文献网络中的作者和生物网络中的蛋白质分子等。完全异质网络对齐是一个具有挑战性的问题，因为它暗含的子图同构问题实际上是 NP 完全 [38] 的。同时，基于异质网络中可用的结构和属性信息，到目前为止已经提出了大量的异质网络近似对齐算法。受文献 [92] 中同质网络对齐方法的启发，Koutra 等人 [43] 利用快速网络对齐算法将两个二分图对齐。Zafarani 等人 [138] 基于各种节点属性（如用户名、键入模式和语言模式等）跨社交网络匹配用户。Kong 等人 [42] 将异质社交网络中的对齐问题描述为锚链接预测问题，在文献 [42] 中提出一种两步监督方法 MNA，用于推断异质网络中的潜在锚链接。然而，实际上现实世界中的社交网络大多是部分对齐的，且许多用户不是锚用户。针对这种情况，Zhang 等人 [123,131] 分别提出基于监督学习环境和 PU 学习环境的部分网络对齐方法。除这些成对的社交网络对齐问题外，还可以同时对齐多个（两个以上）社交网络。Zhang 等人 [124] 发现推导出的社交网络对齐问题中实体的跨网络映射应满足传递性法则，且具有固有的一对一约束。因此，在文献 [124] 中引入一个多元社交对齐框架，最小化对齐成本的同时保持对推断映射的传递法则和一对一约束。除用户外，许多其他类型的实体也可由多个社交站点共享，如社交网络共享的地理空间位置和电子商务站点共享的产品等。为同时推断这些不同类型实体间的映射关系，Zhang 等人提出 [125] 部分网络的联合对齐问题。

通过融合多个异质网络，每个网络中的异质信息可以转移到其他对齐的网络，从而使得异质网络上的许多应用，如链接预测、朋友推荐 [90,123,127]、社区检测 [122]、信息传播 [119,120,132] 和产品推荐 [55] 等都将从中受益。

通过推断的映射，Zhang 等人 [123,127] 提出在对齐的网络中迁移异质链接，以提高链接预测和朋友推荐的质量。Tang 等人 [90] 提出基于迁移的因子图模型，借用不同源网络的知识来预测目标网络中的社交关系类型。对于具有很少社交活动信息的新网络 [128] 和新用户 [126]，其他源网络所迁移的信息可以在预测链接时极大地缓解冷启动问题。更重要的是，对齐网络中共同实体的信息可以为社区结构提供更全面的知识。通过利用多个对齐网络的信息，Zhang 等人 [114] 提出一种新模型，可以将共同实体的聚类结果与其他对齐网络中的信息重新组合。Jin 等人 [37] 提出可扩展的框架来研究多个大规模对齐网络的协同划分，在考虑不同网络间的关系的基础上，保持一定的一致性，即将不同网络的相同节点划分为相同分区。Zhang 等人 [122] 利用其他对齐网络迁移的信息来进行新兴网络中的社区检测，从而克服冷启动问题。另外，通过融合多个异质社交网络，用户可以通过网络内连接（如用户间的关系连接）和网络间连接（即跨网络推断映射）彼此相连，使得信息可以覆盖更多的用户，从而在社交网络中产生更大的影响力。Zhan 等人在文献 [119] 中提出建模多对齐网络的信息扩散过程，并在文献 [120] 中提出对齐网络的关键用户发现问题。

2.8 其他应用

除了上面讨论的任务外，异质网络还有许多其他的应用，如影响力传播和隐私风险问题等。为了从异质网络中定量地学习影响力，Liu 等人 [53] 利用生成图模型来学习直接影响力，然后利用传播方法来挖掘间接和全局影响力。通过使用元路径，Zhan 等人 [119] 提出模型 M&M 来解决多个部分对齐的异质在线社交网络中的影响力最大化问题。对于匿名异质网络中的隐私风险问题，Zhang 等人 [121] 提出一种去匿名攻击方法，利用已识别的漏洞来捕获风险。针对无监督文本嵌入方法性能较差的问题，Tang 等

人 [89] 提出用于文本数据的半监督表示学习方法。其中，标记信息和不同级别的单词共现信息被建模为大规模异质文本网络。为提高线下销售的有效性，Hu 等人 [25] 基于语义的元路径构建公司-公司图，然后在图上利用标签传播来预测有销售前途的门店。

参考文献

1. Aggarwal, C., Xie, Y., Yu, P.: Towards community detection in locally heterogeneous networks. In: SDM, pp. 391–402 (2011)
2. Aggarwal, C.C., Xie, Y., Yu, P.S.: On dynamic link inference in heterogeneous networks. In: SDM, pp. 415–426 (2012)
3. Aggarwal, C.C., Xie, Y., Yu, P.S.: A framework for dynamic link prediction in heterogeneous networks. Stat. Anal. Data Min. ASA Data Sci. J. **7**(1), 14–33 (2014)
4. Alqadah, F., Bhatnagar, R.: A game theoretic framework for heterogeneous information network clustering. In: KDD, pp. 795–802 (2011)
5. Angelova, R., Kasneci, G., Weikum, G.: Graffiti: graph-based classification in heterogeneous networks. In: WWW, pp. 139–170 (2012)
6. Bangcharoensap, P., Murata, T., Kobayashi, H., Shimizu, N.: Transductive classification on heterogeneous information networks with edge betweenness-based normalization. In: WSDM, pp. 437–446 (2016)
7. Boden, B., Ester, M., Seidl, T.: Density-based subspace clustering in heterogeneous networks. In: ECML/PKDD, pp. 149–164 (2014)
8. Bu, S., Hong, X., Peng, Z., Li, Q.: Integrating meta-path selection with user-preference for top-k relevant search in heterogeneous information networks. In: CSCWD, pp. 301–306 (2014)
9. Burke, R., Vahedian, F., Mobasher, B.: Hybrid recommendation in heterogeneous networks. In: UMAP, pp. 49–60 (2014)
10. Cao, B., Kong, X., Yu, P.S.: Collective prediction of multiple types of links in heterogeneous information networks. In: ICDM, pp. 50–59 (2014)
11. Chen, J., Gao, H., Wu, Z., Li, D.: Tag co-occurrence relationship prediction in heterogeneous information networks. In: ICPADS, pp. 528–533 (2013)
12. Chen, J., Dai, W., Sun, Y., Dy, J.: Clustering and ranking in heterogeneous information networks via gamma-poisson model. In: SDM, pp. 425–432 (2015)
13. Chen, S.D., Chen, Y.Y., Han, J., Moulin, P.: A feature-enhanced ranking-based classifier for multimodal data and heterogeneous information networks. In: ICDM, pp. 997–1002 (2013)
14. Cruz, J.D., Bothorel, C., Poulet, F.: Integrating heterogeneous information within a social network for detecting communities. In: ASONAM, pp. 1453–1454 (2013)
15. Deng, H., Lyu, M.R., King, I.: A generalized Co-HITS algorithm and its application to bipartite graphs. In: KDD, pp. 239–248 (2009)
16. Deng, H., Zhao, B., Han, J.: Collective topic modeling for heterogeneous networks. In: SIGIR, pp. 1109–1110 (2011)
17. Deng, H., Han, J., Zhao, B., Yu, Y., Lin, C.X.: Probabilistic topic models with biased propagation on heterogeneous information networks. In: KDD, pp. 795–802 (2011)
18. Doan, A., Madhavan, J., Domingos, P., Halevy, A.: Ontology matching: a machine learning approach. Handbook on Ontologies, pp. 385–403. Springer, Berlin (2004)
19. Dong, Y., Tang, J., Wu, S., Tian, J., Chawla, N.V., Rao, J., Cao, H.: Link prediction and recommendation across heterogeneous social networks. In: ICDM, pp. 181–190 (2012)
20. Fang, Y., Lin, W., Zheng, V.W., Wu, M., Chang, C.C., Li, X.L.: Semantic proximity search on graphs with metagraph-based learning. In: ICDE, pp. 277–288 (2016)
21. Gupta, M., Gao, J., Han, J.: Community distribution outlier detection in heterogeneous information networks. In: ECML, pp. 557–573 (2013)

22. Gupta, M., Gao, J., Yan, X., Cam, H., Han, J.: On detecting association-based clique outliers in heterogeneous information networks. In: ASONAM, pp. 108–115 (2013)
23. He, J., Bailey, J., Zhang, R.: Exploiting transitive similarity and temporal dynamics for similarity search in heterogeneous information networks. In: International Conference on Database Systems for Advanced Applications, pp. 141–155 (2014)
24. Hou U.L., Yao, K., Mak, H.: PathSimExt: revisiting PathSim in heterogeneous information networks. In: WAIM, pp. 38–42 (2014)
25. Hu, Q., Xie, S., Zhang, J., Zhu, Q., Guo, S., Yu, P.S.: HeteroSales: utilizing heterogeneous social networks to identify the next enterprise customer. In: WWW, pp. 41–50 (2016)
26. Huang, H., Zubiaga, A., Ji, H., Deng, H., Wang, D., Le, H.K., Abdelzaher, T.F., Han, J., Leung, A., Hancock, J.P., Others: Tweet ranking based on heterogeneous networks. In: COLING, pp. 1239–1256 (2012)
27. Huang, J., Nie, F., Huang, H., Tu, Y.C.: Trust prediction via aggregating heterogeneous social networks. In: CIKM, pp. 1774–1778 (2012)
28. Huang, Z., Zheng, Y., Cheng, R., Sun, Y., Mamoulis, N., Li, X.: Meta structure: computing relevance in large heterogeneous information networks. In: SIGKDD, pp. 1595–1604 (2016)
29. Jacob, Y., Denoyer, L., Gallinari, P.: Learning latent representations of nodes for classifying in heterogeneous social networks. In: WSDM, pp. 373–382 (2014)
30. Jain, A.K.: Data clustering: 50 years beyond K-means. Pattern Recognit. Lett. **31**(8), 651–666 (2010)
31. Jamali, M., Lakshmanan, L.: HeteroMF: recommendation in heterogeneous information networks using context dependent factor models. In: WWW, pp. 643–654 (2013)
32. Jeh, G., Widom, J.: SimRank: a measure of structural-context similarity. In: KDD, pp. 538–543 (2002)
33. Jeh, G., Widom, J.: Scaling personalized web search. In: WWW, pp. 271–279 (2003)
34. Jendoubi, S., Martin, A., Lietard, L., Yaghlane, B.B.: Classification of message spreading in a heterogeneous social network. In: IPMU, pp. 66–75 (2014)
35. Ji, M., Sun, Y., Danilevsky, M., Han, J., Gao, J.: Graph regularized transductive classification on heterogeneous information networks. In: ECML/PKDD, pp. 570–586 (2010)
36. Ji, M., Han, J., Danilevsky, M.: Ranking-based classification of heterogeneous information networks. In: KDD, pp. 1298–1306 (2011)
37. Jin, S., Zhang, J., Yu, P.S., Yang, S., Li, A.: Synergistic partitioning in multiple large scale social networks. In: IEEE BigData, pp. 281–290 (2014)
38. Klau, G.W.: A new graph-based method for pairwise global network alignment. BMC Bioinform. **10**(Suppl 1), S59 (2009)
39. Kleinberg, J.M.: Authoritative sources in a hyperlinked environment. In: SODA, pp. 668–677 (1999)
40. Kong, X., Yu, P.S., Ding, Y., Wild, D.J.: Meta path-based collective classification in heterogeneous information networks. In: CIKM, pp. 1567–1571 (2012)
41. Kong, X., Cao, B., Yu, P.S.: Multi-label classification by mining label and instance correlations from heterogeneous information networks. In: KDD, pp. 614–622 (2013)
42. Kong, X., Zhang, J., Yu, P.S.: Inferring anchor links across multiple heterogeneous social networks. In: CIKM, pp. 179–188 (2013)
43. Koutra, D., Tong, H., Lubensky, D.: Big-align: fast bipartite graph alignment. In: ICDM, pp. 389–398 (2013)
44. Kuck, J., Zhuang, H., Yan, X., Cam, H., Han, J.: Query-based outlier detection in heterogeneous information networks. In: EDBT, pp. 325–336 (2015)
45. Lafferty, J., McCallum, A., Pereira, F.C.N.: Conditional random fields: probabilistic models for segmenting and labeling sequence data. In: ICML, pp. 282–289 (2001)
46. Lao, N., Cohen, W.: Fast query execution for retrieval models based on path constrained random walks. In: KDD, pp. 881–888 (2010)
47. Lao, N., Cohen, W.W.: Relational retrieval using a combination of path-constrained random walks. Mach. Learn. **81**(2), 53–67 (2010)

48. Li, C., Sun, J., Xiong, Y., Zheng, G.: An efficient drug-target interaction mining algorithm in heterogeneous biological networks. In: PAKDD, pp. 65–76 (2014)
49. Li, X., Ng, M.K., Ye, Y.: HAR: hub, authority and relevance scores in multi-relational data for query search. In: SDM, pp. 141–152 (2012)
50. Li, Y., Shi, C., Yu, P.S., Chen, Q.: HRank: a path based ranking method in heterogeneous information network. In: WAIM, pp. 553–565 (2014)
51. Liben-Nowell, D., Kleinberg, J.: The link-prediction problem for social networks. J. Am. Soc. Inf. Sci. Tech. **58**(7), 1019–1031 (2007)
52. Liu, F., Xia, S.: Link prediction in aligned heterogeneous networks. In: PAKDD, pp. 33–44 (2015)
53. Liu, L., Tang, J., Han, J., Yang, S.: Learning influence from heterogeneous social networks. Data Min. Knowl. Discov. **25**(3), 511–544 (2012)
54. Liu, X., Yu, Y., Guo, C., Sun, Y.: Meta-path-based ranking with pseudo relevance feedback on heterogeneous graph for citation recommendation. In: CIKM, pp. 121–130 (2014)
55. Lu, C.T., Xie, S., Shao, W., He, L., Yu, P.S.: Item recommendation for emerging online businesses. In: IJCAI, pp. 3797–3803 (2016)
56. Luo, C., Guan, R., Wang, Z., Lin, C.: HetPathMine: a novel transductive classification algorithm on heterogeneous information networks. In: Advances in Information Retrieval, vol. 8416, pp. 210–221 (2014)
57. Luo, C., Pang, W., Wang, Z.: Hete-CF: social-based collaborative filtering recommendation using heterogeneous relations. In: ICDM, pp. 917–922 (2014)
58. Luo, C., Pang, W., Wang, Z.: Semi-supervised clustering on heterogeneous information networks. In: Advances in Knowledge Discovery and Data Mining, vol. 8444, pp. 548–559 (2014)
59. Ma, H., King, I., Lyu, M.R.: Learning to recommend with social trust ensemble. In: SIGIR, pp. 203–210 (2009)
60. Ma, Y., Yang, N., Li, C., Zhang, L., Yu, P.S.: Predicting neighbor distribution in heterogeneous information networks. In: SDM, pp. 784–791 (2015)
61. Melnik, S., Garcia-Molina, H., Rahm, E.: Similarity flooding: a versatile graph matching algorithm and its application to schema matching. In: ICDE, pp. 117–128 (2002)
62. Meng, X., Shi, C., Li, Y., Zhang, L., Wu, B.: Relevance measure in large-scale heterogeneous networks. In: APWeb, pp. 636–643 (2014)
63. Newman, M.E.J., Girvan, M., M.E.J., Newman, M.G.: Finding and evaluating community structure in networks. Phys. Rev. E **69**(026113), 1757–1771 (2004)
64. Ng, M.K., Li, X., Ye, Y., Ng, M., Li, X., Ye, Y.: MultiRank: co-ranking for objects and relations in multi-relational data. In: KDD, pp. 1217–1225 (2011)
65. Page, L., Brin, S., Motwani, R., Winograd, T.: The pagerank citation ranking: bringing order to the web. In: Stanford InfoLab, pp. 1–14 (1998)
66. Popescul, A., Ungar, L.H.: Statistical relational learning for link prediction. In: IJCAI Workshop on Learning Statistical Models from Relational Data, vol. 2003 (2003)
67. Qi, G.J., Aggarwal, C.C., Huang, T.S.: On clustering heterogeneous social media objects with outlier links. In: WSDM, pp. 553–562 (2012)
68. Qiu, C., Chen, W., Wang, T., Lei, K.: Overlapping community detection in directed heterogeneous social network. In: WAIM, pp. 490–493 (2015)
69. Ren, X., Liu, J., Yu, X., Khandelwal, U., Gu, Q., Wang, L., Han, J.: ClusCite: effective citation recommendation by information network-based clustering. In: KDD, pp. 821–830 (2014)
70. Rossi, R.G., de Paulo Faleiros, T., de Andrade Lopes, A., Rezende, S.O.: Inductive model generation for text categorization using a bipartite heterogeneous network. In: ICDM, pp. 1086–1091 (2012)
71. Sales-Pardo, M., Guimera, R., Moreira, A.A., Amaral, L.A.N.: Extracting the hierarchical organization of complex systems. Proc. Natl. Acad. Sci. **104**(39), 15224–15229 (2007)
72. Shi, C., Kong, X., Yu, P.S., Xie, S., Wu, B.: Relevance search in heterogeneous networks. In: EDBT, pp. 180–191 (2012)

73. Shi, C., Zhou, C., Kong, X., Yu, P.S., Liu, G., Wang, B.: HeteRecom: a semantic-based recommendation system in heterogeneous networks. In: KDD, pp. 1552–1555 (2012)
74. Shi, C., Kong, X., Huang, Y., Philip, S.Y., Wu, B.: Hetesim: a general framework for relevance measure in heterogeneous networks. IEEE Trans. Knowl. Data Eng. **26**(10), 2479–2492 (2014)
75. Shi, C., Wang, R., Li, Y., Yu, P.S., Wu, B.: Ranking-based clustering on general heterogeneous information networks by network projection. In: CIKM, pp. 699–708 (2014)
76. Shi, C., Zhang, Z., Luo, P., Yu, P.S., Yue, Y., Wu, B.: Semantic path based personalized recommendation on weighted heterogeneous information networks. In: CIKM, pp. 453–462 (2015)
77. Shi, C., Li, Y., Philip, S.Y., Wu, B.: Constrained-meta-path-based ranking in heterogeneous information network. Knowl. Inf. Syst. 1–29 (2016)
78. Shi, J., Malik, J.: Normalized cuts and image segmentation. IEEE Trans. Pattern Anal. Mach. Intell. **22**(8), 888–905 (2000)
79. Shih, Y.K., Parthasarathy, S.: Scalable global alignment for multiple biological networks. BMC Bioinf. **13**, 1–13 (2012)
80. Soulier, L., Jabeur, L.B., Tamine, L., Bahsoun, W.: On ranking relevant entities in heterogeneous networks using a language-based model. J. Am. Soc. Inf. Sci. Technol. **64**(3), 500–515 (2013)
81. Srebro, N., Jaakkola, T.: Weighted low-rank approximations. In: ICML, pp. 720–727 (2003)
82. Sun, Y., Yu, Y., Han, J.: Ranking-based clustering of heterogeneous information networks with star network schema. In: Proceedings of the 15th ACM SIGKDD International Conference on Knowledge Discovery and Data Mining, pp. 797–806 (2009)
83. Sun, Y., Han, J., Zhao, P., Yin, Z., Cheng, H., Wu, T.: RankClus: integrating clustering with ranking for heterogeneous information network analysis. In: EDBT, pp. 565–576 (2009)
84. Sun, Y., Barber, R., Gupta, M., Aggarwal, C.C., Han, J.: Co-author relationship prediction in heterogeneous bibliographic networks. In: ASONAM, pp. 121–128 (2011)
85. Sun, Y., Aggarwal, C., Han, J.: Relation strength-aware clustering of heterogeneous information networks with incomplete attributes. In: VLDB, pp. 394–405 (2012)
86. Sun, Y., Han, J., Aggarwal, C.C., Chawla, N.V.: When will it happen?: relationship prediction in heterogeneous information networks. In: WSDM, pp. 663–672 (2012)
87. Sun, Y., Norick, B., Han, J., Yan, X., Yu, P.S., Yu, X.: Integrating meta-path selection with user-guided object clustering in heterogeneous information networks. In: KDD, pp. 1348–1356 (2012)
88. Sun, Y.Z., Han, J.W., Yan, X.F., Yu, P.S., Wu, T.: PathSim: meta path-based Top-K similarity search in heterogeneous information networks. In: VLDB, pp. 992–1003 (2011)
89. Tang, J., Qu, M., Mei, Q.: PTE: predictive text embedding through large-scale heterogeneous text networks. In: KDD, pp. 1165–1174 (2015)
90. Tang, J., Lou, T., Kleinberg, J., Wu, S.: Transfer learning to infer social ties across heterogeneous networks. ACM Trans. Inf. Syst. **34**(2), 7:1–7:43 (2016)
91. Tsai, M.H., Aggarwal, C., Huang, T.: Ranking in heterogeneous social media. In: WSDM, pp. 613–622 (2014)
92. Umeyama, S.: An eigendecomposition approach to weighted graph matching problems. IEEE Trans. Pattern Anal. Mach. Intell. **10**(5), 695–703 (1988)
93. Wakita, K., Tsurumi, T.: Finding community structure in mega-scale social networks. In: WWW, pp. 1275–1276 (2007)
94. Wan, M., Ouyang, Y., Kaplan, L., Han, J.: Graph regularized meta-path based transductive regression in heterogeneous information network. In: SDM, pp. 918–926 (2015)
95. Wang, B., Tang, J., Fan, W., Chen, S., Tan, C., Yang, Z.: Query-dependent cross-domain ranking in heterogeneous network. Knowl. Inf. Syst. **34**(1), 109–145 (2013)
96. Wang, C., Raina, R., Fong, D., Zhou, D., Han, J., Badros, G.J.: Learning relevance from heterogeneous social network and its application in online targeting. In: SIGIR, pp. 655–664 (2011)

97. Wang, C., Danilevsky, M., Liu, J., Desai, N., Ji, H., Han, J.: Constructing topical hierarchies in heterogeneous information networks. In: ICDM, pp. 767–776 (2013)
98. Wang, C., Song, Y., El-Kishky, A., Roth, D., Zhang, M., Han, J.: Incorporating world knowledge to document clustering via heterogeneous information networks. In: KDD, pp. 1215–1224 (2015)
99. Wang, C., Song, Y., Li, H., Zhang, M., Han, J.: Knowsim: a document similarity measure on structured heterogeneous information networks. In: ICDM, pp. 1015–1020 (2015)
100. Wang, C., Song, Y., Li, H., Zhang, M., Han, J.: Text classification with heterogeneous information network kernels. In: AAAI, pp. 2130–2136 (2016)
101. Wang, C., Sun, Y., Song, Y., Han, J., Song, Y., Wang, L., Zhang, M.: Relsim: relation similarity search in schema-rich heterogeneous information networks. In: Siam International Conference on Data Mining, pp. 621–629 (2016)
102. Wang, G., Hu, Q., Yu, P.S.: Influence and similarity on heterogeneous networks. In: CIKM, pp. 1462–1466 (2012)
103. Wang, Q., Peng, Z., Jiang, F., Li, Q.: LSA-PTM: a propagation-based topic model using latent semantic analysis on heterogeneous information networks. In: WAIM, pp. 13–24 (2013)
104. Wang, Q., Peng, Z., Wang, S., Yu, P.S., Li, Q., Hong, X.: cluTM: content and link integrated topic model on heterogeneous information networks. In: WAIM, pp. 207–218 (2015)
105. Wang, R., Shi, C., Yu, P.S., Wu, B.: Integrating clustering and ranking on hybrid heterogeneous information network. In: PAKDD, pp. 583–594 (2013)
106. Wang, S., Xie, S., Zhang, X., Li, Z., Yu, P.S., Shu, X.: Future influence ranking of scientific literature. In: SDM, pp. 749–757 (2014)
107. Wu, J., Chen, L., Yu, Q., Han, P., Wu, Z.: Trust-aware media recommendation in heterogeneous social networks. WWW **18**(1), 139–157 (2015)
108. Xiong, Y., Zhu, Y., Yu, P.S.: Top-k similarity join in heterogeneous information networks. IEEE Trans. Knowl. Data Eng. **27**(6), 1710–1723 (2015)
109. Yang, C., Sun, J., Ma, J., Zhang, S., Wang, G., Hua, Z.: Scientific collaborator recommendation in heterogeneous bibliographic networks. In: HICSS, pp. 552–561 (2015)
110. Yang, T., Jin, R., Chi, Y., Zhu, S.: Combining link and content for community detection: a discriminative approach. In: KDD, pp. 927–936 (2009)
111. Yang, X., Steck, H., Liu, Y.: Circle-based recommendation in online social networks. In: KDD, pp. 1267–1275 (2012)
112. Yang, Y., Chawla, N.V., Sun, Y., Han, J.: Predicting links in multi-relational and heterogeneous networks. In: ICDM, pp. 755–764 (2012)
113. Yang, Y., Tang, J., Keomany, J., Zhao, Y., Li, J., Ding, Y., Li, T., Wang, L.: Mining competitive relationships by learning across heterogeneous networks. In: CIKM, pp. 1432–1441 (2012)
114. Yu, P.S., Zhang, J.: MCD: mutual clustering across multiple social networks. In: IEEE International Congress on Big Data, pp. 762–771 (2015)
115. Yu, X., Gu, Q., Zhou, M., Han, J.: Citation prediction in heterogeneous bibliographic networks. In: SDM, pp. 1119–1130 (2012)
116. Yu, X., Sun, Y., Norick, B., Mao, T., Han, J.: User guided entity similarity search using metapath selection in heterogeneous information networks. In: CIKM, pp. 2025–2029 (2012)
117. Yu, X., Ren, X., Sun, Y., Sturt, B., Khandelwal, U., Gu, Q., Norick, B., Han, J.: Recommendation in heterogeneous information networks with implicit user feedback. In: RecSys, pp. 347–350 (2013)
118. Yu, X., Ren, X., Sun, Y., Gu, Q., Sturt, B., Khandelwal, U., Norick, B., Han, J.: Personalized entity recommendation: a heterogeneous information network approach. In: WSDM, pp. 283–292 (2014)
119. Zhan, Q., Zhang, J., Wang, S., Yu, P.S., Xie, J.: Influence maximization across partially aligned heterogeneous social networks. In: PAKDD, pp. 58–69 (2015)
120. Zhan, Q., Zhang, J., Philip, S.Y., Emery, S., Xie, J.: Discover tipping users for cross network influencing. In: 2016 IEEE 17th International Conference on Information Reuse and Integration (IRI), pp. 67–76 (2016)

121. Zhang, A., Xie, X., Chang, K.C.C., Gunter, C.A., Han, J., Wang, X.: Privacy risk in anonymized heterogeneous information networks. In: EDBT, pp. 595–606 (2014)
122. Zhang, J., Yu, P.: Community detection for emerging networks. In: SDM, pp. 127–135 (2015)
123. Zhang, J., Yu, P.S.: Integrated anchor and social link predictions across social networks. In: IJCAI, pp. 2125–2131 (2015)
124. Zhang, J., Yu, P.S.: Multiple anonymized social networks alignment. In: ICDM, pp. 599–608 (2015)
125. Zhang, J., Yu, P.S.: PCT: partial co-alignment of social networks. In: WWW, pp. 749–759 (2016)
126. Zhang, J., Kong, X., Yu, P.S.: Predicting social links for new users across aligned heterogeneous social networks. In: ICDM, pp. 1289–1294 (2013)
127. Zhang, J., Yu, P.S., Zhou, Z.H.: Meta-path based multi-network collective link prediction. In: KDD, pp. 1286–1295 (2014)
128. Zhang, J., Kong, X., Yu, P.S.: Transferring heterogeneous links across location-based social networks. In: WSDM, pp. 303–312 (2014)
129. Zhang, J., Kong, X., Jie, L., Chang, Y., Yu, P.S.: NCR: a scalable network-based approach to co-ranking in question-and-answer sites. In: CIKM, pp. 709–718 (2014)
130. Zhang, J., Yu, P.S., Lv, Y.: Organizational chart inference. In: KDD, pp. 1435–1444 (2015)
131. Zhang, J., Shao, W., Wang, S., Kong, X., Yu, P.S.: Partial network alignment with anchor meta path and truncated generic stable matching. ArXiv e-prints (2015)
132. Zhang, J., Yu, P.S., Lv, Y., Zhan, Q.: Information diffusion at workplace. In: CIKM, pp. 1673–1682. ACM (2016)
133. Zhang, M., Hu, H., He, Z., Wang, W.: Top-k similarity search in heterogeneous information networks with x-star network schema. Expert Syst. Appl. **42**(2), 699–712 (2015)
134. Zhang, Y., Tang, J., Yang, Z., Pei, J., Yu, P.S.: COSNET: connecting heterogeneous social networks with local and global consistency. In: KDD, pp. 1485–1494 (2015)
135. Zhao, Q., Bhowmick, S.S., Zheng, X., Yi, K.: Characterizing and predicting community members from evolutionary and heterogeneous networks. In: CIKM, pp. 309–318 (2008)
136. Zheng, J., Liu, J., Shi, C., Zhuang, F., Li, J., Wu, B.: Dual similarity regularization for recommendation. In: PAKDD, pp. 542–554 (2016)
137. Zhou, D., Orshanskiy, S.A., Zha, H., Giles, C.L.: Co-ranking authors and documents in a heterogeneous network. In: ICDM, pp. 739–744 (2007)
138. Zhou, Y., Liu, L.: Social influence based clustering of heterogeneous information networks. In: KDD, pp. 338–346 (2013)
139. Zhou, Y., Liu, L.: Activity-edge centric multi-label classification for mining heterogeneous information networks. In: KDD, pp. 1276–1285 (2014)
140. Zhou, Y., Cheng, H., Yu, J.X.: Graph clustering based on structural/attribute similarities. In: VLDB, pp. 718–729 (2009)
141. Zhu, M., Zhu, T., Peng, Z., Yang, G., Xu, Y., Wang, S., Wang, X., Hong, X.: Relevance search on signed heterogeneous information network based on meta-path factorization. In: WAIM, pp. 181–192 (2015)
142. Zhuang, H., Zhang, J., Brova, G., Tang, J., Cam, H., Yan, X., Han, J.: Mining query-Based subnetwork outliers in heterogeneous information networks. In: ICDM, pp. 1127–1132 (2014)

第 3 章

异质对象的相关性度量

摘要 相似性搜索是许多应用程序中的一项重要功能，通常用来度量相同类型的对象之间的相似性。但是，在许多情况下，我们需要度量不同类型的对象之间的相关性。随着异质信息网络研究的兴起，针对不同类型对象的相关性度量变得越来越重要。本章我们研究异质信息网络中的相关性搜索问题，其任务是度量异质对象（包括相同类型或不同类型的对象）的相关性。我们会介绍一种新的度量方法 HeteSim 及其扩展版本。

3.1 HeteSim：一种统一且对称的相关性度量方法

3.1.1 概述

相似性搜索是一项被广泛应用于各个领域的重要任务，例如应用在 Web 搜索 [15] 和产品推荐 [11] 中。相似性搜索问题的关键是用于评估对象对之间相似性程度的相似性度量。传统分类数据类型和数值数据类型的相似性度量已经被广泛深入地研究过了，例如 Jaccard 系数和余弦相似度。目前还有一部分研究是利用网络中的链接信息来度量节点间的相似性，例如 Personalized PageRank[7]、SimRank[6] 以及 PathSim[21]。传统的相似性度量都将研究重点放在相同类型的对象上，即被度量的对象都是同一类型的，例如“文档与文档”“网页与网页”。只有极少数研究针对的是不同类型对象间的相似性度量，例如“作者与会议”“观众与电影”。这是合情理的，因为研究不同类型的对象的相似性有点不符合常理。况且，相比于可以在同类场景（例如相同的特征空间或相同的链接结构）下度量的同类型对象，不同类型对象的相似性更加难以定义。

然而，度量不同类型对象之间的相似性不仅很有意义，而且在很多场景下十分有用。例如，Jiawei Han 教授与 KDD 比与 IJCAI 更相关。而且，很多应用场景中都需要用到针对不同类型对象的相似性度量。例如，在一个推荐系统中，为做出更精确的推荐，我们需要知道顾客和商品之间的相关程度 [5]。在一个自动抽取用户画像的应用中，需要度量不同类型的对象之间（如作者和会议之间、会议和组织之间）的相关程度。特别地，随着对异质信息网络相关研究的出现 [20-21]，研究不同类型对象之间的相关性不仅愈发重要，而且这也是切实可行的。异质信息网络是包含多类型对象和表示不同关系的多类型链接的逻辑网络 [4]。显然，异质信息网络无处不在，同时它也是现代信息基础设施的重要组成部分 [4]。因此，在这些包含不同类型对象的网络中提供一个相关性搜索功能是至关重要的，这是许多应用的基础。当不同类型的对象共存于同一网络中时，可以通过链接结构实现它们的相关性度量。

本章我们将研究异质信息网络中的相关性搜索问题。相关性搜索的目的是有效地度量异质对象（包括相同类型和不同类型的对象）之间的相关性程度。不同于只度量相同类型对象之间相似性的相似性搜索，这里的相关性搜索度量的是异质对象之间的相关程度，它并不局限于相同类型的对象。也区别于信息检索领域的相关性检索 [13,23]，这里的相关性搜索是对由对象元数据构成的异质信息网络的搜索。此外，我们认为一个理想的相关性度量应该满足对称性，原因如下：（1）对称性度量在许多学习任务中更加普遍也更加有用。即使对称性在查询任务中不是必需的，它对于许多重要的任务（例如聚类和协同过滤）还是至关重要。此外，它也是一些度量标准的必要条件。（2）对称性度量在许多应用中，尤其是针对异质对象对的相关性来说，更有意义。举例来说，在某些情况下，我们需要回答像谁对于 SIGIR 来说有着像 Jiawei Han 对于 KDD 一样的重要程度这样的问题。通过比较这些对象对之间的相关性，我们可以推测它们之间相对重要的信息。这样的操作只能通过对称性度量来完成，而无法通过非对称性度量得到。

如果两个不同的对象都与一个其他对象相关，那么这两个对象也是相关的，受此启发，我们提出了一个名为 HeteSim 的通用框架来评估异质网络中异质对象的相关程度。HeteSim 是一个基于路径的相关性度量方法，它可以有效地捕获搜索路径中的细微语义。HeteSim 处理任意的搜索路径都是用基于成对随机游走模型的方式，以保证 HeteSim 中的对称性。这样还有一个额外的好处是，HeteSim 可以用相同的方法来评估相同或不同类型的对象间的相关性。而且，HeteSim 是一种半度量的方法。换句话说，HeteSim 满足非负性、不可分与同一性，以及对称性。这表明 HeteSim 可以应用于许多学习任务（例如聚类和协同过滤）。考虑到 HeteSim 存在的计算问题，我们提出了四个快速计算的方法。

3.1.2 HeteSim 度量

在很多领域，相似的对象更容易和其他相似的对象相关联。例如，相似的研究者通常会发表很多相似的论文，相似的顾客也常购买相似的商品。所以，如果两个对象与其他相似的对象相关联，那么它们也是相似的。这样的思想同样也适用于异质对象。例如，研究者和他发表过论文的会议之间相关度更高，顾客更青睐他经常购买的品牌。虽然类似的想法已经被应用于 SimRank 中 [6]，但这些方法仅局限于同质网络。当我们想要把这种想法应用于异质网络时，却遇到了以下问题：(1) 异质对象之间的相关性是受路径约束的。元路径在捕捉语义的同时也同样限制了遍历的途径。所以我们需要设计一个基于路径的方法来分析相似性。(2) 需要设计一个统一且对称的度量方法以适用任意路径。对于一个给定的路径（不管对称与否），这个方法都要能用统一的评分标准来评估异质对象对（相同或不同类型）的相关性。接下来，我们将详细介绍这些问题并给出它们的解决方法。

1. 基于路径的相关性度量

与同质网络不同的是，异质网络中的路径具有语义，使对象对之间的相关性取决于给定的元路径。基于相似的对象和相似的对象相关这一基本观点，我们提出了基于路径的相关性度量方法：HeteSim。

定义 3.1（HeteSim）　给定一个元路径 $P = R_1 \circ R_2 \circ \cdots \circ R_l$，则两对象 s 和 t ($s \in R_1.S$ 且 $t \in R_l.T$) 的 HeteSim 值为：

$$\begin{aligned}&\text{HeteSim}(s,t|R_1 \circ R_2 \circ \cdots \circ R_l)\\&= \frac{1}{|O(s|R_1)||I(t|R_l)|}\sum_{i=1}^{|O(s|R_1)|}\sum_{j=1}^{|I(t|R_l)|}\text{HeteSim}(O_i(s|R_1), I_j(t|R_l)|R_2 \circ \cdots \circ R_{l-1})\end{aligned} \tag{3.1}$$

$O(s|R_1)$ 是从 s 出发，沿着关系 R_1 所到达的邻接点，称为出邻接点，$I(t|R_l)$ 则是从 t 出发，逆关系 R_l 所到达的邻接点，称为入邻接点。

如果沿着路径，s 没有出邻接点（即 $O(s|R_1) = \varnothing$）或者 t 没有入邻接点（即

$I(t|R_l) = \varnothing$），则无法判断 s 和 t 是否有相关性，我们定义它们的相关性得分为 0。特别地，我们认为相同类型的对象之间存在**自我关联**（用关系 I 来表示），且每一个对象只和它自己有自我关联。很明显，沿着关系 I，一个对象只和它自己相似。所以其相关性度量可以定义如下：

定义 3.2（基于自我关联的 HeteSim） *两个相同类型对象 s 和 t 之间基于自我关联关系 I 的 HeteSim 值为：*

$$\text{HeteSim}(s,t|I) = \delta(s,t) \tag{3.2}$$

当 s 和 t 是同一个对象时，$\delta(s,t)=1$，否则 $\delta(s,t)=0$。

式（3.1）表明，要计算 $\text{HeteSim}(s,t|P)$ 的值，需要迭代计算沿路径（s 顺着路径，t 逆着路径）的所有 (s,t) 的邻接点对 $(O_i(s|R_1), I_j(t|R_l))$ 之间的相关性程度，并把这些相加。然后将所有 s 的出邻接点和 t 的入邻接点的个数相加后标准化。也就是说，s 和 t 的相关性程度是 s 的出邻接点和 t 的入邻接点相关性程度的平均。这个过程一直迭代至 s 和 t 在路径中相遇。与 SimRank[6] 相似，HeteSim 也基于成对随机游走，但同时它还受到路径约束。我们知道，SimRank 度量的是两条随机路径多久在同一点相遇 [6]。相反，$\text{HeteSim}(s,t|P)$ 度量的是，当 s 顺路径移动而 t 逆路径移动时，相遇于同一点的可能性有多大。

2. 元路径的分解

遗憾的是，源对象 s 和目标对象 t 不一定会在给定的路径 P 上相遇。对于同类型对象的相似性度量，元路径一般是偶数长度的，甚至是对称的，因此源对象和目标对象会在中间对象上相遇。然而，对于不同类型对象的相关性度量，元路径常常是奇数长度的。这种情况下，源对象和目标对象就永远无法在同一对象上相遇。以 $APVC$ 路径为例，作者顺路径、会议逆路径时，两对象永远无法在同一对象上相遇。所以原始的 HeteSim 不适用于奇数长度的元路径。为解决这个问题，一个基本思路是将奇数长度路径转换为偶数长度路径，如此，源对象和目标对象就总是能够在同一对象上相遇。这样得到的结果是，任意的路径都可以通过这种方法拆分为两个等长的路径。

当一个元路径 $P=(A_1A_2\cdots A_{l+1})$ 的长度 l 是偶数时，源对象（顺路径）和目标对象（逆路径）将会在位于**中间位置**$mid = \dfrac{l}{2}+1$ 的**中间型**对象 $M = A_{\frac{l}{2}+1}$ 处相遇，所以元路径 P 可以分解成两个等长的路径 P_L 和 P_R。即，$P=P_LP_R$，其中 $P_L = A_1A_2\cdots A_{mid-1}M$ 且 $P_R = MA_{mid+1}\cdots A_{l+1}$。

当元路径长度 l 是奇数时，源对象和目标对象会在关系 $A_{\frac{l+1}{2}}A_{\frac{l+1}{2}+1}$ 处相遇。为了让源对象和目标对象在同一类型对象上相遇，我们可以在原子关系 $A_{\frac{l+1}{2}}A_{\frac{l+1}{2}+1}$ 中加入一个中间型对象 E，同时补充上 $A_{\frac{l+1}{2}}$ 和 $A_{\frac{l+1}{2}+1}$ 之间的关系。这样，新的路径就变成长度为 $l+1$ 的偶数路径 $P'=(A_1\cdots E\cdots A_{l+1})$。源对象和目标对象就可以在**中间位置** $mid=\dfrac{l+1}{2}+1$ 的**中间型**对象 $M=E$ 处相遇。于是，新的相关性路径 P' 也可以被分解成两个等长路径 P_L 和 P_R。

定义 3.3（元路径的分解）　任意元路径 $P=(A_1A_2\cdots A_{l+1})$ 可以分解为两个等长路径 P_L 和 P_R（即 $P=P_LP_R$），其中 $P_L=A_1A_2\cdots A_{mid-1}M$ 且 $P_R=MA_{mid+1}\cdots A_{l+1}$。$M$ 和 mid 在前文中已经给出定义。

很明显，对于一个对称路径 $P=P_LP_R$，P_R^{-1} 与 P_L 是相同的。例如，元路径 $P=APCPA$ 可以被分解为 $P_L=APC$ 和 $P_R=CPA$。对于元路径 $APSPVC$，我们可以在 SP 之间加入中间型对象 E，将路径变成 $APSEPVC$，此时 $P_L=APSE$，$P_R=EPVC$。

接下来的问题是如何将这个中间型对象 E 加入 $A_{\frac{l+1}{2}}$ 和 $A_{\frac{l+1}{2}+1}$ 之间的原子关系 R 中。为包含原来的原子关系，我们需要让关系 R 成为两个新关系的组合。为此，对关系 R 中的每一个实例，我们可以添加一个 E 中的实例去连接 R 两端的源对象和目标对象。如图 3.1a 所示，在每一个原子关系 AB 的路径实例中，都有中间型对象 E 加入。

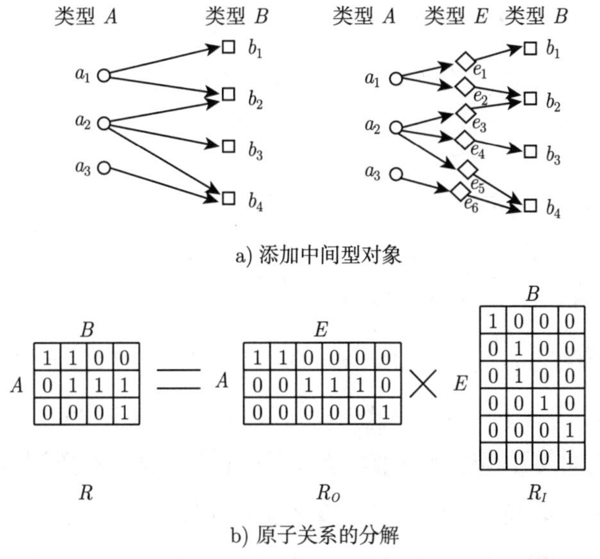

图 3.1　原子关系的分解和对其 HeteSim 得分的计算

B

	0.50	0.25	0	0
A	0	0.17	0.33	0.17
	0	0	0	0.50

HeteSim(A,B|AB)

A

	0.50	0.17	0
A	0.17	0.33	0.33
	0	0.33	1

HeteSim(A,A|ABA)

c) 标准化之前的 HeteSim 得分

B

	0.71	0.50	0	0
A	0	0.41	0.58	0.41
	0	0	0	0.71

HeteSim(A,B|AB)

A

	1	0.41	0
A	0.41	1	0.58
	0	0.58	1

HeteSim(A,A|ABA)

d) 标准化之后的 HeteSim 得分

图 3.1 （续）

定义 3.4（原子关系的分解） 对于原子关系 R，我们可以在 $R.S$ 和 $R.T$（$R.S$ 和 $R.T$ 是关系 R 的源对象类型和目标对象类型）之间加入一个对象类型 E（称为边缘对象）。这样原子关系 R 就被分解为 R_O 和 R_I，这里 R_O 表示 $R.S$ 和 E 之间的关系，R_I 表示 E 和 $R.T$ 之间的关系。对于每一个关系实例 $r \in R$，都有一个实例 $e \in E$ 连接着 $r.S$ 和 $r.T$。路径 $r.S \to e$ 和 $e \to r.T$ 则分别是 R_O 和 R_I 的实例。

很明显，关系的分解具有以下性质，具体证明可参考文献 [18]。

性质 3.1 原子关系 R 可以被分解为 R_O 和 R_I，$R = R_O \circ R_I$，且分解是唯一的。

基于此性质，由原子关系 R 连接的两对象之间的相关程度可以通过如下定义计算：

定义 3.5（基于原子关系的 HeteSim） 基于原子关系 R 的两个不同类型对象 s 和 t（$s \in R.S$ 且 $t \in R.T$）的 HeteSim 得分值为：

$$\begin{aligned}\text{HeteSim}(s,t|R) &= \text{HeteSim}(s,t|R_O \circ R_I)\\ &= \frac{1}{(|O(s|R_O)|)\,(|I(t|R_I)|)} \sum_{i=1}^{(|O(s|R_O)|)} \sum_{j=1}^{(|I(t|R_I)|)} \delta(O_i(s|R_O), I_j(t|R_I))\end{aligned} \tag{3.3}$$

可以看出，$\text{HeteSim}(s,t|I)$ 是 $\text{HeteSim}(s,t|R)$ 的一个特例，对于自我关联 I，$I = I_O \circ I_I$ 且 $(|O(s|I_O)|) = (|I(t|I_I)|) = 1$。定义 3.5 就是说 HeteSim 可以直接通过计算两个不同类型对象之间的互相影响的平均值来度量它们之间的相关程度。

例子 3.1 图 3.1a 给出了一个关于原子关系分解的例子。关系 AB 被分解为关系 AE 和 EB。此外，如图 3.1b 所示，关系 AB 是 AE 和 EB 的组合。从图 3.1c 给出的两个 HeteSim 的例子中可以发现，HeteSim 恰当地反映了对象之间的相关程度。以 a_2

为例，虽然 a_2 同时和 b_2、b_3、b_4 相连，但因为 b_3 只同 a_2 相连，它与 b_3 之间更为紧密。基于 AB 路径的 a_2 的 HeteSim 得分正确地反映出了此信息。

我们还发现目标对象和它自己的相似性的 HeteSim 得分不是 1。如图 3.1c 右图所示，a_2 和它自己的相关程度是 0.33。这显然是不合理的。在下一节中，我们将标准化 HeteSim 并且使得相关性度量更加合理。

3. HeteSim 的标准化

我们先介绍给定任意元路径时两个对象间的 HeteSim 计算方法。

定义 3.6（转移概率矩阵） 对于关系 $A \xrightarrow{R} B$，$\boldsymbol{W}_{AB}$ 是一个 A 和 B 之间的邻接矩阵。其中 $\boldsymbol{U}_{AB}$ 是 $\boldsymbol{W}_{AB}$ 沿行向量标准化之后的矩阵，也就是 $A \longrightarrow B$ 上基于关系 R 的转移概率矩阵。$\boldsymbol{V}_{AB}$ 是 $\boldsymbol{W}_{AB}$ 沿列向量标准化之后的矩阵，也就是 $B \longrightarrow A$ 上基于关系 R^{-1} 的转移概率矩阵。

很容易证明转移概率矩阵具有以下性质，具体证明见文献 [18]。

性质 3.2 $\boldsymbol{U}_{AB} = \boldsymbol{V}'_{BA}$ 且 $\boldsymbol{V}_{AB} = \boldsymbol{U}'_{BA}$，这里 $\boldsymbol{V}'_{BA}$ 是 $\boldsymbol{V}_{BA}$ 的转置。

定义 3.7（可达概率矩阵） 给定一个遵循网络模式 $S = (A, R)$ 的网络 $G = (V, E)$，路径 $P = (A_1A_2 \cdots A_{l+1})$ 的可达概率矩阵 $\boldsymbol{PM}$ 定义为 $\boldsymbol{PM}_P = \boldsymbol{U}_{A_1A_2}\boldsymbol{U}_{A_2A_3}\cdots \boldsymbol{U}_{A_lA_{l+1}}$（为简化称其为 $\boldsymbol{PM}$）。$PM(i,j)$ 表示在路径 P 下，对象 $i \in A_1$ 到达对象 $j \in A_{l+1}$ 的概率。

根据以上定义以及 HeteSim 的性质 3.2，基于元路径 $P = A_1A_2 \cdots A_{l+1}$，对象 A_1 和 A_{l+1} 之间的相关程度为：

$$
\begin{aligned}
&\text{HeteSim}(A_1, A_{l+1}|P) = \text{HeteSim}(A_1, A_{l+1}|P_LP_R)\\
&= \boldsymbol{U}_{A_1A_2}\cdots\boldsymbol{U}_{A_{mid-1}M}\boldsymbol{V}_{MA_{mid+1}}\cdots\boldsymbol{V}_{A_lA_{l+1}}\\
&= \boldsymbol{U}_{A_1A_2}\cdots\boldsymbol{U}_{A_{mid-1}M}\boldsymbol{U}'_{A_{mid+1}M}\cdots\boldsymbol{U}'_{A_{l+1}A_l}\\
&= \boldsymbol{U}_{A_1A_2}\cdots\boldsymbol{U}_{A_{mid-1}M}(\boldsymbol{U}_{A_{l+1}A_l}\cdots\boldsymbol{U}_{A_{mid+1}M})'\\
&= \boldsymbol{PM}_{P_L}\boldsymbol{PM}'_{P_R^{-1}}
\end{aligned}
\tag{3.4}
$$

上式表明，基于路径 P 的 A_1 和 A_{l+1} 之间的相关性是两个概率分布的内积，这两个概率分布一个是顺路径 P 从 A_1 到达中间型对象 M 得到，另一个是逆路径 P 从 A_{l+1} 到达 M 得到。对于分别在 A_1 和 A_{l+1} 中的两个实例 a 和 b，它们之间基于路径 P 的相关性为：

$$\text{HeteSim}(a, b|P) = \boldsymbol{PM}_{P_L}(a, :)\boldsymbol{PM}'_{P_R^{-1}}(b, :) \tag{3.5}$$

这里 $\boldsymbol{PM}_P(a,:)$ 指 $\boldsymbol{PM}_P$ 中的第 a 行。

以上说明了 HeteSim 需要被标准化。显然相同的对象之间的相关程度应为 1，我们可以用下面的方法来标准化 HeteSim：

定义 3.8（HeteSim 的标准化） *两个对象 a 和 b 之间基于元路径 P 的标准化的 HeteSim 得分值为：*

$$\text{HeteSim}(a,b|P)=\frac{\boldsymbol{PM}_{P_L}(a,:)\boldsymbol{PM}'_{P_R^{-1}}(b,:)}{\sqrt{\|\boldsymbol{PM}_{P_L}(a,:)\|\|\boldsymbol{PM}'_{P_R^{-1}}(b,:)\|}} \tag{3.6}$$

事实上，标准化的 HeteSim 是源对象 a 和目标对象 b 到达中间型对象 M 获得的两个概率分布的余弦值。取值范围是 0~1。图 3.1d 给出了标准化之后的 HeteSim 值。显然标准化之后的 HeteSim 值更加合理了。标准化过程是 HeteSim 中很重要的一步，原因如下：（1）如性质 3.4 所示标准化之后的 HeteSim 有不可分与同一性等许多良好的性质。（2）过程更容易理解。标准化的 HeteSim 是表示可达概率的两个向量的余弦值。正如 Fouss 等人指出的 [3]，计算节点向量之间的夹角是比计算节点之间的距离更好的度量方法。后文中，HeteSim 指的都是标准化之后的 HeteSim。

4. HeteSim 的性质

HeteSim 的很多不错的性质使它可以应用到很多领域中。这些性质的证明可以参考文献 [18]。

性质 3.3（对称性） $\text{HeteSim}(a,b|P)=\text{HeteSim}(b,a|P^{-1})$

性质 3.3 描述了HeteSim的对称性。虽然 PathSim[21] 也有相似的性质，但它只在路径对称且 a 和 b 为同一类型时才成立。相比之下，HeteSim有更普适的对称性，它不仅在路径对称时成立（注意在对称路径中 P 和 P^{-1} 相同），在路径不对称时也成立。

性质 3.4（自极大性） $\text{HeteSim}(a,b|P)\in[0,1]$。*当且仅当* $\boldsymbol{PM}_{P_L}(a,:)$ *和* $\boldsymbol{PM}_{P_R^{-1}}(b,:)$ *相等时* $\text{HeteSim}(a,b|P)$ *等于* 1。

性质 3.4 说明HeteSim有良好的约束性。对于一个对称路径 P（即 $P_L=P_R^{-1}$），$\boldsymbol{PM}_{P_L}(a,:)$ 和 $\boldsymbol{PM}_{P_R^{-1}}(a,:)$ 是相等的，因此，$\text{HeteSim}(a,a|P)$ 等于 1。如果我们定义两个对象之间的距离（即 $dis(s,t)$）为 $dis(s,t)=1-\text{HeteSim}(s,t)$，那么相同对象之间的距离是 0（即 $dis(s,s)=0$）。因此，HeteSim满足不可分与同一性。注意这是广义上的不可分与同一性。对于两个不同类型的对象，如果它们对于中间类对象有着相同的概率分布，则它们的HeteSim得分值也为 1。因为它们有着基于给定路径的相似结构。

既然HeteSim服从非负性、不可分与同一性，以及对称性，我们可以认为HeteSim是一个半度量的度量标准 [22]。因为它是基于路径的度量，所以不服从三角不等式的性质。半度量的方法有很多很好的优点，并且可以广泛应用于许多应用领域中 [22]。

性质 3.5（和 SimRank 的联系） 对于一个遵循网络模式 $S = (\{A, B\}, \{R\})$ 的二分图 $G = (V, E)$，假设 SimRank 中的常量 C 为 1，则

$$\text{SimRank}(a_1, a_2) = \lim_{n \rightsquigarrow \infty} \sum_{k=1}^{n} \text{HeteSim}(a_1, a_2 | (RR^{-1})^k)$$

$$\text{SimRank}(b_1, b_2) = \lim_{n \rightsquigarrow \infty} \sum_{k=1}^{n} \text{HeteSim}(b_1, b_2 | (R^{-1}R)^k)$$

其中 $a_1, a_2 \in A$，$b_1, b_2 \in B$ 且 $A \xrightarrow{R} B$。这里的HeteSim 是非标准化的。

该性质给出了 SimRank 和HeteSim之间的联系。SimRank 将两个对象在所有可能的路径中相遇的概率相加。HeteSim则只是计算给定元路径中的相遇概率。如果一组元路径包含了两个对象类型之间的所有可能的元路径，那么基于这些路径的HeteSim 值的和就是 SimRank 值。因此我们可以认为HeteSim是一个路径受限版本的 SimRank。通过元路径，HeteSim可以巧妙地评估异质对象之间的相关程度，且保持良好的粒度。性质也表明了HeteSim比 SimRank 更强大，因为HeteSim只需要计算给定相关路径的相遇概率，而不需要计算所有可能的元路径的相遇概率。

表 3.1 中比较了六个相似性度量方法。其中三个是度量异质网络的（HeteSim、

表 3.1 不同相似性度量的比较。这里 RW 表示随机游走，PRW 表示成对随机游走

	对称性	三角不等	基于路径	模型	特性
HeteSim	√	×	√	PRW	基于随机路径评估 异质对象的相关性
PathSim[21]	√	×	√	Path count	基于对称路径评估 同质对象的相关性
PCRW[13]	×	×	√	RW	基于给定路径度量 查询节点的接近程度
SimRank[6]	√	×	×	PRW	基于邻居的相似性 度量点对的相似性
RoleSim[9]	√	√	×	PRW	基于自守等价性度量 实值对象的相似度
P-PageRank[7]	×	×	×	RW	基于链接结构度量 个性化视角下的重要性

PathSim 和 PCRW)，另外三个是度量同质网络的(P-PageRank、SimRank 和 RoleSim)。即使这些方法都是通过利用网络结构来评估节点的相似性，它们也有不同的性质和特性。三个度量异质网络的方法都是基于路径的，因为异质网络中的元路径体现了语义并且简化了网络结构。两个基于随机游走模型的方法（P-PageRank 和 PCRW）不满足对称性。RoleSim 因为满足三角不等式，所以是度量，而HeteSim、PathSim 和 SimRank 是半度量。不同于 PathSim 只能度量对称路径下相同类型对象之间的相似程度，HeteSim 可以度量基于任意路径（不管是否对称）的异质对象（不管是否同类型）之间的相关性。虽然HeteSim可以被认为是 SimRank 受路径约束的扩展，但它是任意模式的异质网络中异质节点相关性的一个普适的度量，不局限于二分或多分的网络结构。

3.1.3 实验

我们利用在三个数据集下的三个案例分析和两项学习任务的实验来验证HeteSim的有效性。

1. 数据集

我们的实验中用了三个异质信息网络。

ACM 数据集：ACM 数据集㊀于 2010 年 6 月从 ACM 数字图书馆下载。该数据集的数据来自 14 个具有代表性的计算机科学会议：KDD、SIGMOD、WWW、SIGIR、CIKM、SODA、STOC、SOSP、SPAA、SIGCOMM、MobiCOMM、ICML、COLT 和 VLDB。这些会议包含了 196 个相应的会议论文集。数据集包含 12 000 篇论文、17 000 位作者以及 1800 个机构单位。在去除论文题目和摘要中的停用词之后，我们得到了 1500 个在论文中出现率超过 1% 的术语。其中也包含这些论文在 ACM 分类中的 73 个主题。图 3.2a 展示了 ACM 数据集的网络模式。此外，我们用 ACM 分类（主题）信息来标注数据。即我们用三个主要的主题（H.3、H.2 和 C.2）标注了 7 个会议、6772 位作者以及 4526 篇论文。

DBLP 数据集[8]：DBLP 数据集是从 DBLP 网站㊁ 收集的一个子网络，其中包含四个主要研究领域（数据库、数据挖掘、信息检索和人工智能）的会议，形成了四个类别。该数据集包含 14 000 篇论文、20 项会议、14 000 位作者和 8900 个术语，有着总计 17 000 个链接。在这个数据集中，用四个研究领域给 4057 位作者、所有 20 项会议和

㊀ http://dl.acm.org/。
㊁ http://www.informatik.uni-trier.de/~ley/db/。

100 篇论文进行了标注。图 3.2b 展示了这个网络的模式。

电影数据集[17]：IMDB 电影数据来自 Internet Movie Database㊀，包含电影、演员、导演以及电影类别。由这些电影数据组成了一个电影异质网络，图 3.2c 展示了其网络模式。电影数据集中包含 1500 部电影、5000 位演员、551 位导演以及 112 个类别。

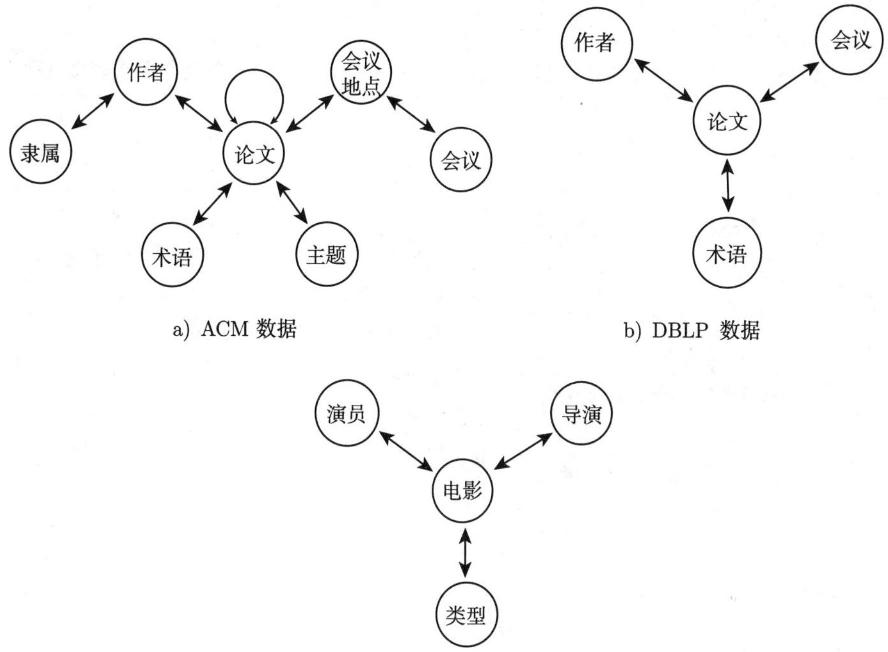

a) ACM 数据　　b) DBLP 数据

c) Movie 数据

图 3.2 异质信息的网络模式

2. 案例分析

此节，我们通过自动化用户画像、专家发现以及相关性搜索这三项任务的案例分析来展现HeteSim 的特性。

任务 1：自动化用户画像 在自动化用户画像任务中，我们首先研究HeteSim在不同类型相关性度量的有效性。如果我们想知道一个对象的画像，需要度量它和我们感兴趣的对象之间的相关性程度。例如，Christos Faloutsos㊁ 的学术画像就可以通过度量他和他的相关对象（例如会议、作者单位以及其他作者）之间的相关性来构建。表 3.2 展示了 ACM 数据集中不同类型下相关性最高的对象列表。路径 $APVC$ 显示了他经

㊀ www.imdb.com/。
㊁ http://www.cs.cmu.edu/~christos/。

常参加哪个会议。注意 KDD 和 SIGMOD 是 Christos Faloutsos 最常参加的两个会议，而他的个人主页[㊀] 中也提到了这一点。从路径 APT 中我们可以得知他的研究兴趣为数据挖掘、模式发掘、可伸缩图挖掘以及社交网络。通过路径 APS 我们发现他的研究方向可以用 ACM 中的主题表示为：数据库管理（H.2）、数据存储（E.2）。基于路径 APA，HeteSim找到了他最重要的合作作者，其中大多数都是他的博士生。

表 3.2　在 ACM 数据集上对作者“Christos Faloutsos”的自动化用户画像任务

路径	$APVC$		APT		APS		APA	
排名	会议	得分	术语	得分	项目	得分	作者	得分
1	KDD	0.1198	mining	0.0930	H.2（database management）	0.1023	Christos Faloutsos	1
2	SIGMOD	0.0284	patterns	0.0926	E.2（data storage representations）	0.0232	Hanghang Tong	0.4152
3	VLDB	0.0262	scalable	0.0869	G.3（probability and statistics）	0.0175	Agma Juci M. Traina	0.3250
4	CIKM	0.0083	graphs	0.0816	H.3（information storage and retrieval）	0.0136	Spiros Papadimitriou	0.2785
5	WWW	0.0060	social	0.0672	H.1（models and principles）	0.0135	Caetano Traina, Jr.	0.2680

任务 2：专家发现　本例中，我们希望通过专家发现任务来验证 HeteSim 在反映对象对的相对重要性上的有效性。我们知道，可以通过比较对象对之间的相关性程度来衡量它们的相对重要性。假设我们知道一个领域里的专家，专家发现任务就是通过相对重要性来找到其他领域的专家。表 3.3 展示了 ACM 数据集里的六个“会议–作者（conference-author）数据对”通过HeteSim和 PCRW 计算得到的相关性估计值。会议和作者之间的关系是根据路径 $APVC$ 和 $CVPA$ 定义的，这两个路径都含有相同的语义：作者在会议发表论文。由于对称性，对于两条路径，HeteSim 返回了相同的结果，而 PCRW 则返回了不同的结果。假设我们很熟悉数据挖掘领域并且已经知道 C.Faloutsos 是 KDD 里很有影响力的一位研究者。对比这些 HeteSim 结果，可以发现即使我们不熟悉某些领域，我们依然可以依此找到这些领域有影响力的研究者。可以根据 J.F.Naughton、W.B.Croft 和 A.Gupta 的 HeteSim 评分和 C.Faloutsos 很相近，推测他们应该分别是 SIGMOD、SIGIR 和 SODA 会议上很有影响力的人。此外，我们

㊀ http://www.cs.cmu.edu/~christos/misc.html。

还能推断出 Luo Si 和 Yan Chen 可能分别在 SIGIR 和 SIGCOMM 会议上比较活跃，因为他们的HeteSim评分比较适中。事实上，C.Faloutsos、J.F.Naughton、W.B.Croft 和 A.Gupta 是他们各自研究领域中最顶尖的作者。Luo Si 和 Yan Chen 则是年轻教授，他们在各自的领域都做了很不错的工作。然而，若相关性度量的方法不是对称的（比如 PCRW），那么就很难通过比较相关性评分来说明哪个作者更有影响力。例如，Yan Chen 和 SIGCOMM 的 PCRW 评分是 $APVC$ 路径下最高的。然而沿反向路径得到的结果却是最小的（比如路径 $CVPA$）。

表 3.3 在 ACM 数据集上通过 HeteSim 和 PCRW 测量的作者和会议的相关性分数

HeteSim			PCRW					
APVC&CVPA			*APVC*			*CVPA*		
数据对		得分	数据对		得分	数据对		得分
C. Faloutsos,	KDD	**0.1198**	C. Faloutsos,	KDD	0.5517	KDD,	C. Faloutsos	**0.0087**
W. B. Croft,	SIGIR	**0.1201**	W. B. Croft,	SIGIR	0.6481	SIGIR,	W. B. Croft	**0.0098**
J. F. Naughton,	SIGMOD	**0.1185**	J. F. Naughton,	SIGMOD	**0.7647**	SIGMOD,	J. F. Naughton	0.0062
A. Gupta,	SODA	**0.1225**	A. Gupta,	SODA	**0.7647**	SODA,	A. Gupta	**0.0090**
Luo Si,	SIGIR	0.0734	Luo Si,	SIGIR	**0.7059**	SIGIR,	Luo Si	0.0030
Yan Chen,	SIGCOMM	0.0786	Yan Chen,	SIGCOMM	**1**	SIGCOMM,	Yan Chen	0.0013

任务 3：基于路径语义的相关性搜索 我们说过，基于路径的相关性度量可以捕捉到路径中的语义。在这个相关性搜索任务中，我们通过比较三个基于路径的度量方法（即HeteSim、PCRW、PathSim）和 SimRank 来观察路径的重要性和语义的高效性。这个任务的目的是通过基于路径 $APVCVPA$（表示作者在同一项会议中发表论文）的方法来找到和 Christos Faloutsos 相关性最高的 10 位作者。忽略对象间的异质性，我们直接在整个网络中运行 SimRank，再从混杂着不同类型的对象的结果中选出前 10 名得分的作者。表 3.4 给出了对比结果。我们可以发现三个基于路径的度量方法所返回的和 C.Faloutsos 相似声望的研究者的顺序略有不同。然而，SimRank 返回的结果却完全出乎我们预料。我们认为，SimRank 表现差的原因是它只考虑了链接的结构但忽略了其中的语义。

此外，我们再来分析一下三个基于路径的度量方法所返回的结果中的细微差异。PathSim 找到了相似的同行作者，例如 P.Yu 和 J.Han，他们在数据挖掘领域都有着相似的声望。PCRW 的结果中令人感到奇怪的是与 C.Faloutsos 最相似的作者不是他自己，而是 C.Aggarwal 和 J.Han。这显然是不合理的。我们推测是因为 C.Aggarwal 和 J.Han 在很多 C.Faloutsos 参与的会议中发表了论文，所以在$APVCVPA$这条路径上，C.Faloutsos 和 C.Aggarwal、J.Han 之间有着比和他自身更高的可达概率。HeteSim

表 3.4 基于 $APVCVPA$ 路径与 ACM 数据集所得的与“Christos Faloutsos”相关性排名前十的作者

排名	HeteSim		PathSim		PCRW		SimRank	
	作者	得分	作者	得分	作者	得分	作者	得分
1	Christos Faloutsos	1	Christos Faloutsos	1	Charu C. Aggarwal	0.0063	Christos Faloutsos	1
2	Srinivasan Parthasarathy	0.9937	Philip Yu	0.9376	Jiawei Han	0.0061	Edoardo Airoldi	0.0789
3	Xifeng Yan	0.9877	Jiawei Han	0.9346	Christos Faloutsos	0.0058	Leejay Wu	0.0767
4	Jian Pei	0.9857	Jian Pei	0.8956	Philip Yu	0.0056	Kensuke Onuma	0.0758
5	Jiong Yang	0.9810	Charu C. Aggarwal	0.7102	Alia I. Abdelmoty	0.0053	Christopher R. Palmer	0.0699
6	Ruoming Jin	0.9758	Jieping Ye	0.6930	Chris B. Jones	0.0053	Anthony Brockwell	0.0668
7	Wei Fan	0.9743	Heikki Mannila	0.6928	Jian Pei	0.0034	Hanghang Tong	0.0658
8	Evimaria Terzi	0.9695	Eamonn Keogh	0.6704	Heikki Mannila	0.0032	Evan Hoke	0.0651
9	Charu C. Aggarwal	0.9668	Ravi Kumar	0.6378	Eamonn Keogh	0.0031	Jia-Yu Pan	0.0650
10	Mohammed J. Zaki	0.9645	Vipin Kumar	0.6362	Mohammed J. Zaki	0.0027	Roberto Santos Filho	0.0648

得到的结果有一些不同。最相似的作者是 S.Parthasarathy 和 X.Yan，而不是 P.Yu 和 J.Han。我们先回顾一下$APVCVPA$这条路径的语义：作者在相同的会议上发表论文。图 3.3 给出了从作者到会议的沿路径 $APVC$ 的可达概率分布。很明显，在这些会议上 S.Parthasarathy 和 X.Yan 关于论文的概率分布相比于 C.Faloutsos 的更为接近。因此根据相同的会议发表结果，他们应该和 C.Faloustsos 更相似。即使 P.Yu 和 J.Han 同 C.Faloutsos 有着相同的声望，他们的论文却更广泛地发表在不同会议上。所以他们不是基于路径 $APVCVPA$ 上和 C.Faloutsos 最相似的作者。对比的结果是HeteSim更为准确地捕捉到了路径之间的语义。

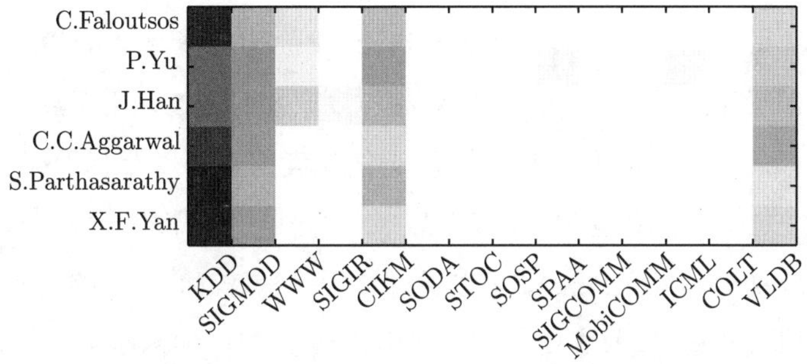

图 3.3 作者的论文在 ACM 数据集的 14 个会议上的概率分布

由于元路径可以捕捉到语义，我们可以应用HeteSim来实现基于用户给出的路径做出语义推荐。根据这个想法我们设计了一个基于语义的推荐系统 HeteRecom[17]。

3. *在查询任务中的表现*

查询任务可以验证HeteSim对异质对象进行查询搜索的高效性。因为 PathSim 不能度量不同类型的对象，在这个实验中，我们只比较HeteSim 和 PCRW 的表现。在 DBLP 数据集上，我们通过路径 CPA 和 $CPAPA$ 来度量会议和作者的接近程度。我们根据每个会议中作者的度量得分来给相关作者排名。之后我们根据作者的标签（如果作者和会议的标签相同，则为真，否则为假）绘制前 100 名作者的 ROC 曲线。然后，我们通过计算 AUC（在 ROC 曲线下的面积）值来评估排名结果。注意到在 DBLP 数据集中，所有会议和一些作者都被标注上了四个研究领域之一。得分越高，表现越好。我们评估了 9 个具有代表性的会议的表现，并且在表 3.5 中给出了他们的 AUC 得分。可以发现，在这两条路径下的大多数会议中，HeteSim的表现始终比 PCRW 要好。这表明在邻近查询任务中，我们所提出的HeteSim方法优于非对称的相似性度量法 PCRW。

表 3.5 基于 DBLP 数据集上的不同路径下的会议和作者的相关性搜索所得 AUC 值

路径	方法	KDD	ICDM	SDM	SIGMOD	VLDB	ICDE	AAAI	IJCAI	SIGIR
CPA	HeteSim	0.811	0.675	0.950	0.766	0.826	0.732	0.811	0.875	0.613
	PCRW	0.803	0.673	0.939	0.758	0.820	0.726	0.806	0.871	0.606
CPAPA	HeteSim	0.845	0.767	0.715	0.831	0.872	0.791	0.817	0.895	0.952
	PCRW	0.844	0.762	0.710	0.822	0.886	0.789	0.807	0.900	0.949

4. 在聚类任务中的表现

HeteSim的对称性令其可以直接应用于聚类任务。为了评估其表现，我们将其与五个行之有效的相似性度量方法进行比较，其中包括两个基于路径的方法（即 PathSim 和 PCRW），以及三个同质方法（即 SimRank、RoleSim 和 P-PageRank）。这些方法都使用相同的信息来判断对象之间的成对相似度。我们通过以下三项任务：基于路径 $CPAPC$ 的会议的聚类，基于路径 $APCPA$ 的作者的聚类以及基于路径 $PAPCPAP$ 的论文的聚类，来评估它们在 DBLP 和 ACM 数据集中的聚类表现。至于非对称度量方法（即 PCRW 和 P-PageRank），可以通过基于路径 P 和 P^{-1} 的相似性矩阵的平均值获得对称的相似性矩阵。RoleSim 应用于由路径 P 组建的网络中。至于 SimRank 和 P-PageRank，它们被应用于路径 P_L 构建的子网中（注意实验中的三条路径是对称的）。然后，我们将归一化切割 [16] 应用到基于不同度量获得的相似性矩阵进行聚类。对于 DBLP 和 ACM 数据集，簇的数量分别设置为 4 和 3。用 NMI 标准（归一化互信息）[19] 评估在会议、作者和论文上的聚类表现。其中，NMI 介于 0 和 1 之间，越高越好。实验中，P-PageRank、SimRank 和 RoleSim 的阻尼因子分别被设置为 0.9、0.8 和 0.1。

表 3.6 总结了 100 次运行的平均聚类精度结果。我们发现在所有六项任务中，

表 3.6 在 DBLP 和 ACM 数据集上对于相似性度量的聚类性能比较

方法	DBLP 数据集						ACM 数据集					
	会议 NMI		作者 NMI		论文 NMI		会议 NMI		作者 NMI		论文 NMI	
	Mean	Dev.	Mean	Dev.	Mean	Dev.	Mean	Dev.	Mean	Dev.	Mean	Dev.
HeteSim	0.768	0.071	**0.728**	0.083	**0.498**	0.067	**0.843**	0.140	0.405	0.1	**0.439**	0.063
PathSim	0.816	0.078	0.672	0.085	0.383	0.058	0.785	0.164	0.378	0.091	0.432	0.087
PCRW	0.709	0.072	0.710	0.080	0.488	0.039	0.840	0.141	**0.414**	0.092	0.429	0.074
SimRank	**0.888**	0.092	0.685	0.066	0.469	0.031	0.835	0.139	0.375	0.115	0.410	0.073
RoleSim	0.278	0.034	0.501	0.040	0.388	0.049	0.389	0.095	0.293	0.016	0.304	0.017
P-PageRank	0.731	0.086	0.441	0.001	0.421	0.063	0.840	0.164	0.363	0.104	0.407	0.093

HeteSim在四项任务中取得了最优结果，并且在其他两项任务中表现良好。PCRW 和 P-PageRank 比较逊色的结果表明，即使对称相似性度量可以通过两个随机游走过程的组合来构造，仅仅简单地组合并不能获得良好的相似性度量。RoleSim 旨在检测与结构相似性略有不同的角色相似性，因此在这些聚类任务中性能表现较差。实验表明，HeteSim不仅在相同类型对象的相似性度量中表现良好，还在聚类中具有与之相似的潜力。

3.1.4 快速计算策略及实验

HeteSim对于时间和空间有很高的计算要求。这使得它无法胜任大规模在线查询任务。因此一个最基本的策略是离线时先将相关性矩阵计算好，当进行在线查询时把它们直接拿来用就可以了。对于频繁用到的元路径，可以提前将相关性矩阵 $\text{HeteSim}(A,B|P)$ 进行离线计算。这样当在线查询 $\text{HeteSim}(a,B|P)$ 时就可以快速计算了，因为它只需要在矩阵中定位行和列。然而，提前去实现所有常用的路径同样很消耗时间和空间。为解决这个问题，我们提出了四个策略方法，以加快相关性矩阵的计算。此外，我们用实验验证了这些策略的实效性。

1. 快速计算的策略

HeteSim的计算包括了两个阶段：矩阵乘法（记作 MUL，也就是求得 $\boldsymbol{PM}_{P_L}$ 和 $\boldsymbol{PM}_{P_R^{-1}}$）和相关性计算（记作 REL，也就是求出 $\boldsymbol{PM}_{P_L} * \boldsymbol{PM}_{P_R^{-1}}$ 并进行标准化）。通过分析HeteSim在不同阶段和不同路径下的运行时间（可以在文献 [18] 中找到相应细节），我们得到了HeteSim的两个计算方面的特点。（1）相关性计算是最耗时的阶段。数据表明加速矩阵乘法并不能有效降低HeteSim的运行时间，即使这类手段广泛地应用于加速 SimRank[6] 和 PCRW[12] 中。（2）矩阵的维度和稀疏性会对HeteSim的效率产生很大的影响。即使不能直接降低计算相关性这一阶段的耗时，我们也可以通过调整矩阵维度以及保持矩阵的稀疏性来加速计算HeteSim。基于这一点，我们提出了以下四个快速计算的策略。

动态规划策略 矩阵乘法遵循结合律。此外，不同的计算顺序的时间复杂度也各不相同。动态规划策略（DP）利用结合律改变了矩阵乘法的顺序。DP 的基本思路是让低维矩阵拥有更高的计算优先级。对于 $P = R_1 \circ R_2 \circ \cdots \circ R_l$，这样的路径，通过以下的公式，我们可以在所期望的HeteSim最小复杂度下以序列 i 进行计算，

$$
Com(R_1 \cdots R_l) = \begin{cases} 0 & l = 1 \\ |R_1.S| \times |R_1.T| \times |R_2.T| & l = 2 \\ \arg\min_i \left\{ Com\left(R_1 \cdots R_i\right) + Com\left(R_{i+1} \cdots R_l\right) + |R_1.S| \times |R_i.T| \times |R_l \cdot T| \right\} & l > 2 \end{cases} \tag{3.7}
$$

利用动态规划，上面的公式可以在 $O(l^2)$ 的复杂度下更轻松的解决。因为 l 比矩阵的维度小得多，运行的时间可以忽略不计。我们注意到 DP 策略只加速了 MUL 阶段（也就是矩阵乘法），它并没有对相关性结果造成影响，所以，DP 是一种不会丢失信息的策略。

截断策略 截断策略基于已经被很多研究证明了 [12] 的假设：移除一些不重要的节点的概率不会显著降低表现。这种策略的一个优点是能保持矩阵的稀疏性。稀疏矩阵能显著减少空间使用，降低时间消耗。其基本思路是在每一个随机游走步骤上增加一个截断步骤。在截断步骤中，当某些节点的相关性值小于阈值 ε 时，它们的相关性值就会设置为零。在许多方法中（例如参考文献 [12]）通常使用一个静态的阈值。然而，这个策略有以下几条缺点：对于所有节点的概率值都很高的矩阵，截断步骤可能什么也截断不了，相反对于概率值都很低的矩阵，截断步骤可能会把大部分节点都删除。既然在查询任务中，我们通常只会关注前 k 个对象，那么对于每一个搜索对象，就可以根据前 k 位的相关性值设置阈值 ε。对于大小为 $M \times L$ 的相似性矩阵，k 值可以动态调整如下：

$$
k = \begin{cases} L & \text{if } L \leqslant W \\ \left\lfloor (L-W)^{\beta} \right\rfloor + W(\beta \in [0,1]) & \text{其他} \end{cases} \tag{3.8}
$$

这里的 W 是由用户决定的参数。动态调整的基础思想是 k 对于大型对象类型（也就是说 L 很大）增长缓慢。W 和 β 决定了截断的程度。W 或 β 越大，k 就越大，意味着矩阵就越密。由于对每一个对象都计算出前 k 项的相关性值代价很高，我们可以用整个矩阵的前 kM 项来估计其值。总的来说，截断策略是一种信息损失的策略，用准确性的略微牺牲以保持矩阵的稀疏性。此方法的代价是需要额外的时间来估计阈值 ε。

混合策略 上文讲到，DP 策略可以加速 MUL 阶段，而截断策略可以通过保持矩阵稀疏间接加速 REL 阶段。因此可以设计一种结合这两种策略的混合策略。在此策略中的 MUL 阶段，我们应用 DP 策略。在获得了 $\boldsymbol{PM}_{P_L}$ 和 $\boldsymbol{PM}_{P_R^{-1}}$ 之后，我们添加了截断策略。不同于上面的截断策略，混合策略只对 $\boldsymbol{PM}_{P_L}$ 和 $\boldsymbol{PM}_{P_R^{-1}}$ 进行截断。混合策略利用了 DP 策略和截断策略的优势。因为应用了截断策略，它依旧是信息损失的策略。

蒙特卡罗策略 蒙特卡罗方法（MC）是一类通过重复随机取样来估计结果的算法。它已应用于计算的矩阵乘积近似值 [2, 12]。我们应用 MC 策略来估计 $\boldsymbol{PM}_{P_L}$ 和 $\boldsymbol{PM}_{P_R^{-1}}$。$\boldsymbol{PM}_P(a,b)$ 的值可以通过标准化计算游走点从节点 a 沿着路径 P 到 b 的次数来估计。

$$\boldsymbol{PM}_P(a,b) = \frac{\#times\ the\ walkers\ visit\ b\ along\ P}{\#walkers\ from\ a} \tag{3.9}$$

从 a 出发的游走点的数目控制着计算量及准确度。K 越大，估计就越准确，但花费的时间也越多。MC 策略的一个优点是矩阵的维度和疏密度不会影响到它的运行时间。但是为了计算的高准确度，越高维度的矩阵需要的 K 就越大。MC 策略作为一个取样的方法，同样是会损失信息的策略。

2. 快速计算实验

我们将在 ACM 数据集上验证快速计算策略的效率和有效性。为此我们使用了这四条路径：$(APA)^l$、$(APCPA)^l$、$(APSPA)^l$ 以及 $(TPT)^l$。l 指路径重复的次数，其取值范围为 1 到 5。我们应用了四个快速计算策略以及原始方法（也就是基准线）。截断策略中的参数设定如下：设前 W 位对象数量为 200，β 为 0.5，γ 为 0.005。MC 策略中游走点的数量（也就是 K）为 500。记录所有策略的运行时间和准确率。在准确性的评价中，以通过原始方法得到的相关性矩阵的时间作为基准线。准确率是每个策略获得的前 100 个对象的召回率。所有实验均在配置环境为 64GB RAM，以及 IntelXeon 8 核，2.13GHz CPU 的机器上实现。

图 3.4 给出了在不同路径上，4 种策略的运行时间和准确率。图 3.4a~d 展示了这些策略的运行时间。我们发现 DP 策略的运行时间几乎和基准线的相同。只有当 MUL 阶段决定整体运行时间（即 $(APCPA)^5$ 和 $(APSPA)^5$）时，DP 策略才能为HeteSim的计算加速。而截断策略和混合策略就不同，它们使HeteSim的计算速度有了显著的提升，并且在大多数情况下有着相近的加速比。除去路径 APA，在大多数情景下 MC 策略有着四个策略当中最高的加速比。接下来让我们从图 3.4e~h 中看一下它们的准确率如何。DP 策略的准确率总是接近于 1，混合策略在大多数路径下准确率都排在第二。MC 策略在大多数路径下准确率也很高，但在不同路径下会有波动。显然，在大多数情况下截断策略的准确率最低。

之前提到过，作为一种不会损失信息的策略，DP 只在 MUL 阶段进行了加速，而对于大多数路径而言，这个阶段并不是最消耗时间的。所以 DP 策略没怎么加速HeteSim而保持准确率接近 1。截断策略为了保持矩阵的稀疏是一种会损失信息的策略，也因此，它可以显著地加速HeteSim。这也是截断策略有着很高的加速比但准确率很低的原因。混合策略结合了 DP 策略以及截断策略的优势，它有着接近截断策略的加速比，同时也保持了很高的准确率。为了在矩阵维度很高或稀疏时保持高准确率，MC 策略就需要更多的游走点，然而在实验中游走点的数量是固定的（即 K 是 500），这使得 MC 策略在一些情况下准确率较低。

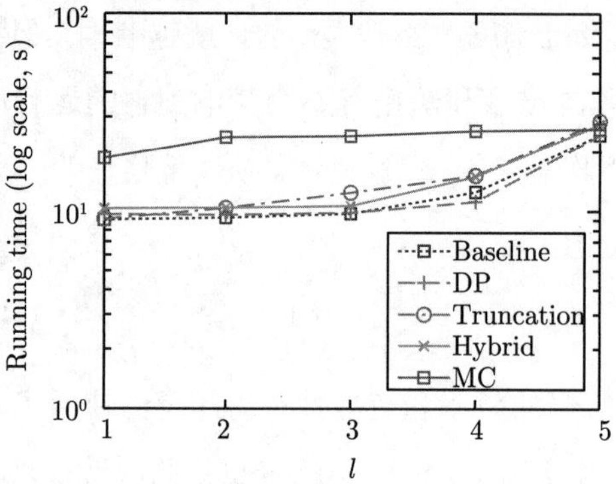

a) $(APA)^l$所需时间

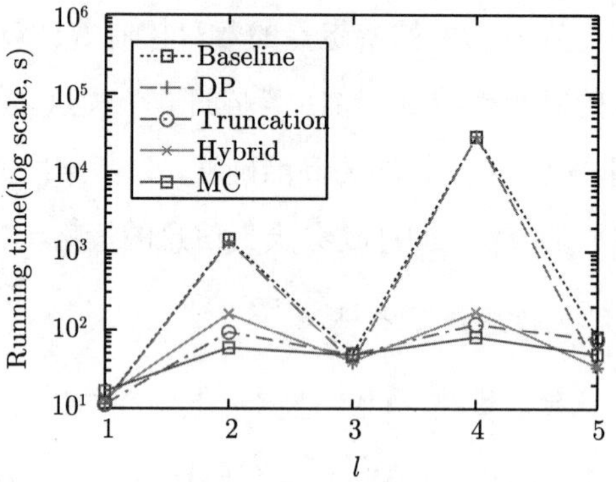

b) $(APCPA)^l$所需时间

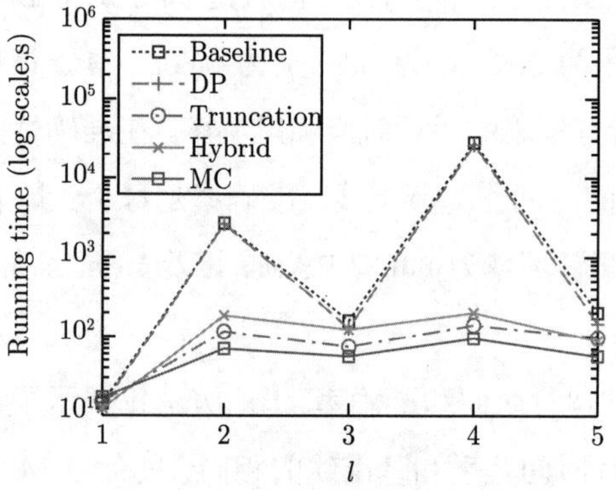

c) $(APSPA)^l$所需时间

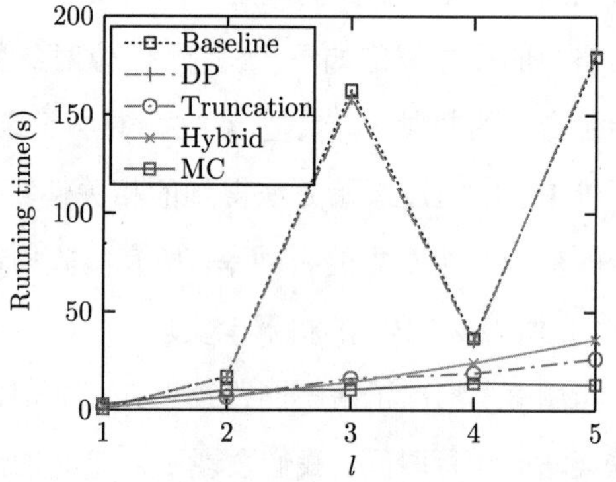

d) $(TPT)^l$所需时间

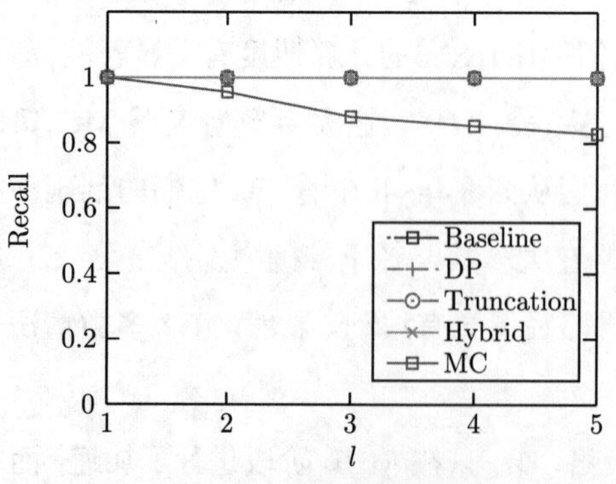

e) $(APA)^l$的召回率

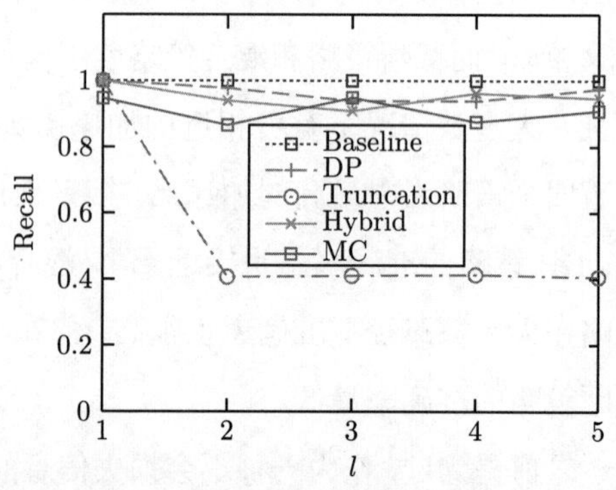

f) $(APCPA)^l$的召回率

图 3.4　基于不同策略和路径计算HeteSim的运行时间和准确性

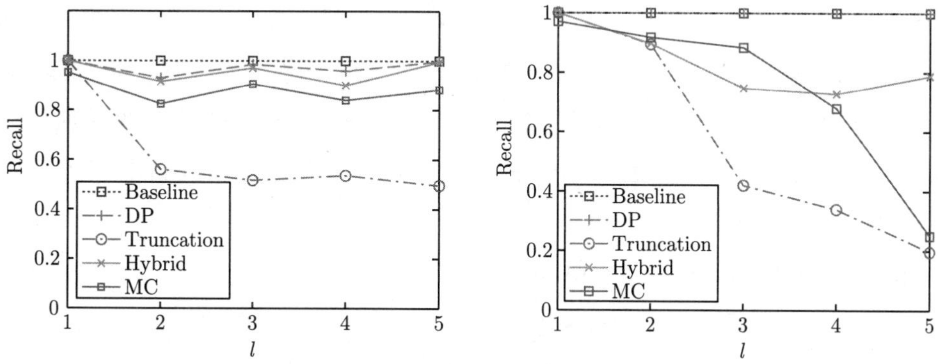

g) $(APSPA)^l$的召回率　　h) $(TPT)^l$的召回率

图 3.4 （续）

根据以上分析，这些策略适合不同的路径和场景。对于很稀疏的矩阵（例如 $(APA)^l$）和低维度的矩阵（例如 $(APCPA)^3$），所有的策略都不能显著地提升效率。因为在这些情况下，HeteSim不依靠任何策略也能很快算出结果。对于那些计算开销很高的密集矩阵（例如 $(APCPA)^4$）以及高维度矩阵（例如 $(APSPA)^4$），截断策略、混合策略和 MC 策略能显著地提高HeteSim的效率。尤其是混合策略和 MC 策略的加速比可以在信息损失很小的情况下达到 100。如果对于一个路径来说，MUL 阶段是时间开销最大的阶段，那么 DP 策略也可以大大加速HeteSim而不损失准确性。MC 策略有很高的效率，它的准确率可能在高维矩阵下下降。因此，为了平衡效率和有效性，我们需要设定一个合适的 K 值。

3.2 HeteSim的扩展

3.2.1 概述

异质信息网络领域已经发展了许多数据挖掘任务，例如聚类 [19] 和分类 [10]，而评估网络中对象对之间的相似性度量是这些数据挖掘任务中一个基础而重要的功能。在过去几十年中，虽然我们已经广泛地研究了同质网络中的相似性度量，例如 PageRank[15] 和 SimRank[6]，异质网络中的相似性度量才刚刚起步，一些度量方法也被提了出来，包括 PathSim[21]，PCRW[13] 以及HeteSim[18]。这三个都基于元路径的方法 [18]。尤其是 Shi 等人提出的HeteSim能在一个统一的框架中度量相同或者不同类型对象之间的相似性。虽然HeteSim有很不错的性质（例如自极大性和对称性），它也展现了在几个数据挖掘任务中的潜质，我们仍然发现它有一些不足之处。(1) HeteSim的计算复杂度较高。尤其是当度量奇数长度的路径时，它所采用的路径分解方法极大地增加了计算复杂度。(2) 此外，因为计算过程是基于内存的计算，HeteSim不能被扩展到海量数据的大规模网络中。因此我们希望能够设计一个新的既有HeteSim 中的优点，也能克服其计算方面的不足的相似性度量方法。

本章中，我们引入一个新的相似性度量方法 AvgSim，它是一个对称而统一的度量方法，可以对相同或不同的对象进行度量。两个对象之间的 AvgSim 值指的是在给定路径以及它的相反路径下可达概率的平均值。这能够保证 AvgSim 在具有对称性的同时可以度量相同或不同类型对象之间的相关性。此外，相比于需要成对随机游走的HeteSim，AvgSim 不需要考虑路径的长度，且不需要分解路径。因此，它更加简洁而且高效。另外，为了消除存储容量的限制以在实际应用中能更高效地处理大量数据，我们对这个新算法在 MapReduce 中使用了并行化。

3.2.2 AvgSim: 一种新的度量方法

这一节中，我们引入这个基于元路径的相关性度量新方法 AvgSim，以下给出它的定义。

定义 3.9 (AvgSim) *给定一个定义在复合关系 $R = R_1 \circ R_2 \circ \cdots \circ R_l$ 上的元路径 P，在两个对象 s 和 t (s 是源对象，t 是目标对象) 之间的 AvgSim 值为：*

$$\mathrm{AvgSim}(s,t|P) = \frac{1}{2}[\boldsymbol{RW}(s,t|P) + \boldsymbol{RW}(t,s|P^{-1})] \tag{3.10}$$

$$\boldsymbol{RW}(s,t|R=R_1\circ R_2\circ\cdots\circ R_l)=\frac{1}{(|O(s|R_1)|)}\sum_{i=1}^{(|O(s|R_1)|)}\boldsymbol{RW}(O_i(s|R_1),t|R_2\circ\cdots\circ R_l) \tag{3.11}$$

式 3.10 表明，基于元路径 P 的源对象和目标对象之间的相关性大小是沿着 P 从 s 到 t 的随机游走结果与沿着 P^{-1} 从 t 到 s 的反向随机游走结果的算术平均值。式 3.11 展示了 AvgSim 的分解过程，它是对于随机游走的度量。其使用沿着路径 P 从起始点 s 一步一步以随机游走的方式到达结束点 t 的迭代方法。其中 $(|O(s|R_1)|)$ 是基于关系 R_1 的出邻接点。如果 R_1 上的 s 没有出邻接点，那么 s 和 t 之间的相关性就为 0，因为 s 无法到达 t。我们需要对于每一个 s 到 t 的出邻接点递归地计算随机游走概率，然后将它们相加。最后，这个总和需要通过出邻接点的数量来标准化以获得平均相关性。

接下来，我们研究在一般情况下如何用矩阵计算 AvgSim。给定一个通过关系 R 相连的 A 和 B 的简单有向元路径 $A \xrightarrow{R} B$。A 和 B 之间的关系可以通过邻接矩阵来表示，记为 $\boldsymbol{W}_{AB}$。可以分别按照行向量和列向量来标准化 $\boldsymbol{M}_{AB}$ 得到两个标准化矩阵 $\boldsymbol{R}_{AB}$ 和 $\boldsymbol{C}_{AB}$。$\boldsymbol{R}_{AB}$ 和 $\boldsymbol{C}_{AB}$ 是分别表示 $A \xrightarrow{R} B$ 和 $B \xrightarrow{R^{-1}} A$ 的**转移概率矩阵**。根据矩阵的性质，我们可以得到 $\boldsymbol{R}_{AB} = \boldsymbol{C}'_{BA}$ 以及 $\boldsymbol{C}_{AB} = \boldsymbol{R}'_{BA}$，其中 $\boldsymbol{R}'_{AB}$ 是 $\boldsymbol{R}_{AB}$ 的转置。

如果我们将简单的元路径扩展到 $P = A_1 \xrightarrow{R_1} A_2 \xrightarrow{R_2} \cdots \xrightarrow{R_l} A_{l+1}$，其中，$R$ 是一个复合关系 $R = R_1 \circ R_2 \circ \cdots \circ R_l$，那么 A_1 和 A_{l+1} 之间的关系可以表示为**可达概率矩阵**，可以通过将沿着元路径的转移概率矩阵相乘来获得。P 的可达概率矩阵可以定义为 $\boldsymbol{RW}_P = R_{A_1A_2}R_{A_2A_3}\cdots R_{A_lA_{l+1}}$，这里 $\boldsymbol{RW}$ 表示 $\boldsymbol{RW}_P$ 是沿着路径 P 从 A_1 到 A_{l+1} 的随机游走相关性矩阵。

之后我们可以根据式 3.10 和式 3.11，用可达概率矩阵重写 AvgSim 如下。

$$\begin{aligned} &\mathrm{AvgSim}(A_1, A_{l+1}|P) \\ &= \frac{1}{2}[\boldsymbol{RW}(A_1, A_{l+1}|P) + \boldsymbol{RW}(A_{l+1}, A_1|P^{-1})] = \frac{1}{2}[\boldsymbol{RW}_P + \boldsymbol{RW}'_{P^{-1}}] \end{aligned} \tag{3.12}$$

根据 $C_{AB} = R'_{BA}$，可以推得等式 3.13 。我们注意到 AvgSim 的计算统一为转移概率矩阵的双链矩阵乘法。两条链之间唯一的区别是原始邻接矩阵的标准化形式。

$$\begin{aligned} \mathrm{AvgSim}(A_1, A_{l+1}|P) &= \frac{1}{2}[\boldsymbol{R}_{A_1A_2}\boldsymbol{R}_{A_2A_3}\cdots\boldsymbol{R}_{A_lA_{l+1}} + (\boldsymbol{R}_{A_{l+1}A_l}\boldsymbol{R}_{A_lA_{l-1}}\cdots\boldsymbol{R}_{A_2A_1})'] \\ &= \frac{1}{2}[\boldsymbol{R}_{A_1A_2}\boldsymbol{R}_{A_2A_3}\cdots\boldsymbol{R}_{A_lA_{l+1}} + \boldsymbol{C}_{A_1A_2}\boldsymbol{C}_{A_2A_3}\cdots\boldsymbol{C}_{A_lA_{l+1}}] \end{aligned} \tag{3.13}$$

AvgSim 可以度量基于对称路径（例如 $APCPA$）或者非对称路径（例如 APS）的任何同质或者异质对象对之间的相关性。此外，从 AvgSim 的定义等式中可易于验证此方法具有对称性。然而，AvgSim 的计算主要在于矩阵链乘积很受时间和容量的限制。为了将这个算法应用于现实中的大规模异质信息网络中，我们必须要思考如何提高 AvgSim 的效率。

3.2.3 AvgSim 的并行化

并行化 [1] 是一种处理大量数据和提高算法效率的有效方法。根据 AvgSim 的特点以及应用场景，我们通过以下步骤对其进行并行化。

1. 因为 AvgSim 计算的核心是矩阵链乘积，我们先通过动态规划策略改变矩阵相乘的顺序。

2. 之后，我们再去关注大规模的矩阵乘法，其可以通过 Hadoop 分布式系统上的 MapReduce 模型来实现并行化。

我们知道，对于矩阵链乘法，不同的运算顺序会导致不同的计算时间。动态规划方法能给出一个最优的矩阵链相乘顺序，消耗的计算时间最少。因此我们可以应用动态规划来提高 AvgSim 并行化的效率。

AvgSim 的并行化主要是在动态规划处理之后对矩阵乘法进行并行处理。这里我们使用 MapReduce 的“矩阵分块相乘”方法来将两个相乘的大矩阵转化为许多小矩阵的相乘。根据 Hadoop 集群的配置，AvgSim 在选择分块矩阵的维度上非常灵活，而且也能够避免超出存储容量。分块矩阵乘法的并行化可通过两轮 MapReduce 计算实现。具体细节可参考文献 [14]。

将以上的两轮 MapReduce 算法递归地应用于动态规划重排之后的矩阵链乘法，我们可以得到 AvgSim 的两个可达概率矩阵的其中之一（例如在给定元路径 P 下度量的 $\boldsymbol{RW}_P$），而其他概率矩阵（$\boldsymbol{RW}'_{P^{-1}}$）可以通过相同的过程来获得。最后，可以通过对两个可达概率矩阵取算术平均值得到相关性矩阵。

3.2.4 实验

实验中用到了三个数据集，ACM 数据集、DBLP 数据集和矩阵数据集。具体来说，ACM 数据集包含了 17 000 位作者、1800 个作者单位、12 000 篇论文以及 14 个计算机科学会议（其中包含着 196 个相应的会议记录）。我们还从这些论文中提取出了 1500 个术语和 73 个主题。DBLP 数据集包含了 14 000 篇论文、14 000 位作者、20 个会议以及 8900 个术语。我们在包含了数据库、数据挖掘、信息检索以及人工智能的四个研究领域标记了 20 个会议、100 篇论文以及 4057 位作者以备实验使用。矩阵数据集（总计 40 个矩阵）包含了一些人工生成的大规模稀疏方阵，它们的维度分别有 1000×1000，5000×5000，$10\ 000 \times 10\ 000$，$20\ 000 \times 20\ 000$，$40\ 000 \times 40\ 000$，$80\ 000 \times 80\ 000$，$100\ 000 \times 100\ 000$，$150\ 000 \times 150\ 000$。每个矩阵的稀疏度分别是 0.0001，0.0003，0.0005，0.0007 以及 0.001。

1. AvgSim 的有效性

这一节中，我们设计实验以验证 AvgSim 的有效性和高效性。其中我们分别设计了查询任务和聚类任务来验证 AvgSim 的有效性。

在查询任务中，我们比较 AvgSim 和HeteSim以及 PCRW 在度量 DBLP 数据集上异质对象之间的相关性的表现。基于数据集上的标注，我们在 20 个标记过的会议中选取了 9 个，然后通过计算 AUC 的值来评估不同方法之间基于路径 CPA 为每个会议找到相应的作者的查询任务的表现。表 3.7 中给出了它们的 AUC 值。注意到 AvgSim 在 8 个会议中的得分最高，这也说明 AvgSim 在此查询任务中的表现比其他两个方法好。

表 3.7 基于 DBLP 数据集的 CPA 路径下的会议和作者相关性搜索的 AUC 值

	KDD	ICDM	SDM	SIGMOD	VLDB	ICDE	AAAI	IJCAI	SIGIR
HeteSim	0.8111	0.6752	**0.6132**	0.7662	0.8262	**0.7322**	0.8110	0.8754	0.9504
PCRW	0.8030	0.6731	0.6068	0.7588	0.8200	0.7263	0.8067	0.8712	0.9390
AvgSim	**0.8117**	**0.6753**	0.6072	**0.7668**	**0.8274**	0.7286	**0.8114**	**0.8764**	**0.9525**

在聚类任务中，我们通过衡量 DBLP 数据集上同质对象之间的相似性来比较 AvgSim 同HeteSim以及 PathSim 的表现。我们先分别应用了三个算法来推导包括 $CPAPC$、$APCPA$ 和 $PAPCPAP$ 三条元路径的相似性矩阵。我们对标准化切割之后的相似矩阵聚类，然后使用 NMI 标准（归一化互信息）来评估它们在会议、作者和论文上的表现。表 3.8 展示了聚类的精度结果，可知 AvgSim 在三个任务中都获得了最高的 NMI 值。总之，查询任务和聚类任务的结果都表明 AvgSim 在有效性上表现良好。

表 3.8 DBLP 数据集上基于路径的相关性度量的聚类精度结果

	会议 NMI	作者 NMI	论文 NMI
PathSim	0.8162	0.6725	0.3833
HeteSim	0.7683	0.7288	0.4989
AvgSim	**0.8977**	**0.7556**	**0.5101**

2. AvgSim 的高效性

这一节中，我们验证 AvgSim 在 ACM 数据集上的高效性。我们分别对 AvgSim 和HeteSim进行基于元路径 $(APCPA)^l$ 和 $(TPT)^l$ 的相关性度量实验，其中，l 是范围为 1 到 5 的路径重复次数。图 3.5a 和图 3.5b 展示了每个方法的运行时间和不同元路径之间的关系。我们注意到HeteSim的运行时间随着路径长度的变化波动很大，而 AvgSim 平缓得多。根据 AvgSim 的定义，它需要度量的路径越长（比如 l），则需要相乘的矩阵就越多，运行时间也就持续增加。相反地，HeteSim则需要矩阵相乘和相关性计算这两步。在矩阵相乘这一步中，HeteSim分别计算了源节点和目标节点到中间节点的可达概率矩阵。需要计算的路径越长，它需要的时间也就越多。在相关性计算这一步中，相关性矩阵是上一步产生的两个概率矩阵的乘积。第二步所需时间由中间节点的规模决定。总而言之，HeteSim的相关性计算很大程度上影响了它的表现，并且对于大规模的矩阵表现堪忧。相反地，AvgSim 则更加稳定，而且它的效率只受矩阵维度和元路径长度的影响，而这些可以通过 MapReduce 的并行化矩阵乘法来改进。

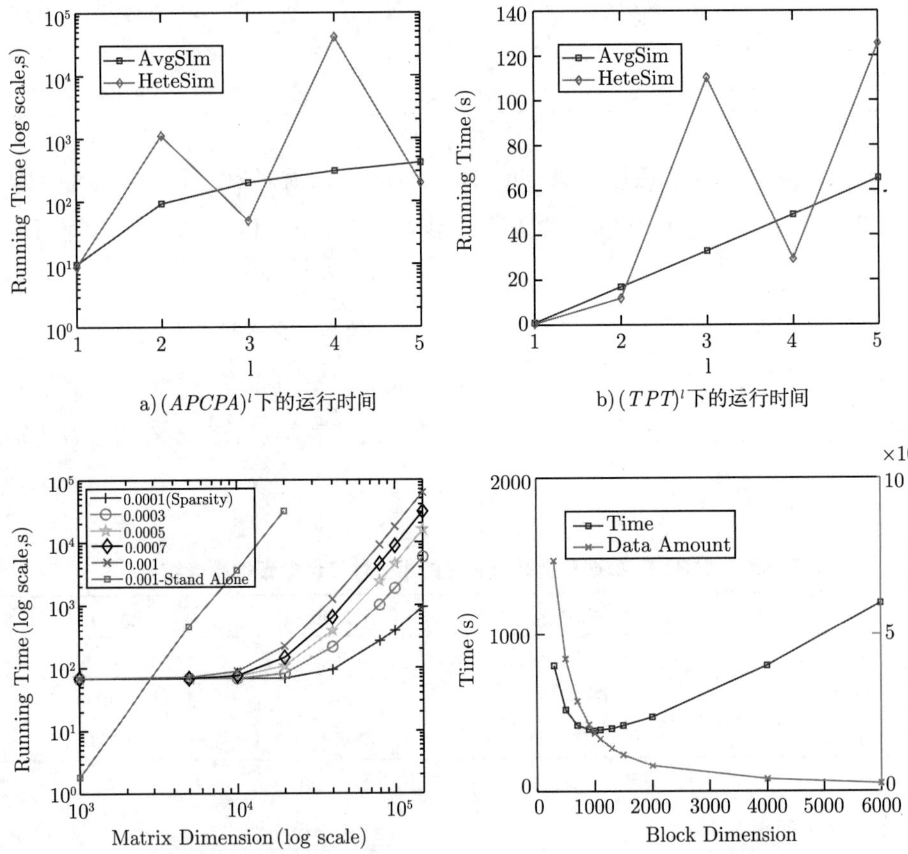

a) $(APCPA)^l$下的运行时间　b) $(TPT)^l$下的运行时间

c) 矩阵维度和稀疏因子　d) 分区策略

图 3.5　在不同的元路径和影响并行化块矩阵乘法的因素下 AvgSim 和HeteSim的运行时间

所有的并行化矩阵乘法实验均在一个包含 7 台配置为 4 核 E3-1200 V2 CPU、3.10GHz、32GB 的 RAM、RedHat4 操作系统的机器集群中运行。实验研究影响分块矩阵乘法的几个因素，包括矩阵、矩阵稀疏性和分块策略（即分块的维度）。实验结果可以反映出并行化 AvgSim 算法的表现。

图 3.5c 给出了在并行化分块矩阵乘法中，矩阵的维度和稀疏度对运行时间的影响。

其中，所有的矩阵乘法都取自 Matrix 数据集，且采用了 1000×1000 的分块策略。从图 3.5c 中注意到，矩阵的维度或者密度越大，矩阵相乘的时间越多。并且在稀疏度 0.001 上的独立和并行矩阵乘法的比较结果表明，独立算法在较小的矩阵维度上花费的时间较短，这是因为并行算法在 Hadoop 集群的启动任务节点中花费了大量时间，并且对于少量计算，集群资源没有被充分利用。然而在矩阵维度增加的时候，并行算法的效率变得更高。此外，独立算法受限于内存大小，所以在图 3.5c 中，最后的三个大规模矩阵乘法中并没有独立算法的结果。

图 3.5d 展示了中间数据量和分区策略对分块矩阵乘法的影响。其中，分块方阵的维度从 300×300 到 6000×6000，共有 11 种分区策略。其中，实验中方阵是稀疏度为 0.0001 的 $100\,000 \times 100\,000$ 维度矩阵。图 3.5d 中可以注意到，随着分块维度的增加，矩阵乘法的中间数据量逐渐减小。相比之下，运行时间在第 5 个数据点时达到最小。越少的中间数据量往往意味着更少的磁盘 IO 操作和用 shuffle 传输的数据量，这也导致了一定程度上运行时间更少，表现更好，正如那些在 1000 之前并接近 1000 的数据点反映出来的样子。然而，分块维度过大将减少并发粒度并且增加单个节点的计算量，就像那些 1000 之后的数据点所反映的那样，反而导致了更长的计算时间。

总的来说，适当的分区策略和足够大的集群会对并行化分块矩阵乘法的效率产生很大影响。应用并行化方法，AvgSim 得以有效度量大规模网络中海量数据的相关性。

3.3　结论

这一章中，我们学习了在异质网络中度量异质对象相关性的相关性搜索问题，并介绍了一个普遍适用的相关性度量方法HeteSim。作为一种路径约束和半度量的度量标准，HeteSim能用统一的框架测量同类或者不同类对象之间的相关性。此外，我们还对HeteSim进行了扩展。扩展的实验验证了我们提出的方法在评估异质对象的相关性时是有效并且高效的。

在异质网络中，对象的相似性度量是一项被应用于许多领域的基础而重要的工作。在之后的工作中，也会产生一些有趣的方向。相似性度量是为更复杂的 HIN 设计的，如集成异质特征和文本信息的混合网络，以及多重或加权的元路径。此外，相似性度量在网络规模通常很大的实际应用中得到了广泛应用。我们需要设计出高效的并行计算方法。

参考文献

1. Cao, L., Cho, B., Kim, H.D., Li, Z., Tsai, M.H., Gupta, I.: Delta-simrank computing on mapreduce. In: Big Data Workshop, pp. 28–35 (2012)
2. Fogaras, D., Rácz, B., Csalogány, K., Sarlós, T.: Towards scaling fully personalized PageRank: algorithms, lower bounds, and experiments. Internet Math. **2**(3), 333–358 (2005)
3. Fouss, F., Pirotte, A., Renders, J.M., Saerens, M.: Random-walk computation of similarities between nodes of a graph with application to collaborative recommendation. IEEE Trans. Knowl. Data Eng. **19**(3), 355–369 (2007)
4. Han, J.: Mining heterogeneous information networks by exploring the power of links. In: DS, pp. 13–30 (2009)
5. Jamali, M., Lakshmanan, L.V.S.: HeteroMF: recommendation in heterogeneous information networks using context dependent factor models. In: WWW, pp. 643–654 (2013)
6. Jeh, G., Widom, J.: SimRank: A measure of structural-context similarity. In: KDD, pp. 538–543 (2002)
7. Jeh, G., Widom, J.: Scaling personalized web search. In: WWW, pp. 271–279 (2003)
8. Ji, M., Sun, Y., Danilevsky, M., Han, J., Gao, J.: Graph regularized transductive classification on heterogeneous information networks. In: ECML/PKDD, pp. 570–586 (2010)
9. Jin, R., Lee, V.E., Hong, H.: Axiomatic ranking of network role similarity. In: KDD, pp. 922–930 (2011)
10. Kong, X., Yu, P.S., Ding, Y., Wild, D.J.: Meta path-based collective classification in heterogeneous information networks. In: CIKM, pp. 1567–1571 (2012)
11. Konstan, J.A., Miller, B.N., Maltz, D., Herlocker, J.L., Gordon, L.R., Riedl, J.: GroupLens: applying collaborative filtering to Usenet news. Commun. ACM **40**(3), 77–87 (1997)
12. Lao, N., Cohen, W.: Fast query execution for retrieval models based on path constrained random walks. In: KDD, pp. 881–888 (2010)
13. Lao, N., Cohen, W.W.: Relational retrieval using a combination of path-constrained random walks. Mach. Learn. **81**(2), 53–67 (2010)
14. Meng, X., Shi, C., Li, Y., Zhang, L., Wu, B.: Relevance measure in large-scale heterogeneous networks. In: APWeb, pp. 636–643 (2014)
15. Page, L., Brin, S., Motwani, R., Winograd, T.: The pagerank citation ranking: bringing order to the web. In: Stanford InfoLab, pp. 1–14 (1998)
16. Shi, J., Malik, J.: Normalized cuts and image segmentation. IEEE Trans. Pattern Anal. Mach. Intell. **22**(8), 888–905 (2000)
17. Shi, C., Zhou, C., Kong, X., Yu, P.S., Liu, G., Wang, B.: HeteRecom: a semantic-based recommendation system in heterogeneous networks. In: KDD, pp. 1552–1555 (2012)
18. Shi, C., Kong, X., Huang, Y., Philip, S.Y., Wu, B.: Hetesim: a general framework for relevance measure in heterogeneous networks. IEEE Trans. Knowl. Data Eng. **26**(10), 2479–2492 (2014)
19. Sun, Y., Han, J., Zhao, P., Yin, Z., Cheng, H., Wu, T.: RankClus: integrating clustering with ranking for heterogeneous information network analysis. In: EDBT, pp. 565–576 (2009)
20. Sun, Y., Yu, Y., Han, J.: Ranking-based clustering of heterogeneous information networks with star network schema. In: KDD, pp. 797–806 (2009)
21. Sun, Y.Z., Han, J.W., Yan, X.F., Yu, P.S., Wu, T.: PathSim: Meta path-based Top-K similarity search in heterogeneous information networks. In: VLDB, pp. 992–1003 (2011)
22. Xia, Q.: The geodesic problem in quasimetric spaces. J. Geom. Anal. **19**(2), 452–479 (2009)
23. Zhu, J., De Vries, A.P., Demartini, G., Iofciu, T.: Evaluating relation retrieval for entities and experts. In: Proceedings of the SIGIR 2008 Workshop on Future Challenges in Expertise Retrieval (fCHER), pp. 41–44 (2008)

第 4 章
基于路径的排名和聚类

摘要 异质信息网络作为新兴的网络模型，具有许多独有的特征，如复杂的结构和丰富的语义。此外，元路径是连接两种对象类型的关系序列，是在这种网络中集成不同类型对象和挖掘语义信息的有效工具。元路径的独特特性使异质网络上的数据挖掘更具趣味性和挑战性。在本章中，我们将介绍异质信息网络上的两个基本数据挖掘任务——排名和聚类。此外，我们引入 HRank 方法来评估多种类型的对象和元路径的重要性，并提出 HeProjI 算法来解决异质网络投影以及聚类和排名任务的集成问题。

4.1 基于元路径的排名

4.1.1 概述

评估对象重要性或流行度是一个重要的研究问题，可用于许多数据挖掘任务。目前已经开发了许多方法来评估对象的重要性，例如 PageRank[13]，HITS[7] 和 SimRank[5]。在这些文献中，对象排序是在同质网络中完成的，其中对象或关系是相同的。例如，PageRank 和 HITS 都对万维网中的网页进行排名。

然而，在许多真实网络数据中，存在许多不同类型的对象和关系，其可以被构建为异质网络。形式上，异质信息网络（HIN）是涉及多种类型对象的逻辑网络，以及表示不同关系的多种类型的链接 [4]。最近，在这种网络中已经开发了许多数据挖掘任务，例如相似性度量 [14,25]，聚类 [23] 和分类 [6]，其中排名是一项重要但很少被人研究的任务。

图 4.1a 显示了文献数据中的 HIN 示例，图 4.1b 说明了描述对象类型及其关系的网络模式。在此示例中，它包含来自四种类型对象的对象：论文（P）、作者（A）、标签（L，论文的类别）和会议（C）。有连接不同类型对象的链接。链接类型由两种对象类型之间的关系定义。在这个网络中，可以提出几个有趣但很少被研究的排名问题。

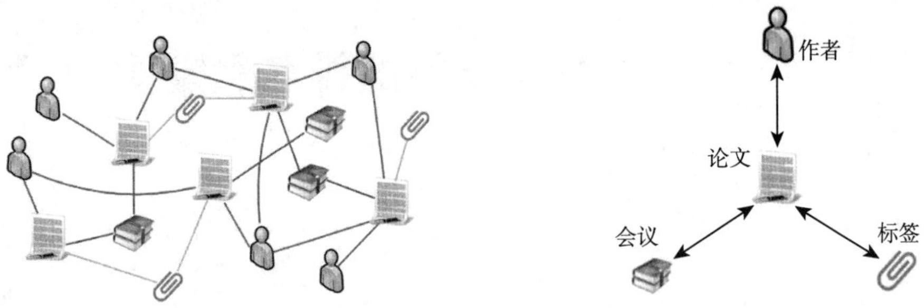

a) 异质网络　　b) 网络模式

图 4.1　关于文献数据的异质信息网络实例。a 显示了异质对象及其关系。b 显示了网络模式

- 人们可能对某种类型的对象的重要性感兴趣并提出以下问题：

  Q.1.1 谁是最有影响力的作者？

  Q.1.2 谁是数据挖掘领域最有影响力的作者？

- 我们知道，某些对象类型会相互影响。例如，有影响力的作者通常会在著名的会议上发表论文。因此，可以同时注意多种类型对象的重要性，并提出以下问题：

  Q.2.1 谁是最有影响力的作者？ 这些有影响力的作者在哪些著名的会议上发表了他们的论文？

  Q.2.2 谁是最有影响力的作者？这些有影响力的作者在哪些著名的会议上发表了他们在数据挖掘领域的论文？

- 此外，人们可能想知道哪些因素最能影响对象的重要性。因为对象的重要性受到许多因素的影响，所以可能会引发这样的问题：

  Q.3 谁是最具影响力的作者？哪些因素使这些作者最具有影响力？

虽然同质网络中的排名问题已经得到很好的研究，但上述排名问题在 HIN（特别是Q.2和Q.3）中很少研究。由于在 HIN 中存在多种类型的对象，因此可以同时分析多种类型的对象（即Q.2）的重要性及其影响因素（即Q.3）。

在本章中，我们研究了 HIN 中的排名问题，并提出了一种排名方法 HRank，用于评估 HIN 中多种类型的对象和元路径的重要性。对于Q.1 和Q.2，提出了基于路径的随机游走模型来评估单个或多个类型对象的重要性。连接两种类型（相同或不同类型）对象的不同元路径具有不同的语义和转移概率，从而导致不同的随机游走过程和排名结果。虽然元路径被广泛用于捕获 HIN[14,25] 中的语义，但它粗略地描述了对象关系。通过使用元路径，我们可以回答Q.1.1和Q.2.1，但不能回答Q.1.2和Q.2.2。为了克服元路径中存在的缺点，我们提出了*约束元路径概念*，它可以有效地描述这种微妙的语义。受约束的元路径在元路径上指定约束条件。通过采用约束元路径，我们可以回答Q.1.2和Q.2.2。

此外，在 HIN 中，基于不同的路径，对象具有不同的排名值。对象的综合重要性应该考虑各种因素（这些因素可以通过受约束的元路径来体现），这些因素对对象的重要性有不同的贡献。为了同时评估对象和元路径的重要性（即，回答Q.3），我们进一步提出了一种联合排序方法，其将不同约束元路径上对象的关系矩阵构建为张量。在该张量上设计随机游走过程，以同时对对象和路径的重要性进行联合排序。也就是说，随机游走者在张量中游走，其中对象和元路径的稳定访问概率被认为是对象和路径的 HRank 分数。

4.1.2　HRank 方法

由于对象的重要性与用户指定的元路径有关，我们提出了在异质网络中基于路径的排序方法 HRank。为了回答上面提出的三种排名问题，我们分别设计了三个版本的 HRank。

1. 约束元路径

作为一种有效的语义捕获方法，元路径已广泛应用于 HIN 的许多数据挖掘任务中，如相似性度量 [14,25]，聚类 [23] 和分类 [8]。但是，在某些情况下，元路径可能无法捕获细微的语义。以图 4.1b 为例，APA路径无法揭示某一研究领域的共同作者关系，如数据挖掘和信息检索。虽然 Jiawei Han 在数据挖掘领域与 Philip S.Yu 联合撰写了许多论文，但他们从未在操作系统领域合作。APA路径不能反映这种微妙的差异。

为了克服元路径中的缺点，我们提出了约束元路径的概念，定义如下。

定义 4.1（约束元路径）　*约束元路径是基于某个约束的元路径，表示为* $\mathtt{CP} = P|\mathtt{C}$. $P = (A_1A_2\cdots A_l)$ *是元路径，而* C *表示元路径中对象的约束。*

注意，C 可以是对象上的一个或多个约束条件。以图 4.1b 为例，约束元路径 $APA|P.L=$ "DM" 通过用数据挖掘（DM）约束论文标签来代表数据挖掘领域的共同作者关系。类似地，受约束的元路径 $APCPA|P.L=$ "DM"&&$C=$ "CIKM" 表示共同作者关

系在数据挖掘领域的论文发表于 CIKM 会议。显然，与元路径相比，约束元路径通过在不同条件下细分元路径来表达更丰富的语义。特别地，当元路径的长度是 1（即原子关系）时，受约束的元路径降级为**约束关系**。换句话说，约束关系将约束条件限定在关系对象上。

对于关系 $A \xrightarrow{R} B$，我们可以得到其转移概率矩阵。

定义 4.2（转移概率矩阵） $\boldsymbol{W}_{AB}$ 是一个类型 A 与类型 B 之间关系 $A \xrightarrow{R} B$ 的邻接矩阵。$\boldsymbol{U}_{AB}$ 是矩阵 $\boldsymbol{W}_{AB}$ 的行标准化矩阵，即关系 $A \xrightarrow{R} B$ 的转移概率矩阵。

接着，我们对于关系 $A \xrightarrow{R} B$ 上的对象进行一些约束（即约束关系），我们便有如下定义。

定义 4.3（约束转移概率矩阵） $\boldsymbol{W}_{AB}$ 是类型 A 与类型 B 之间关系 $A \xrightarrow{R} B$ 的邻接矩阵，假设对于类型 A 有一个约束条件 $\mathtt{C}$，那么约束关系 $R|\mathtt{C}$ 的约束转移概率矩阵 $\boldsymbol{U}'_{AB}$ 定义为 $\boldsymbol{U}'_{AB} = \boldsymbol{M}_{\mathtt{C}}\boldsymbol{U}_{AB}$，其中 $\boldsymbol{M}_{\mathtt{C}}$ 表示由在类型 A 上的约束条件 $\mathtt{C}$ 的约束矩阵。

约束矩阵 $\boldsymbol{M}_{\mathtt{C}}$ 通常是一个对角矩阵，其维度是 A 类型的对象个数。若相应对象满足约束则矩阵对角线元素为 1，反之则对角线元素为 0。例如，在路径 $PC|C=$“CIKM”中 $\boldsymbol{M}_{\mathtt{C}}$ 是会议的对角矩阵，其中“CIKM”列是 1，其他为 0。类似地，我们可以限制 B 类型或这两种类型上的约束。注意到转移概率矩阵是一种特殊的约束转移概率矩阵，此时令约束矩阵 $\boldsymbol{M}_{\mathtt{C}}$ 为单位矩阵。

给定一个遵循网络模式 $S = (\mathtt{A}, \mathtt{R})$ 的网络 $G = (V, E)$，我们可定义基于元路径的可达概率矩阵如下。

定义 4.4（元路径可达概率矩阵） 对于任意一个元路径 $P = (A_1A_2 \ldots A_{l+1})$，元路径的可达概率矩阵 $\boldsymbol{PM}$ 被定义为 $\boldsymbol{PM}_P = \boldsymbol{U}_{A_1A_2}\boldsymbol{U}_{A_2A_3} \ldots \boldsymbol{U}_{A_lA_{l+1}}$。$PM_P(i,j)$ 表示从对象 $i \in A_1$ 经过元路径 P 到对象 $j \in A_{l+1}$ 的概率。

相似地，我们对于约束的元路径有如下定义：

定义 4.5（基于约束元路径的可达概率矩阵） 对于任意一个约束元路径，如下：$\mathtt{CP} = (A_1A_2 \ldots A_{l+1}|\mathtt{C})$，约束元路径的可达概率矩阵定义为 $\boldsymbol{PM}_{\mathtt{CP}} = \boldsymbol{U}'_{A_1A_2}\boldsymbol{U}'_{A_2A_3} \cdots \boldsymbol{U}'_{A_lA_{l+1}}$。$\boldsymbol{PM}_{\mathtt{CP}}(i,j)$ 表示从对象 $i \in A_1$ 经过约束元路径 $\mathtt{P|C}$ 到对象 $j \in A_{l+1}$ 的概率。

事实上，如果在关系 $A_i \xrightarrow{R} A_{i+1}$ 的对象没有约束条件，那么 $\boldsymbol{U}'_{A_iA_{i+1}}$ 等于 $\boldsymbol{U}_{A_iA_{i+1}}$。如果对象上有约束条件，我们仅考虑满足约束条件的对象。为简单起见，我们使用可达概率矩阵和 $\boldsymbol{M}_P$ 来表示下一节中基于约束元路径的可达概率矩阵。

2. 基于对称元路径的排名任务

为了评估一种类型对象的重要性（即回答问题$Q.1$），考虑到链接一种类型对象的约束元路径通常是对称的，比如 $APA|P.L =$ “DM”，我们设计了基于对称约束元路径的 HRank-SY 方法。

对于对称的约束元路径 $P = (A_1 A_2 \cdots A_l|C)$，$P$ 等于 P^{-1} 并且 A_1 与 A_l 相同。与 PageRank[13] 类似，对象 A_1（即 A_l）的重要性度量可以认为是随机游走过程，其中随机游走者沿着路径 P 从 A_1 类型到 A_l 类型。对象 A_1 的 HRank 值（即 $R(A_1|P)$）是随机游走者的稳定访问概率，定义如下：

$$R(A_1|P) = \alpha R(A_1|P)\boldsymbol{M}_P + (1-\alpha)E \tag{4.1}$$

其中 $\boldsymbol{M}_P$ 是之前定义过的基于约束元路径的可达概率矩阵。E 是收敛的重启概率向量。它对于所有 A_1 类型的对象都是相同的，即 $1/|A_1|$。α 是衰减因子，通过参数实验，建议设置为 0.85。HRank-SY 和 PageRank 都有同样的想法，即对象的重要性取决于随机游走者的访问概率。与 PageRank 不同，HRank-SY 中的随机游走者应沿着受约束的元路径游走以访问对象。

如图 4.2 所示，图中红色虚线说明了 HRank 值计算过程的示例，其中，CP 是 $APA|P.L =$ “DM”。具体计算过程如下：

$$\begin{aligned} R(Author|\texttt{CP}) &= \alpha R(Author|\texttt{CP})M_{\texttt{CP}} + (1-\alpha)E \\ M_{\texttt{CP}} &= \boldsymbol{U}'_{AP}\boldsymbol{U}'_{PA} = \boldsymbol{U}_{AP}\boldsymbol{M}_P\boldsymbol{M}_P\boldsymbol{U}_{PA} \end{aligned} \tag{4.2}$$

其中 $\boldsymbol{M}_P$ 表示对象类型 P（paper）上的约束矩阵。

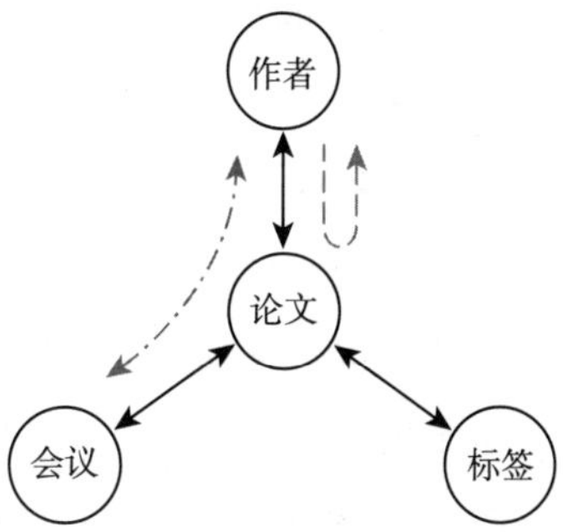

图 4.2 HRank 计算过程的一个例子。蓝色和红色虚线分别表示对称和非对称约束元路径上的游走过程

3. 基于非对称的元路径的排名任务

对于问题$Q.2$，我们提出了基于非对称约束元路径的 HRank-AS 方法。在这种情况下，连接不同类型对象的路径是不对称的。对于非对称约束元路径 $P = (A_1A_2\ldots A_l|\mathtt{C})$，$P$ 不等于 P^{-1}。注意，A_1 和 A_l 是相同或不同的类型，例如 $APC|P.L =$ "DM" 和 $PCPLP|C =$ "CIKM"。

类似地，HRank-AS 也基于随机游走过程，随机游走者沿着路径在 A_1 和 A_l 之间随机游走。A_1 和 A_l 的排名可以看作随机游走者的访问概率，其定义如下：

$$
\begin{aligned}
R(A_l|P^{-1}) &= \alpha R(A_1|P)\boldsymbol{M}_P + (1-\alpha)E_{A_l} \\
R(A_1|P) &= \alpha R(A_l|P^{-1})\boldsymbol{M}_{P^{-1}} + (1-\alpha)E_{A_1}
\end{aligned}
\tag{4.3}
$$

其中 $\boldsymbol{M}_P$ 和 $\boldsymbol{M}_{P^{-1}}$ 分别是路径 P 和 P^{-1} 的可达概率矩阵。E_{A_1} 和 E_{A_l} 分别是 A_1 和 A_l 的重启概率向量。显然，HRank-SY 是 HRank-AS 的特例。当路径 P 是对称的时，式 4.3 与式 4.1 相同。图 4.2 中的蓝色虚线说明了一个同时评估作者和会议重要性的例子。这里，CP 是 $APC|P.L =$ "DM"。具体计算过程如下：

$$
\begin{aligned}
R(Conf.|\mathtt{CP}) &= \alpha R(Aut.|\mathtt{CP})\boldsymbol{M}_{\mathtt{CP}} + (1-\alpha)E_{Conf.} \\
R(Aut.|\mathtt{CP}) &= \alpha R(Conf.|\mathtt{CP})\boldsymbol{M}_{\mathtt{CP}^{-1}} + (1-\alpha)E_{Aut.} \\
\boldsymbol{M}_{\mathtt{CP}} &= \boldsymbol{U}'_{AP}\boldsymbol{U}'_{PC} = \boldsymbol{U}_{AP}\boldsymbol{M}_P\boldsymbol{M}_P\boldsymbol{U}_{PC} \\
\boldsymbol{M}_{\mathtt{CP}^{-1}} &= \boldsymbol{U}'_{CP}\boldsymbol{U}'_{PA} = \boldsymbol{U}_{CP}\boldsymbol{M}_P\boldsymbol{M}_P\boldsymbol{U}_{PA}
\end{aligned}
\tag{4.4}
$$

其中 $\boldsymbol{M}_P$ 表示对象类型 P（paper）上的约束矩阵。

4. 对象和关系联合考虑情况下的排名

到目前为止，我们已经给出了在特定约束元路径下对相同或不同类型的对象进行排名的方法。但是，异质网络中存在许多约束元路径。由于我们通常很难确定哪个关系在实际应用中更重要，故此自动确定路径的重要性[23,25] 显得尤为重要。为了解决这个问题（即$Q.3$），我们提出 HRank-CO 对对象和关系的重要性进行联合排序。基本思想是基于直觉：重要的对象通过许多重要的关系连接到许多其他对象，重要的关系连接许多重要的对象。因此，我们用张量组织多关系网络，并在此张量上设计随机游走过程。该方法不仅可以通过考虑所有约束元路径来综合评估对象的重要性，还可以对不同约束元路径的贡献进行排序。

在图 4.3a 中，我们展示了由多个元路径生成的对象之间的多个关系的示例。有三个

类型 A 的对象，三个类型 B 的对象，以及类型 A 与类型 B 对象之间的三种关系类型。这些关系由三个约束元路径生成，其中类型 A 作为源类型，类型 B 作为目标类型。为了描述对象之间的多个关系，我们使用张量表示这是一个多维数组。我们称 $\boldsymbol{X}=(x_{i,j,k})$ 是一个第三阶张量，其中 $x_{i,j,k}\in R$，对于 $i=1,\cdots,m$，$j=1,\cdots,l$，$k=1,\cdots,n$。$x_{i,j,k}$ 表示对象 i 通过第 j 条约束元路径与对象 k 相连。例如，图 4.3b 是三向数组，其中每个二维切片表示单个关系的邻接矩阵。因此，数据可以表示为 $3\times3\times3$ 的张量。在多关系网络中，我们定义转移概率张量以呈现对象和关系之间的转移概率。

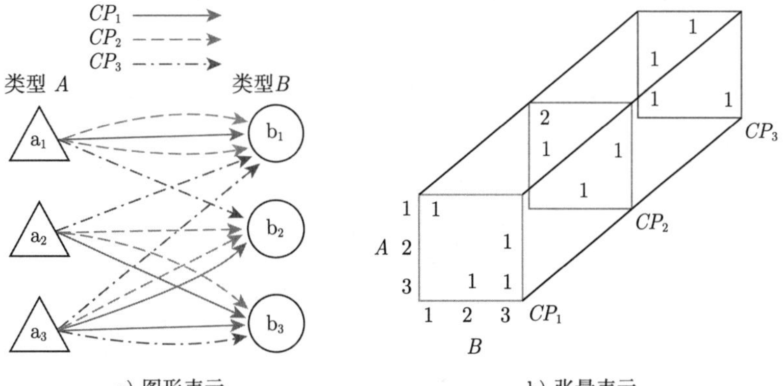

图 4.3 由多个路径生成的对象的多关系示例

定义 4.6（转移概率张量） 在多关系网络中，$\boldsymbol{X}$ 是表示网络的张量。$\boldsymbol{F}$ 是沿列向量的 X 的标准化张量。R 是沿纵方向向量的 $\boldsymbol{X}$ 的标准化张量。$\boldsymbol{T}$ 是沿着行向量的 X 的标准化张量。$\boldsymbol{F}$，$\boldsymbol{R}$ 和 $\boldsymbol{T}$ 称为转移概率张量，可表示如下：

$$f_{i,j,k}=\frac{x_{i,j,k}}{\sum_{i=1}^{m}x_{i,j,k}}\quad i=1,2,\cdots,m$$

$$r_{i,j,k}=\frac{x_{i,j,k}}{\sum_{j=1}^{l}x_{i,j,k}}\quad j=1,2,\cdots,l \tag{4.5}$$

$$t_{i,j,k}=\frac{x_{i,j,k}}{\sum_{k=1}^{n}x_{i,j,k}}\quad k=1,2,\cdots,n$$

$f_{i,j,k}$ 可以解释为当使用关系 j 并且当前访问的对象是对象 k（类型 B）时，对象 i（类型 A）为访问对象的概率，$r_{i,j,k}$ 表示从对象 i 访问对象 k 的情况下使用关系 j 的概率，并且 $t_{i,j,k}$ 可以解释为在对象 i 是当前访问对象并且使用关系 j 的情况下对象 k 被访问的概率。这三个张量的含义可以正式定义如下：

$$
\begin{aligned}
f_{i,j,k} &= Prob(X_t = i|Y_t = j, Z_t = k) \\
r_{i,j,k} &= Prob(Y_t = j|X_t = i, Z_t = k) \\
t_{i,j,k} &= Prob(Z_t = k|X_t = i, Y_t = j)
\end{aligned} \tag{4.6}
$$

其中 X_t，Y_t，Z_t 是三个随机变量，分别表示在时间 t 时访问类型 A 或类型 B 的特定对象，并使用某种关系。现在，我们定义对象和关系的稳定分布如下：

$$
\begin{aligned}
x &= (x_1, x_2, \cdots, x_m)^T \\
y &= (y_1, y_2, \cdots, y_l)^T \\
z &= (z_1, z_2, \cdots, z_n)^T
\end{aligned} \tag{4.7}
$$

其中

$$
\begin{aligned}
x_i &= \lim_{t\to\infty} Prob(X_t = i) \\
y_j &= \lim_{t\to\infty} Prob(Y_t = j) \\
z_k &= \lim_{t\to\infty} Prob(Z_t = k)
\end{aligned} \tag{4.8}
$$

通过上述等式，我们可以得到：

$$
\begin{aligned}
Prob(X_t = i) &= \sum_{j=1}^{l}\sum_{k=1}^{n} f_{i,j,k} \times Prob(Y_t = j, Z_t = k) \\
Prob(Y_t = j) &= \sum_{i=1}^{m}\sum_{k=1}^{n} r_{i,j,k} \times Prob(X_t = i, Z_t = k) \\
Prob(Z_t = k) &= \sum_{i=1}^{m}\sum_{j=1}^{l} t_{i,j,k} \times Prob(X_t = i, Y_t = j)
\end{aligned} \tag{4.9}
$$

其中 $Prob(Y_t = j, Z_t = k)$ 是 Y_t 和 Z_t 的联合概率分布，$Prob(X_t = i, Z_t = k)$ 是 X_t 和 Z_t 的联合概率分布，$Prob(X_t = i, Y_t = j)$ 是 X_t 和 Y_t 的联合概率分布。

为了获得 x_i，y_j 和 z_k，我们假设 X_t，Y_t 和 Z_t 彼此独立，可以表示如下：

$$
\begin{aligned}
Prob(X_t = i, Y_t = j) &= Prob(X_t = i)Prob(Y_t = j) \\
Prob(X_t = i, Z_t = k) &= Prob(X_t = i)Prob(Z_t = k) \\
Prob(Y_t = j, Z_t = k) &= Prob(Y_t = j)Prob(Z_t = k)
\end{aligned} \tag{4.10}
$$

由此，结合上述式子得到：

$$
\begin{aligned}
x_i &= \sum_{j=1}^{l}\sum_{k=1}^{n} f_{i,j,k} y_j z_k, i = 1, 2, \cdots, m \\
y_j &= \sum_{i=1}^{m}\sum_{k=1}^{n} r_{i,j,k} x_i z_k, j = 1, 2, \cdots, l \\
z_k &= \sum_{i=1}^{m}\sum_{j=1}^{l} t_{i,j,k} x_i y_j, k = 1, 2, \cdots, n
\end{aligned}
\tag{4.11}
$$

上述等式可以写为张量形式：

$$
x = \boldsymbol{F}yz, y = \boldsymbol{R}xz, z = \boldsymbol{T}xy \tag{4.12}
$$

满足 $\sum_{i=1}^{m} x_i = 1$，$\sum_{j=1}^{l} y_j = 1$，和 $\sum_{k=1}^{n} z_k = 1$。

根据上面的分析，我们可以设计以下算法来联合排列对象和关系的重要性。

Algorithm 4.1 HRank-CO 算法

Input:

张量 $\boldsymbol{F}$, $\boldsymbol{T}$ 和 $\boldsymbol{R}$，初始概率分布 x_0, y_0 和 z_0，误差 ε

Output:

平稳概率分布 x, y 和 z

Procedure:

设 $t = 1$;

repeat

计算 $x_t = \boldsymbol{F} y_{t-1} z_{t-1}$;

计算 $y_t = \boldsymbol{R} x_t z_{t-1}$;

计算 $z_t = \boldsymbol{T} x_t y_t$;

until $||x_t - x_{t-1}|| + ||y_t - y_{t-1}|| + ||z_t - z_{t-1}|| < \varepsilon$

4.1.3 实验

在本节中，我们分别进行实验以验证三个版本的 HRank 对三个真实数据集的有效性。这里我们分别使用三个真实的数据集：DBLP 数据集 [14,25]，ACM 数据集 [14] 和 IMDB 数据集 [16]。

1. 同质对象的排名

由于同质对象通过对称约束元路径连接，我们用实验验证了 HRank-SY 在对称约束元路径上的有效性。

对称约束元路径的实验研究 该实验通过在 ACM 数据集上指定对称约束元路径来对相同类型的对象进行排序。在这里，我们通过对称元路径 APA 对作者的重要性进行排序，APA 路径考虑了作者之间的合作关系。除此之外，我们还采用两个约束元路径 $APA|P.L=$ "H.2" 和 $APA|P.L=$ "H.3"，其中 ACM H.2 和 H.3 的类别分别代表"数据库管理"和"信息存储/检索"。也就是说，两个约束元路径分别巧妙地考虑数据库/数据挖掘领域和信息检索领域中的合作关系。我们使用 HRank-SY 根据这三条路径对作者的重要性进行排名。作为基线方法，我们根据 PageRank 和作者的出度（称为 Degree 方法）对作者的重要性进行排序。我们忽略对象的异质性直接在整个 ACM 网络上运行 PageRank。由于 PageRank 的结果混合了所有类型的对象，我们从排名列表中选择作者类型作为最终结果。

每种方法的前十位作者如表 4.1 所示。我们可以发现除了 PageRank 之外，所有这些排名列表都有一些共同的有影响力的作者。PageRank 的结果包括一些不太知名的数据库/信息检索（DB/IR）领域的作者，如 Ming Li 和 Wei Wei，尽管他们在其他领域可能非常有影响力。我们知道对象的 PageRank 值在很大程度上由对象的度数决定，因此从属对象由于其度数很高，其 PageRank 值也很高。它提高了连接着多个高排名的从属关系的作者对象的排名。PageRank 的糟糕结果表明，异质网络中的排名应该考

表 4.1 不同方法在 ACM 数据集上得到的排名前十的作者。第五列括号中的数字表示 PageRank 返回的整个排名列表中的作者排名

Rank	APA	$APA\|P.L=$ "H.3"	$APA\|P.L=$ "H.2"	PageRank	Degree
1	Jiawei Han	W. Bruce Croft	Jiawei Han	Ming Li(1522)	Jiawei Han
2	Philip Yu	ChengXiang Zhai	Christos Faloutsos	Wei Wei(2072)	Philip Yu
3	Christos Faloutsos	James Allan	Philip Yu	Jiawei Han(5385)	ChengXiang Zhai
4	Zheng Chen	Jamie Callan	Jian Pei	Tao Li(6090)	Zheng Chen
5	Wei-Ying Ma	Zheng Chen	H. Garcia-Molina	Hong-Jiang Zhang(6319)	Christos Faloutsos
6	ChengXiang Zhai	Ryen W. White	Jeffrey F. Naughton	Wei Ding(6354)	Ravi Kumar
7	W. Bruce Croft	Wei-Ying Ma	Divesh Srivastava	Jiangong Zhang(7285)	W. Bruce Croft
8	Scott Shenker	Jian-Yun Nie	Raghu Ramakrishnan	Christos Faloutsos(7895)	Wei-Ying Ma
9	H. Garcia-Molina	Gerhard Weikum	Charu C. Aggarwal	Feng Pan(8262)	Gerhard Weikum
10	Ravi Kumar	C. Lee Giles	Surajit Chaudhuri	Hongyan Liu(8440)	Divesh Srivastava

虑对象的异质性。否则，它无法区分不同类型链接的影响。此外，我们还可以观察到具有约束元路径的 HRank 的结果由于受到不同的约束条件影响，排名结果产生了明显的偏差。例如，路径 $APA|P.L$ = "H.3" 揭示了信息检索领域的重要作者，如 W. Bruce Croft、ChengXiang Zhai 和 James Allan。然而，路径 $APA|P.L$ = "H.2" 返回了数据库和数据挖掘领域的有影响力的作者，如 Jiawei Han 和 Christos Faloutsos。对于元路径 APA，它混合了这两个领域的知名作者。结果表明，约束元路径能够通过深入揭示某个领域中最有影响力的作者来捕捉细微的语义。

定量比较实验　基于五种方法测试的结果，我们可以在 ACM 数据集中获得五个作者排名列表。为了定量评估结果，我们从两个知名网站抓取相关数据作为基本事实。我们以 Microsoft Acadmic Search 提供的作者排名作为第一个基本事实。具体来说，我们抓取了两个学术领域（DB 和 IR）中两个标准的作者排名列表。然后，我们比较候选排名列表和标准排名列表之间的差异。为了衡量排名结果的质量，我们使用 [12] 中提出的距离标准，其定义如下。

$$D(R,R') = \frac{\sum_{i=1}^{n}\left[(n-i)\times\sum_{j=1\wedge R'_j\notin\{R_1,\cdots,R_i\}}^{i} 1\right]}{\sum_{i=1}^{\lfloor\frac{n}{2}\rfloor}[(n-i)\times i]+\sum_{i=\lfloor\frac{n}{2}\rfloor+1}^{n}[(n-i)\times(n-i)]} \tag{4.13}$$

其中 R_i 表示排名列表R中的第i个对象，而 R'_j 表示排名列表R'中的第j个对象。n 是排名列表中的对象总数。请注意，公式的分子测量两个排名之间的实际距离，公式的分母用于将实际距离标准化为 0 到 1 之间的数字。因此，该标准不仅衡量这两个列表之间的不匹配数量，也考虑了这些不匹配的位置。故此较小的距离意味两种排名有较小的差异（即更好的性能）。

在本实验中，我们将五个候选排名列表与 Microsoft Academic Search㊀ 中的两个标准排名列表中的每一个进行比较，距离结果如图 4.4 所示。我们可以观察到一个明显的现象：受约束的元路径获得的结果在其相应的领域上具有最小的距离，而在其他领域中具有最大的距离。例如，路径为 $APA|P.L$ = "H.2" 的 HRank 在图 4.4a 中的 DB 领域上具有最小距离，而在图 4.4b 中的 IR 领域具有最大距离。原因在于路径 $APA|P.L$ = "H.2" 侧重于 DB 领域中的作者。同时，这些作者也不同于 IR 领域的作者。结果进一步说明受约束的元路径可以更准确地揭示某个领域中有影响力的作者。由于元路径（即APA）考虑了所有领域的合作关系，因此它在这两个领域表现平平。实际

㊀ http://academic.research.microsoft.com/。

上，具有元路径APA 的 HRank 仅实现了与 PageRank 和 Degree 方法更接近的性能。这意味着 HRank 中受约束的元路径确实有助于提高特定领域的排名表现。

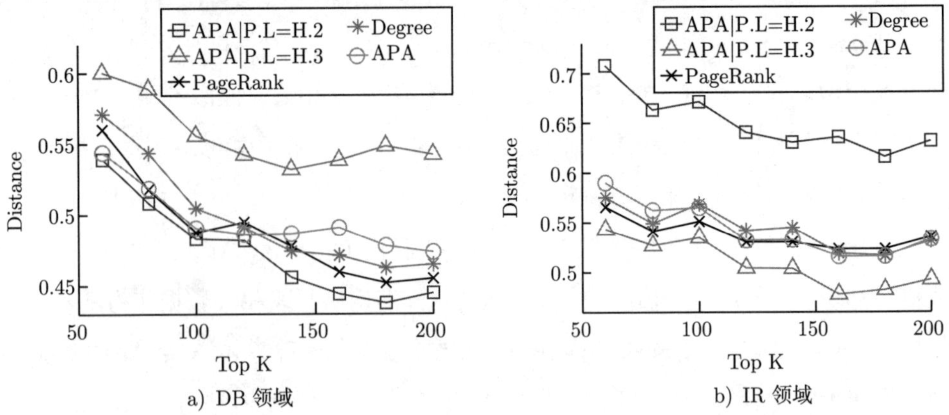

图 4.4　不同方法获得的排名列表与 ACM 数据集上不同领域的标准排名列表之间的距离。以微软学术搜索作为基本事实

此外，我们还根据 ArnetMiner [26] 为学术界提供全面的搜索和挖掘服务的第二个基本事实定量分析我们的排序结果㊀。具体来说，我们通过搜索“数据挖掘”和“信息检索”分别抓取前 200 位作者作为 DB 和 IR 领域的专家作者。由于这 200 名专家没有排名顺序，我们用 F1 分数评估五个候选排名列表的前k 名作者的准确性。从图 4.5 所

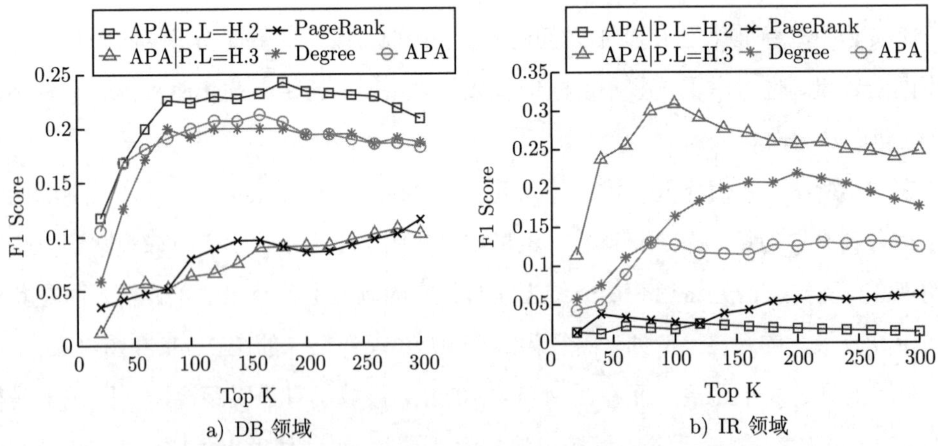

图 4.5　不同方法在 ACM 数据集上的不同领域获得的排名列表的 F1 准确度。以 ArnetMiner 作为基本事实

㊀ http://arnetminer.org/。

示的结果中，我们可以观察到相同的现象。也就是说，受约束的元路径总是在其相应的领域上获得最佳表现，而在其他领域上表现最差（注意，较高的 F1 得分意味着更好的表现）。此外，元路径也起到了一定的作用。两个基本事实上的实验证实，HRank 能够通过指派约束元路径来改善特定领域的排名表现。

2. 异质对象的排名

然后，我们通过实验验证了 HRank-AS 在非对称约束元路径上的有效性。

非对称约束元路径的实验研究 实验在 DBLP 数据集上完成。我们基于元路径 APC 同时评估作者和会议的重要性，即作者在会议上发表论文。还包括两个受约束的元路径（$APC|P.L=$ “DB” 和 $APC|P.L=$ “IR”），这意味着作者在会议上发布 DB（IR）领域的论文。与之前实验类似，这里的实验也包括两种基线方法（即 PageRank 和 Degree 方法）并使用相同的实验过程。

这五种方法返回的前十位作者和会议分别见表 4.2 和表 4.3。如表 4.2 所示，这些方法对作者的排名结果都是合理的；然而，受约束的元路径可以找到某个领域中最有影响力的作者。例如，$APC|P.L=$ “DB” 的前三位作者是 Surajit Chaudhuri、Hector Garcia-Molina 和 H.V. Jagadish，他们都是数据库领域非常有影响力的研究人员。$APC|P.L=$ “IR” 的前三位作者是 W. Bruce Croft、Bert R. Boyce 和 Carol L. Barry，他们在信息检索领域都有很高的学术声誉。同样，正如我们在表 4.3 中所见，具有约束元路径的 HRank（即 $APC|P.L=$ “DB” 和 $APC|P.L=$ “IR”）可以清楚地找到 DB 和 IR 领域

表 4.2 不同方法在 DBLP 数据集上得到的排名前十的作者。第五列括号中的数字表示 PageRank 返回的整个排名列表中的作者排名

Rank	APC	$APC\|P.L=$ “DB”	$APC\|P.L=$ “IR”	PageRank	Degree
1	Gerhard Weikum	Surajit Chaudhuri	W. Bruce Croft	W. Bruce Croft(23)	Philip S. Yu
2	Katsumi Tanaka	H. Garcia-Molina	Bert R. Boyce	Gerhard Weikum(24)	Gerhard Weikum
3	Philip S. Yu	H. V. Jagadish	Carol L. Barry	Philip S. Yu(25)	Divesh Srivastava
4	H. Garcia-Molina	Jeffrey F. Naughton	James Allan	Jiawei Han(26)	Jiawei Han
5	W. Bruce Croft	Michael Stonebraker	ChengXiang Zhai	H. Garcia-Molina(27)	H. Garcia-Molina
6	Jiawei Han	Divesh Srivastava	Mark Sanderson	Divesh Srivastava(28)	W. Bruce Croft
7	Divesh Srivastava	Gerhard Weikum	Maarten de Rijke	Surajit Chaudhuri(29)	Surajit Chaudhuri
8	Hans-Peter Kriegel	Jiawei Han	Katsumi Tanaka	H. V. Jagadish(30)	H. V. Jagadish
9	Divyakant Agrawal	Christos Faloutsos	Iadh Ounis	Jeffrey F. Naughton(31)	Jeffrey F. Naughton
10	Jeffrey Xu Yu	Philip S. Yu	Joemon M. Jose	Rakesh Agrawal(32)	Rakesh Agrawal

表 4.3　不同方法在 DBLP 数据集上得到的排名前十的会议。第五列括号中的数字表示 PageRank 返回的整个排名列表中的会议排名

Rank	*APC*	$APC\|P.L =$ "DB"	$APC\|P.L =$ "IR"	PageRank	Degree
1	CIKM	ICDE	SIGIR	ICDE(3)	ICDE
2	ICDE	VLDB	WWW	SIGIR(4)	SIGIR
3	WWW	SIGMOD	CIKM	VLDB(5)	VLDB
4	VLDB	PODS	JASIST	CIKM(6)	SIGMOD
5	SIGMOD	DASFAA	WISE	SIGMOD(7)	CIKM
6	SIGIR	EDBT	ECIR	JASIST(8)	JASIST
7	DASFAA	ICDT	APWeb	WWW(9)	WWW
8	JASIST	MDM	WSDM	DASFAA(10)	PODS
9	WISE	WebDB	JCIS	PODS(11)	DASFAA
10	EDBT	SSTD	IJKM	JCIS(12)	EDBT

中的重要会议，而其他方法将这些会议混合在一起。例如，DB 领域中最重要的会议是 ICDE、VLDB 和 SIGMOD，而 IR 领域中最重要的会议是 SIGIR、WWW 和 CIKM。观察表 4.2 和表 4.3，我们也可以找到作者和会议的相互影响。也就是说，一位有影响力的作者在重要会议上发表了许多论文，反之亦然。例如，W.Bruce Croft 在 SIGIR 和 CIKM 发表了许多论文，而 Surajit Chaudhuri 在 SIGMOD、ICDE 和 VLDB 中发表了许多论文。

定量比较实验　为了验证这些方法的有效性，我们使用上述距离标准来计算各个结果与从微软学术搜索爬取的标准排名列表之间的差异。图 4.6 显示了作者排名列表的差异。我们可以再次通过上述定量实验观察到相同的现象。也就是说，具有约束元路径的 HRank 在其相应的领域上实现最佳性能。与此同时，它们在其他领域表现最差。此外，与 PageRank 和 Degree 相比，HRank 与元路径APC平庸的表现进一步证明了约束元路径捕获异质网络中包含的微妙语义的重要性。同样，我们通过从 ArnetMiner 爬取的基本事实，进一步评估这些方法的 F1 准确性。结果如图 4.7 所示。结果再一次表明了相同的结果，即 HRank 可以更准确地发现借助于约束元路径在特定领域中的作者排名。

具有多个约束的元路径上的实验　此外，我们验证了具有多个约束的元路径的有效性。在上述实验中，我们使用元路径 APC 对 HRank 中对文章的研究领域做了约束。在这里，我们在会议上增加了一个约束。具体而言，与约束元路径 $APC|P.L =$ "DB"

相比，我们采用元路径 $APC|P.L$ = “DB”&&C = “VLDB”，$APC|P.L$ = “DB”&&C = “SIGIR”，以及 $APC|P.L$ = “DB”&&C = “CIKM”，这意味着作者在指定的会议上发表 DB 领域论文（例如 VLDB、SIGIR 和 CIKM）。类似地，我们在路径 $APC|P.L$ = “IR” 上添加相同的会议约束。与上述实验相同，我们用这些受约束的元路径计算了 HRank 的排名精度，结果如图 4.8 所示。

我们知道具有路径 $APC|P.L$ = “DB”（$APC|P.L$ = “IR”）的 HRank 可以揭示作者在 DB(IR) 领域中的影响。作为基本事实，该排名基于与 DB 领域相关的许多会议的聚合。HRank 中增加的会议约束进一步揭示了作者在该领域特定会议中的影响。因此，我们可以利用与基本事实的接近程度来揭示会议对该领域的重要性。也就是说，如果来自特定会议的排名非常接近基本事实的排名，则可能意味着会议在该领域是一

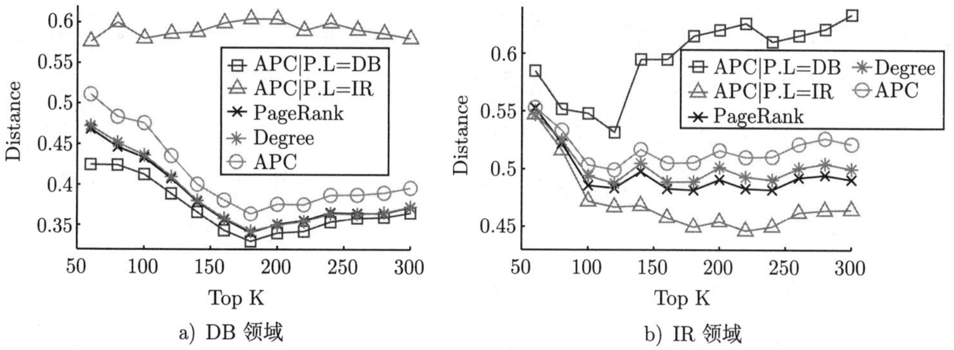

图 4.6 候选作者排名结果与 DBLP 数据集上不同领域的标准排名列表之间的距离。基本事实来自微软学术搜索

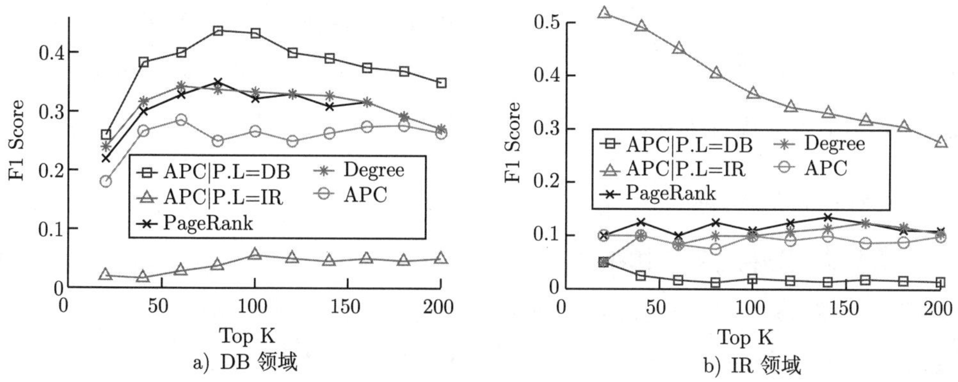

图 4.7 在 DBLP 数据集上的不同领域用不同方法获得的排名列表的 F1 准确度。基本事实来自 ArnetMiner

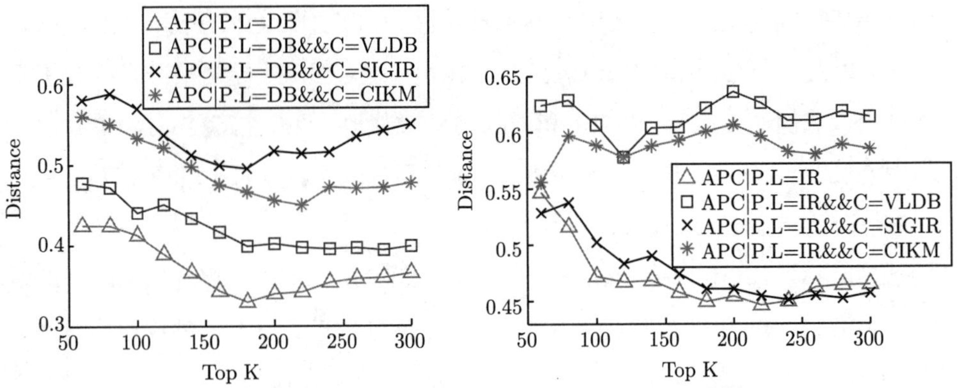

a) DB 领域　　b) IR 领域

图 4.8　DBLP 数据集上具有不同约束元路径的 HRank 的排名精度

个主要会议。从图 4.8a 中，我们可以发现 VLDB 会议约束（蓝色曲线）达到了最接近真实排名的表现，而 SIGIR 会议约束（黑色曲线）的表现偏差最大。因此，我们可以推断出 VLDB 在数据库领域比 SIGIR 更重要，而 CIKM 具有中等重要性。同样，从图 4.8b 中，我们可以推断出 SIGIR 在 IR 领域比 VLDB 更重要。这些发现符合我们的常识。众所周知，虽然 VLDB 和 SIGIR 都是计算机科学的顶级会议，但它们只在其研究领域非常重要。例如，VLDB 在 DB 领域中很重要，而在 IR 领域中则不那么重要。CIKM 会议的中等重要性源于这是一个综合会议，包括来自 DB 和 IR 领域的论文。此外，我们可以发现 SIGIR 曲线几乎与 IR 领域的基本事实重叠，而 VLDB 曲线与 DB 领域的基本事实仍有差距。我们认为原因是 SIGIR 是 IR 领域的主要会议，而在 DB 领域还有其他重要的会议，如 SIGMOD 和 ICDE。总体而言，实验表明，具有约束元路径的 HRank 不仅可以有效地在特定会议的每个研究领域中找到有影响力的作者，而且可以间接地揭示会议在该领域的重要性。这也意味着 HRank 可以通过灵活设置约束组合来实现准确而细微的排名结果。

3. 对象和路径联合排名

对称约束元路径上联合排序的实验研究 在本实验中，我们将验证 HRank-CO 同时对对象和对称约束元路径进行排序的有效性。该实验在 ACM 数据集上完成。首先，我们基于 73 个约束元路径构造 (2,1) 阶张量 $\boldsymbol{X}$（即 $APA|P.L = L_j, j = 1, \cdots, 73$）。当第 i 和第 k 作者共同发表论文时，其标签是第 j 个标签（即 ACM 类别），我们在 $\boldsymbol{X}$ 中 $x_{i,j,k}$ 和 $x_{k,j,i}$ 两项上加一。这种情况下，$\boldsymbol{X}$ 关于索引 j 对称。通过考虑所有出版物 $x_{i,j,k}$(或 $x_{k,j,i}$) 指的是第 i 个和第 k 个作者在第 j 个论文标签下的合作数量。另外，我

们不考虑任何自己与自己合作的情况（即 $x_{i,j,i}=0, \forall 1 \leqslant i \leqslant 17\,431 \wedge 1 \leqslant j \leqslant 73$）。张量 $\boldsymbol{X}$ 的大小是 $17\,431 \times 73 \times 17\,431$，其中有 91 520 个非空项占张量 $\boldsymbol{X}$ 的 $4.126 \times 10^{-4}\%$。在这个数据集中，我们将通过合作关系评估作者的重要性。同时，我们将分析路径的重要性（即哪些路径对作者重要性的贡献最大）。

图 4.9 显示了作者和路径的平稳概率分布。很明显，一些作者和路径具有更高的平稳概率，这意味着这些作者和路径比其他人更重要。表 4.4 显示了基于其 HRank 值的前十位作者（左）和路径（右）。我们可以发现前十位作者都是 DM/IR 领域的有影响力的研究人员，这符合我们的常识。类似地，最重要的路径与 DM/IR 领域有关，例如 $APA|P.L=$ “H.3”（信息存储和检索）和 $APA|P.L=$ “H.2”（数据库管理）。虽然 ACM 数据集中的会议来自多个领域，比如 DM/DB（例如 KDD 和 SIGMOD）和计算理论（例如 SODA、STOC）。但是来自 DM/DB 领域的论文更多，这使得作者和 DM/DB 领域中的路径排名更高。我们还可以发现作者和路径的影响可以相互促进。Jiawei Han 和 Philip Yu 的声誉来自他们在有影响力的领域（例如 H.3 和 H.2）的富有成效的论文。为了更清楚地观察这一点，我们根据表 4.5 中的前十条路径显示了前十位作者的合作作者的数量。我们可以观察到，在有影响力的领域中，顶级作者有更多的合作。例如，虽然 Zheng Chen（排名第 6）的合作者人数比 Jiawei Han（排名第一）的人数多，但 Jiawei Han 的合作重点是排名较高的领域（即 H.3 和 H.2），所以 Jiawei Han 拥有更高的 HRank 分数。同样，排名靠前的路径包含许多有影响力的作者的合作。

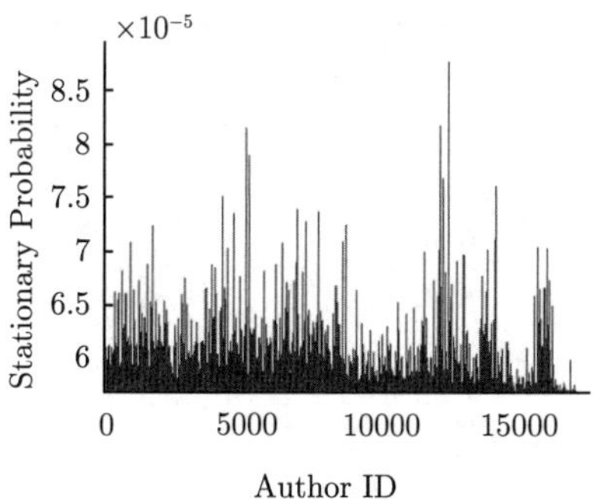

a) 作者

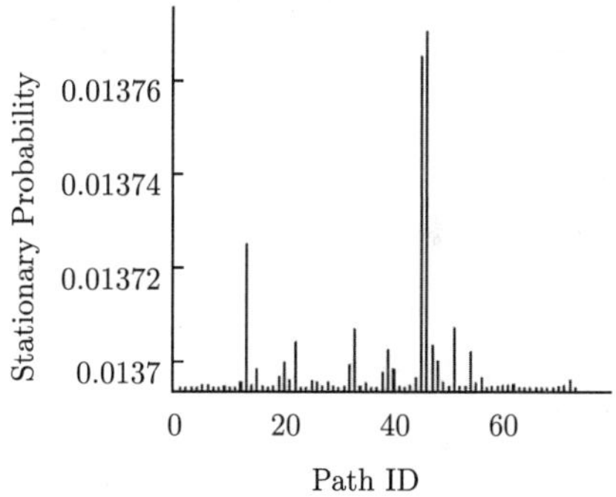

b) 路径

图 4.9　作者和约束元路径的平稳概率分布

非对称约束元路径上的联合排序实验研究　电影数据集上的实验旨在显示HRank-CO同时对异质对象和非对称约束元路径进行排序的有效性。在这种情况下，我们基于约束元路径 $AMD|M.T$ 构造三阶张量 $\boldsymbol{X}$。也就是说，张量代表不同类型电影上的演

员–导演合作关系。当第 i 个演员和第 k 个导演在第 j 个类型的电影中合作时，我们在张量 $\boldsymbol{X}$ 的项 $x_{i,j,k}$ 加一。通过考虑所有的合作，$x_{i,j,k}$ 指的是第 j 类电影中的第 i 号演员和第 k 号导演合作的数量。$\boldsymbol{X}$ 的大小为 $5324\times112\times551$，$\boldsymbol{X}$ 中有 36 529 个非零项。非零项的百分比为 $7.827\times10^{-4}\%$。

表 4.4　前十位作者和相应的约束元路径（请注意，只有约束元路径（$APA|P.L=L_j$，$j=1,\cdots,73$）的约束（L_j）显示在表的第三列中）

排名	作者	约束元路径
1	Jiawei Han	H.3 (Information Storage and Retrieval)
2	Philip Yu	H.2 (Database Management)
3	Christos Faloutsos	C.2 (Computer-Communication Networks)
4	Ravi Kumar	I.2 (Artificial Intelligence)
5	Wei-Ying Ma	F.2 (Analysis of Algorithms and Problem Complexity)
6	Zheng Chen	D.4 (Operating Systems)
7	Hector Garcia-Molina	H.4 (Information Systems Applications)
8	Hans-Peter Kriegel	G.2 (Discrete Mathematics)
9	Gerhard Weikum	I.5 (Pattern Recognition)
10	D. R. Karger	H.5 (Information Interfaces and Presentation)

表 4.5　前十位作者通过前十个约束元路径与其他人合作的数量（请注意，只有约束元路径（$APA|P.L=L_j,j=1,\cdots,73$）的约束（$L_j$）显示在表的第一行）

Ranked Author/CP	1 (H.3)	2 (H.2)	3 (C.2)	4 (I.2)	5 (F.2)	6 (D.4)	7 (H.4)	8 (G.2)	9 (I.5)	10 (H.5)
1 (Jiawei Han)	51	176	0	0	0	0	9	2	2	0
2 (Philip Yu)	51	94	0	0	9	0	3	0	13	0
3 (C. Faloutsos)	17	107	0	5	9	0	3	4	2	0
4 (Ravi Kumar)	73	27	0	3	13	0	18	5	0	0
5 (Wei-Ying Ma)	132	26	0	9	0	0	2	0	30	10
6 (Zheng Chen)	172	9	0	9	0	0	22	0	38	9
7 (H. Garcia-Molina)	23	65	3	0	0	0	1	0	0	4
8 (H. Kriegel)	19	28	5	0	0	0	6	0	7	4
9 (G. Weikum)	82	14	0	4	0	0	8	0	4	0
10 (D. R. Karger)	11	5	13	0	7	4	1	7	0	7

表 4.6 显示了十大演员、导演和受约束的元路径（即电影类型）。我们再次观察到对象和元路径重要性的相互增强，基本上，结果符合我们的常识。排名前十的演员众所周知，如 Eddie Murphy 和 Harrison Ford。同样，由于他们的作品，这些导演在电影界

也很有名。获得的这些电影类型也是最受欢迎的电影主题。由此，我们可以再一次观察对象和路径的相互影响。众所周知，Eddie Murphy 和 Drew Barrymore（演员中排名1,4）是著名喜剧和戏剧（路径中排名 1,2）演员。Harrison Ford 和 Bruce Willis（演员中排名第 2,3）是受欢迎的惊悚片和动作片（路径中排名 3,4）演员。这些排名较高的导演也更喜欢那些受欢迎的电影主题。此外，我们还将这些结果与 IMDB 网站㊀推荐的结果进行了比较。虽然我们的实验中只包含了 IMDB 中的一部分电影，但我们的结果中前十位演员中有 80%都包含在 IMDB 推荐的 250 位最伟大的电影演员中㊁。我们结果中前十名导演中的 50%都被列入 IMDB 推荐的前 50 名最喜欢的导演中㊂。此外，我们的方法得到的大多数电影类型在 IMDB㊃ 总结的流行类型中排名很高。在 [18] 中可以看到更多关于 HRank 方法和实验结果的细节。

表 4.6　在 IMDB 数据集上排名前十的演员、导演和元路径（注意第四列只显示形如 $(AMD|M.T = T_j, j = 1, \cdots, 1591)$ 的约束元路径的不同的约束条件 (T_j)）

排名	演员	导演	条件元路径
1	Eddie Murphy	Tim Burton	Comedy
2	Harrison Ford	Zack Snyder	Drama
3	Bruce Willis	Marc Forster	Thriller
4	Drew Barrymore	David Fincher	Action
5	Nicole Kidman	Michael Bay	Adventure
6	Nicolas Cage	Ridley Scott	Romance
7	Hugh Jackman	Richard Donner	Crime
8	Robert De Niro	Steven Spielberg	Sci-Fi
9	Brad Pitt	Robert Zemeckis	Animation
10	Christopher Walken	Stephen Sommers	Fantasy

4.2 基于排名的聚类

4.2.1 概述

最近，基于链接的聚类越来越受到人们的关注，这种关注通常将紧密互连，但与网络的其余部分连接 [11] 较少的对象分组。随着搜索引擎的蓬勃发展，对象排名 [1,5] 即评

㊀ http://www.imdb.com/。
㊁ http://www.imdb.com/list/ls050720698/。
㊂ http://www.imdb.com/list/ls050131440/。
㊃ http://www.imdb.com/list/ls050782187/?view=detail&sort=listorian:asc。

估对象的重要性成为重要的数据挖掘任务。通常，聚类和排序是两个独立的任务，它们通常是分开使用的。然而，最近的研究表明，聚类和排序可以相互促进，它们的组合在许多应用中更有意义 [21-22]。如果我们知道类簇中的重要对象，我们就能更好地理解这个簇；并且簇中的排名为聚类提供了更微妙和有意义的信息。虽然这是一种很有前景的聚类和排名方法，但以前的方法仅限于具有特殊结构的简单 HIN。例如，Sun 等人验证了二分网络 [21]（图 4.10a 所示的例子）和星形网络 [22]（图 4.10b 所示的例子）中的聚类和排名的相互促进的关系。Shi 等人 [27] 在混合网络中集成聚类和排名，包括异质和同质关系。然而，实际应用中的数据通常更复杂和不规则，这超出了广泛使用的二分或星形模式网络。例如，文献数据（参见图 4.10c 中的例子）不仅包括异质关系，还包括同质关系（例如 P 上的自循环）；生物信息学数据 [2]（参见图 4.10d 中的例子）具有更复杂的结构，其包括多个中枢对象（例如 C 和 G）。因此，希望为这些复杂和不规则的 HIN 数据设计有效的基于排序的聚类算法。从广义上讲，对于具有任意模式的 HIN，我们需要设计一个通用的解决方案来管理对象及其关系，这是在其上挖掘有用模式的基础。

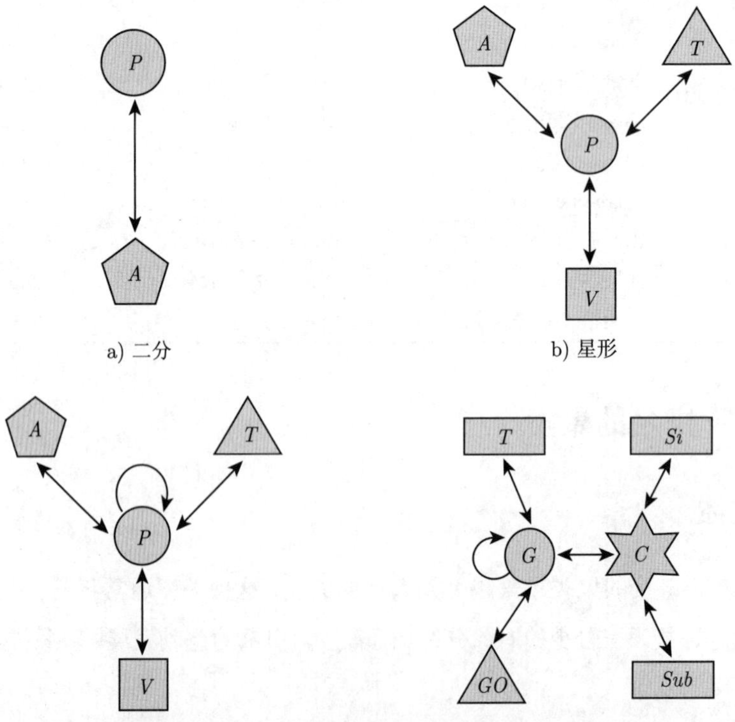

a) 二分　b) 星形　c) DBLP　d) SLAP

图 4.10　异质信息网络的示例。字母是不同类型对象的缩写（例如：P表示论文，A表示作者）

显然，在一般的异质信息网络上确定底层聚类和排名有着广泛的应用前景，但是直到现在它们很少被研究。当我们在具有任意模式的 HIN 上集成排名和聚类时，它面临以下挑战。（1）一般 HIN 具有更复杂的结构。对于具有二分或星形模式结构的简单 HIN，管理异质对象和构建模型相对容易。但是，除了二分或星形模式结构之外，一般 HIN 可能具有任意模式。虽然直观的方法是将其分解为多个更简单的子网，但问题是我们如何在没有结构信息丢失的情况下分解 HIN 并保持分解的子网之间的一致性。（2）在复杂的异质网络中集成聚类和排名是一项挑战。我们知道，在一般 HIN 上单独进行聚类和排名仍然是一项艰巨的任务。因此，设计一种将这两项任务结合在 HIN 上的有效机制更加困难。

在本章中，我们研究了一般 HIN 上基于排名的聚类问题，并提出了一种新的算法**HeProjI**来解决异质网络聚类与排名任务的投影和集成。为了方便地管理具有任意模式的 HIN 中的对象和关系，我们设计了一种网络投影方法，将 HIN 投影到一系列子网中，而不会丢失结构信息，其中子网可能是一个相对简单的二分或星形模式网络。此外，我们开发了一种信息传输机制来保持子网间的一致性。对于每个子网，我们提出了一种基于路径的随机游走方法来生成对象的可达概率，这可以有效地用于估计聚类成员概率和对象的重要性。通过迭代分析每个子网，HeProjI 可以获得稳定一致的聚类和排名结果。我们在三个真实数据集上进行了大量实验，以验证 HeProjI 的有效性。结果表明，与已有算法相比，HeProjI 不仅取得了更好的聚类和排名精度，而且有效地处理了以前方法无法处理的复杂 HIN。

4.2.2 问题定义

在本节中，我们将给出问题定义和本章中使用的一些重要概念。

定义 4.7（广义异质信息网络） 在给定的一个模式 $\mathtt{A} = (\mathtt{T},\mathtt{R})$ 下，其中 $\mathtt{T} = \{\mathtt{T}\}$ 表示所有对象的实体类型集合，$\mathtt{R} = \{\mathtt{R}\}$ 表示对象间关系的集合。一个广义的异质信息网络定义为一个图 $\mathtt{G} = (X, E)$，与一个对于图中顶点（实体）的集合到对象类型的一个映射关系 $\tau : X \to \mathtt{T}$，以及一个对于图中边的集合到关系类型的映射关系 $\Psi : E \to \mathtt{R}$。每种对象类型满足 $|\mathtt{T}| > 1$ 或者关系类型 $|\mathtt{R}| > 1$，则网络称为**异质信息网络**，否则网络是一个**同质信息网络**。

图 4.10 中展示了一些异质信息网络的网络模式的例子。图 4.10a 中的二分网络仅包括两种对象类型，图 4.10b 展示了广泛使用的星形模式网络 [16, 22, 24]，这种模式下的

HIN 具有一种目标类型和多种属性类型。然而，一般的异质信息网络可能更复杂和不规则。它可能不仅包括同质或异质关系，还包括多个中枢对象。图 4.10d 显示了这样一个通用的 HIN 示例。对象 G 具有异质关系（例如$G\rightarrow GO$ 和$G\rightarrow C$）以及同质关系（例如$G\rightarrow G$）。此外，由于存在多个中枢对象（例如 G 和 C），网络超出了传统的星形模式。很明显，二分图和星形模式网络是一般 HIN 的特例。

对于一般的 HIN，很难管理网络中的对象和关系。虽然我们可以通过指定元路径作为参考 [3] 将其投影到几个同质网络中，但它会在不同类型的对象之间丢失很多信息。我们知道，作为 HIN 的特例，二分和星形模式网络相对容易管理网络中的对象和关系。因此，处理一般 HIN 的基本思想是将其分解为更简单的网络。按照这个想法，我们设计了一种新的 HIN 投影方法。具体来说，我们可以选择一种类型（称为中枢类型）及其连接的其他类型（称为从属类型）。这些类型及其关系构成了原始 HIN 的投影子网的模式。形式上，它可以定义如下：

定义 4.8（投影子网） 对于模式为 $\mathtt{A}=(\mathtt{T},\mathtt{R})$ 的 HIN，他的投影子网络有模式 $\mathtt{A}'=(\mathtt{T}',\mathtt{R}')$ 其中 $\mathtt{T}'\subset\mathtt{T}$, $\mathtt{R}'\subset\mathtt{R}$, $\mathtt{T}'$ 包含一个中枢类型 (记作 P)和与 P 连接的其他类型 (称作从属类型，记作 $\mathtt{S}=\{S\}$). $\mathtt{R}'$ 包括在 $P\bigcup S$ 的异质关系以及对象类型 P 上的同质关系 (如果存在的话)

一个映射子网络可以记为 $P-\mathtt{S}$，其中 $X^{(P)}$ 是中枢类型对象的集合，$X^{(S)}$ 是从属类型对象的集合。为方便起见，投影的子网也称为子网，可用其中枢类型 P 表示。例如，图 4.11c 显示了投影子网 $G-\{C,T,GO\}$ 与 G 型对象（红色的那个）作为中枢类型，类型 C,T 和 GO 是从属类型，因为它们是连接到对象类型 G 的对象类型。类似地，图 4.11b 和 d 分别显示了具有关键类型对象 GO 和 C 的投影子网。

很明显，通过选择不同的中枢类型，可以将 HIN 投影到一系列子网中。因此，我们将 HIN 投影概念定义如下。

定义 4.9（HIN 投影） 通过连续选择 t 类型中的一个作为中枢类型，可以将具有 t 种对象的 HIN 投影到有序的 t 个投影子网集中。

图 4.11 显示了 SLAP 网络（生物信息学数据集 [17]）的投影示例。通过连续选择六种对象类型（GO、G、C 等）作为中枢类型，SLAP网络被投影到六个子网络的序列中。显然，HIN 投影具有以下性质。

性质 4.1 HIN 投影是一种无结构信息损失的网络分解。

根据定义 4.9，原始 HIN 中的所有对象和关系都保留在投影子网中。也就是说，可以从投影子网集合重建 HIN。

性质 4.2 HIN 投影中的每个投影子网都是二分图或星形模式网络（允许中枢对象有自环）。

根据定义 4.8，如果子网中仅有两种类型的对象，则它是一个二分图；否则，它应是一个星形模式网络。注意，与传统的二分和星形网络不同，子网中的中枢类型可以包括同质关系（即自环）。

性质 4.3 对于任意的 HIN 网络，其投影子网络不唯一。

可以通过不同的选择中枢类型的顺序，使得 HIN 具有不同的投影序列。例如，图 4.11 中的SLAP网络具有投影序列：$GO-G-C-Si-Sub-T$，$T-G-GO-C-Si-Sub$ 等。实际上，具有 t 种类型对象的HIN共有 $t!$ 个投影序列。

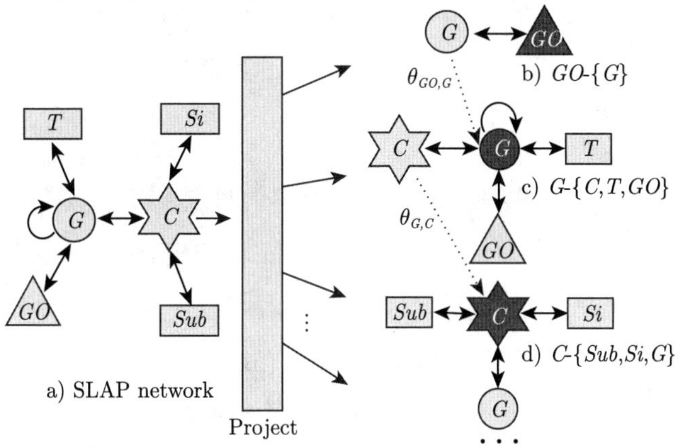

图 4.11 HIN 投影的例子。中枢类型标有红色。点线表示子网络之间的信息传递

假设 J 表示对象类型集合 $\{T\}$ 中的一种类型。对象集合可以记为 $X = \{X^{(J)}\}$，且 $X^{(J)} = \{X_p^{(J)}\}$，这里 $X_p^{(J)}$ 是对象 $p \in X^{(J)}$ (即$\tau(p) = J$)。对象之间的关系包括两种类型（同质和异质关系），相应地可以用两种类型的矩阵分别表示，**同质和异质关系矩阵**。如果类型 J 有同质关系（比如图 4.10c 上面 P 的自环），那么其同质关系矩阵可以记作 $\boldsymbol{H}^{(J)}$，$\boldsymbol{H}_{pq}^{(J)}$ 表示 $X_p^{(J)}$ 与 $X_q^{(J)}$ 之间的同质关系。如果两种不同的对象类型（I 和 J）之间存在着异质关系（比如图 4.10c 中的 P 类型和 A 类型之间），这种异质关系的矩阵可以写作 $\boldsymbol{H}^{(I,J)}$，$\boldsymbol{H}_{pq}^{(I,J)}$ 表示 $\boldsymbol{H}_p^{(I)}$ 与 $\boldsymbol{H}_q^{(J)}$ 之间的异质关系。相应的我们有**同质关系转移矩阵**$\boldsymbol{M}^{(J)}$ 和**异质关系转移矩阵**$\boldsymbol{M}^{(I,J)}$，很明显，异质关系转移矩阵可以由关系矩阵 $\boldsymbol{H}^{(I,J)}$ 源自 $\boldsymbol{M}^{(I,J)} = \boldsymbol{D}^{(I,J)^{-1}}\boldsymbol{H}^{(I,J)}$，其中 $\boldsymbol{D}^{(I,J)}$ 是一个对角矩阵，其中每一个对角线上的值等于 $\boldsymbol{H}^{(I,J)}$ 的对应行的所有元素的和。类似地，我们有 $\boldsymbol{M}^{(J)} = \boldsymbol{D}^{(J)^{-1}}\boldsymbol{H}^{(J)}$。以图 4.10c 为例，$\boldsymbol{M}^{(P)}$ 是引用关系 $\boldsymbol{H}^{(P)}$ 的转移概率矩阵，$\boldsymbol{M}^{(A,P)}$ 是 $A-P$ 间关系 $\boldsymbol{H}^{(A,P)}$ 的转移概率矩阵。对于给定的网络结构，我们均可以推导出同质和异质的转移

矩阵。在下一节中，我们认为转移矩阵是已知的。

与同质网络中的传统聚类不同，HIN 中的聚类应该包括不同类型的对象，这些对象具有相同的语义。例如，在文献数据中，数据挖掘领域的聚类包括该领域的会议、作者和论文。对于每种类型的对象 $X^{(J)}$，我们定义了其**隶属度矩阵**$\boldsymbol{B}^{(J|C_k)} \in [0,1]^{|X^{(J)}|\times|X^{(J)}|}$，这是一个对角矩阵，其对角线值表示 $X_p^{(J)}$ 的成员概率属于聚类 C_k。注意，同一个成员 $X_p^{(J)}$ 属于 K 个聚类的概率和应该为 1（即 $\sum_{k=1}^{K} B_{pp}^{(J|C_k)} = 1$），我们现在来将 HIN 的聚类问题描述如下：已知一个异质网络 $G = (X, E)$ 并且一共有 K 种不同的语义聚类，我们希望找到这 K 个聚类的成员集合 $\{C_k\}_{k=1}^{K}$，这类 C_k 定义为 $C_k = \{\{\boldsymbol{B}^{(J|C_k)}\}_{J\in T}\}$。这样，问题转化为一个软聚类问题，即一个成员 $p \in X^{(J)}$ 可能属于多个聚类，且它以 $B_{pp}^{(J|C^k)}$ 的概率属于 C^k 聚类。而且一个聚类可以包含各种不同类型的对象。

4.2.3 HeProjI 算法

通过 HIN 投影，我们可以通过处理一组简单的只包含二分或星形网络的投影子网将分析 HIN 问题变得更加容易。但是，它可能会带来一些其他的问题：如何保持不同子网之间的一致性。为解决一致性问题，我们设计一种信息传输机制，它将一部分信息从其他子网继承到当前子网。为了将聚类和排名集成在统一的框架中，需要一个模型来灵活地支持这两个任务。根据这个想法，我们建立了一个概率模型来估计每个子网中从属和中枢对象的概率。此外，对象的概率可以有效地推断聚类信息并表示对象的重要性。

1. HeProjI 算法框架

具体地说，我们首先将原始 HIN 投影到子网序列中，然后将第一个子网的中枢对象随机分配到 K 个聚类（即初始化 $\{C_k\}_{k=1}^{K}$）。对于每个子网，提出了一种基于路径的随机游走方法来估计每个聚类 C_k 中从属对象的可达概率，然后使用生成模型来获得中枢对象的概率。之后，采用 EM 算法来估计对象的后验概率（即聚类信息 $\{C_k\}_{k=1}^{K}$）。根据对象的概率，我们还可以计算它们在每个聚类中的排名。重复上述步骤直到收敛。在迭代过程中，聚类和排名可以相互促进，直到达到稳态结果。HeProjI 的基本框架显示在算法 4.2 中。在后面的章节中，我们将详细介绍这些操作。

2. 对象的可达概率估计

基本思想 我们已经注意到：建立概率模型，不仅可以支持聚类和排序任务，还可以保持子网之间的一致性。因此模型的设计应遵循以下两个规则：（1）PageRank 原则。

为了支持排名任务，对象的概率应该能够反映它们的排名。换句话说，对象的概率应该与节点度正相关。(2) 一致性原则。为了保持子网之间的一致性，应该设计一种有效的机制来在子网之间传输适当的信息。

Algorithm 4.2 HeProjI: 检测异质信息网络中的 K 个簇类

Input:

簇类数目K 和转移概率矩阵$\boldsymbol{M}$

Output:

每个簇类 $\{C_k\}_{k=1}^K$ 中对象的成员概率 $\boldsymbol{B}^{(J|C_k)}$

将 HIN 投影成一子网序列

随机初始化成员概率 $\boldsymbol{B}^{(J|C_k)}$

repeat

按顺序 $(P-\mathrm{S})$ 选择投影子网

for 簇类 $C_k \in C$ **do**

建立从属对象概率：$Pr(X^{(S)}|C_k)$

生成中枢对象概率：$P(X^{(P)}|C_k)$

估计对象后验概率：$P(C_k|X^{(P)})$, $P(C_k|X^{(S)})$

end for

将对象排序：$Rank(X^{(P)}|C_k)$, $Rank(X^{(S)}|C_k)$

until 成员概率收敛

对于第一条规则（即 PageRank 原则），随机游走是一种明显的解决方案。然而，它一般用于同质网络 [1,5] 和二分图 [28]，但它很少应用于 HIN。Sun 等人 [22] 用它来估计星形模式网络中属性对象的概率，然而它仅限于两种类型的对象。异质对象和关联语义使得在 HIN 中直接使用随机游走变得困难。在投影子网中，有不同类型的从属对象，它们通过中枢对象连接。因此，对象之间的随机游走应遵循指定的路径。也就是说，从属对象之间随机游走需要穿过中枢对象。因此，我们需要分别估计从属和中枢对象的概率、从属对象的可达概率可以通过来自其他从属对象经过中枢类型到达该从属对象的可能性的总和来计算。中枢对象的概率可以通过其可达到的从属对象来计算。因为二分网络仅包含一种从属类型，所以从属对象的概率可以通过所有其他相同类型的对象经过中枢类型后到该对象的概率的总和来计算。图 4.12 显示了概率估计过程。类型 C 的可达概率可以通过从类型 GO 和 T 到类型 C 经过图 4.12a 中的类型 G 的随机游走者来计算。

对于第二条规则（一致性原则），在投影子网中传输信息是一个直观的想法。但是，我们需要在子网之间传递什么信息，如何传递这些信息呢？很明显，子网是重叠的。由于两个子网可能具有许多重叠类型，一种类型可能出现在许多子网中，我们如果对于子网间每一个重叠类型都进行信息传递，则该模型可能难以控制。如果我们单独对每个子网进行聚类，则很难保持子网之间聚类映射结果的一致性。我们知道所有从属对象之间的随机游走都会通过中枢对象。所以我们只需要传递中枢类型的信息，然后信息可以通过随机游走传播到其他从属对象。为了在迭代期间保持聚类一致性，我们让当前子网中的中枢对象继承来自先前子网具有控制参数的聚类信息的一部分。图 4.11 中的虚线展示了两个信息继承的例子。具体地，图 4.11b 中计算的对象 G 的信息被传递到图 4.11c 中的中枢对象 G 的计算，该中枢对象 G 影响对象 C 的计算，而对象 C 的信息又传递给后续以对象 C 为中枢对象的计算中（图 4.11d）。

从属对象的可达概率

我们首先计算从属对象的可达概率，我们用矩阵来表示基于路径的随机游走过程。$\boldsymbol{M}^{(S^I,S^J|P,C)}$ 表示从属类型 S^I 经过中枢类型 P 在投影子网 C 中到达从属类型 S^J 的转移概率矩阵，则 $\boldsymbol{M}^{(S^I,S^J|P,C)}$ 可用下式进行计算：

$$\boldsymbol{M}^{(S^I,S^J|P,C)} = \boldsymbol{M}^{(S^I,P|C)} \times \boldsymbol{M}^{(P,S^J|C)} \tag{4.14}$$

其中 $\boldsymbol{M}^{(S^I,P|C)}$ 是从 S^I 到中枢类型 P 的转移矩阵（即 $\boldsymbol{M}^{(S^I,P)}$）。对比下面定义的条件转移矩阵 $\boldsymbol{M}^{(S^I,S^J|P,C_k)}$，这里 $\boldsymbol{M}^{(S^I,S^J|P,C)}$ 又称为全局转移矩阵，对于投影子网 C，它是固定的。例如，在图 4.12a 中，全局转移矩阵 $\boldsymbol{M}^{(T,GO|G,C)}$ 表示子网络 $G-\{T,C,GO\}$ 上从类型 T 经过中枢类型 G 到 GO 的转移概率。在所提出的模型中，对象的全局概率是平滑中枢对象概率的重要信息（更多细节见式 4.21）。

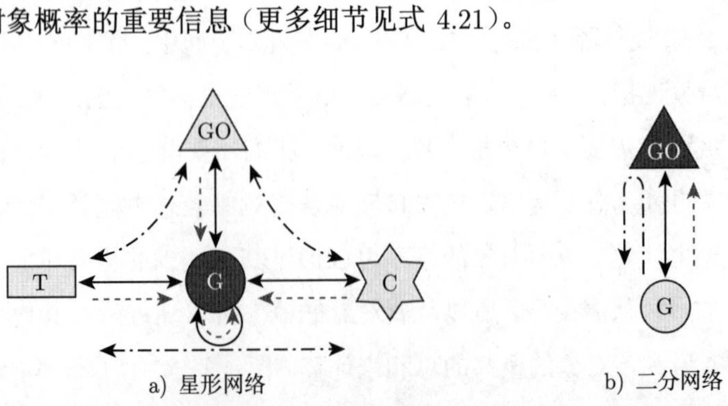

图 4.12　从属和中枢对象的概率估计过程的图示。点划线代表从属对象之间的随机游走过程。虚线代表中枢对象的生成过程

在考虑聚类信息时，应根据聚类信息调整从属对象之间的转移矩阵。聚类信息可以由中枢对象的隶属度矩阵表示，因此从 S^I 经过属于聚类 C_k 的中枢类型 P 到达 S^J 的条件转移矩阵可以被下式定义：

$$\boldsymbol{M}^{(S^I,S^J|P,C_k)}=\boldsymbol{M}^{(S^I,P|C)}\times B^{(P|C_k)}\times\boldsymbol{M}^{(P,S^J|C)} \tag{4.15}$$

其中 $\boldsymbol{B}^{(P|C_k)}$ 表示聚类 C_k 上中枢对象的隶属度。

上述转换矩阵仅考虑当前子网中的聚类信息，这可能导致不同子网之间的不一致。例如，在图 4.10c 所示的文献数据中，子网 $P-\{A,V,T\}$ 上的聚类可能集中在研究领域，而子网 $A-\{P\}$ 上的聚类可能更关注作者间的合著关系。为了保持子网之间的聚类一致性，我们可以继承先前子网中的一部分聚类信息。只需从以前的网络继承中枢类型的聚类信息，并结合当前中枢类型的聚类信息。这种简单的机制能够有效的原因是作为中心节点的中枢对象可以将聚类信息传播到所有从属对象。该转换矩阵可以被重新定义为：

$$\boldsymbol{B}''^{(P|C_k)}=\theta_{S,P}\times\boldsymbol{B}'^{(P|C_k)}+(1-\theta_{S,P})\times\boldsymbol{B}^{(P|C_k)} \tag{4.16}$$

$$\boldsymbol{M}^{(S^I,S^J|P,C_k)}=\boldsymbol{M}^{(S^I,P|C)}\times\boldsymbol{B}''^{(P|C_k)}\times\boldsymbol{M}^{(P,S^J|C)} \tag{4.17}$$

其中 $\boldsymbol{B}'^{(P|C_k)}$ 是从以 S 为中枢类型的子网中（P 在该子网中为从属类型）继承的隶属度矩阵，$\theta_{S,P}$ 是学习率参数，用来控制从之前子网（中枢类型为 S）中继承来的信息和从当前子网络（中枢类型为 P）各自所占的比例。图 4.11 中虚线展示了信息继承的两个例子。新的转移矩阵具有以下优点：

1) 能够在子网间传递聚类信息，保持了子网的一致性；

2) 通过采用先验聚类信息，有助于加快收敛速度。

对于二分网络，转移概率矩阵可以表示为 $\boldsymbol{M}^{(S^I,S^I|P,C_k)}$，相应地可以定义它对应的计算方法。

从属类型 S^J 在子网 C 和聚类 C_k 上的条件概率可以分别写作 $Pr(X^{(S^J)}|C)\in[0,1]^{1\times|X^{(S^J)}|}$ 和 $Pr(X^{(S^J)}|C_k)\in[0,1]^{1\times|X^{(S^J)}|}$。受 PageRank [1] 的启发，一种类型对象的概率取决于其他类型对象通过中枢对象的可达概率。因此，从属类型 S^J 的条件概率可以定义如下。

$$Pr(X^{(S^J)}|C)=\sum_{S^I\in S,S^I\neq S^J}Pr(X^{(S^I)}|C)\times\boldsymbol{M}^{(S^I,S^J|P,C)} \tag{4.18}$$

$$Pr(X^{(S^J)}|C_k)=\sum_{S^I\in S,S^I\neq S^J}Pr(X^{(S^I)}|C_k)\times\boldsymbol{M}^{(S^I,S^J|P,C_k)} \tag{4.19}$$

这些计算是一个迭代的过程，并且在第一次迭代的时候将 $Pr(X^{(S^J)}|C_k)$ 初始化为偶数值。对于二分网络，随机游走从类型 S^J 开始经过中枢类型 P 回到类型 S^J，从属类型 S^J 的概率 $Pr(X^{(S^J)}|C_k)$ 可以定义为 $Pr(X^{(S^J)}|C_k) = Pr(X^{(S^J)}|C_k) \times M^{(S^J,S^J|C_k)}$。

中枢对象的可达概率 接下来，我们来估计中枢对象的概率。我们可以认为中枢对象是由相邻的从属对象生成的，因此这里采用生成模型。中枢对象的概率来自两个部分：异质和同质关系（如果中枢类型有自循环）。对于异质关系，在子网络 C 中的中枢对象 P 的异质概率 $Pr(X_p^{(P)}|C)$ 可以按下式计算：

$$Pr(X_p^{(P)}|C) = \prod_{S^J \in S} \prod_{q \in N(p)} Pr(X_q^{(S^J)}|C) \tag{4.20}$$

其中 $N(p)$ 是对象 p 在子网 C 中的邻居的集合。这意味着中枢对象 p 由属于不同类型的相邻从属对象生成。接下来，我们考虑中枢对象 p 属于某一个聚类 C_k 的概率（即 $Pr(X_p^{(P)}|C_k)$）。类似地，其概率仍然是由相邻的属于聚类 C_k 的从属对象生成。除此之外，我们加入了中枢对象 $X_p^{(P)}$ 的全局概率来平滑此概率：

$$Pr(X_p^{(P)}|C_k) = \lambda \prod_{S^J \in S} \prod_{q \in N(p)} Pr(X_q^{(S^J)}|C_k) + (1-\lambda)Pr(X_p^{(P)}|C) \tag{4.21}$$

这里平滑参数 λ 表示全局概率所占的比例。平滑操作是一个重要的组成部分，原因如下：

1) 它可以防止中枢对象向少数聚类积累，有助于提高聚类精度；

2) 它使中枢对象的概率变化更加稳定，提高 HeProjI 的稳定性。我们在第 5.7 节中的实验也验证平滑操作的重要性。

对于同质关系（即中枢对象有自环），我们可以按如下方法计算中枢类型的基于聚类的同质转移概率：

$$M^{(P|C_k)} = M^{(P|C)} \times B^{(P|C_k)} \tag{4.22}$$

$M_p^{(P|C_k)}$ 表示从其他中枢对象在聚类 C_k 中到达 p 的转移概率的和，这个值在一定程度上代表了对象 p 的重要性。当考虑同质关系时（如果同质关系存在），中枢对象 p 的概率由同质和异质关系生成，故此可以由下式计算：

$$P(X_p^{(P)}|C_k) = Pr(X_p^{(P)}|C_k) \times M_p^{(P|C_k)} \tag{4.23}$$

3. 对象的后验概率

为了确定对象的隶属度，我们需要估计对象的后验概率。在每个子网中，有两种对象（即中枢和从属对象）。由于中枢对象是集成从属对象并包含完整语义信息的子网络中心，我们首先估计中枢对象的后验概率，然后从属对象的后验概率由中枢对象的后验概率决定。

我们考虑如何估计中枢对象的后验概率 $P(C_k|X^{(P)})$。根据贝叶斯定理 $P(C_k|X^{(P)}) \propto P(X^{(P)}|C_k) \times P(C_k)$，由于不知道聚类的大小 $P(C_k)$，我们需要估计合适的 $P(C_k)$ 以平衡聚类的大小。我们用 $P(C_k)$ 来最大化不同聚类中生成中枢对象的可能性

$$\log L = \sum_{p \in X^{(P)}} \log \left[\sum_{k=1}^{K} P(X_p^{(P)}|C_k) \times P(C_k) \right] \tag{4.24}$$

我们使用 EM 算法来找到潜在的使得 $\log L$ 最大化的 $P(C_k)$。我们可以得到等式 4.25 和 4.26，首先置 $P(C_k)$ 为偶数值，然后重复 E 步骤（即等式 4.25）和 M 步骤（即等式 4.26）迭代的更新潜在的聚类概率直到 $P(C_k)$ 收敛。

$$P^t(C_k|X^{(P)}) \propto P(X^{(P)}|C_k) \times P(C_k) \tag{4.25}$$

$$P^{t+1}(C_k) = \sum_{p \in X^{(P)}} P^t(C_k|X_p^{(P)}) \times \frac{1}{|X^{(P)}|} \tag{4.26}$$

接下来，我们估计从属对象的后验概率。基本思想是从属对象的后验概率来自与其相邻的中枢对象。我们将其定义如下：

$$P(C_k|X_q^{(S^J)}) = \sum_{p \in N(q)} P(C_k|X_p^{(P)}) \times \frac{1}{|N(q)|} \tag{4.27}$$

其中 $P(C_k|X_q^{(S^J)})$ 表示从属对象 $X_q^{(S^J)}$ 属于聚类 C_k 的概率；$N(q)$ 表示从属对象 q 的邻集。这个式子的含义是从属对象 $X_q^{(S^J)}$ 的后验概率是其相邻中枢对象后验概率的均值。

4. 对象的排名

由于概率模型遵循 PageRank 原则，我们可以将对象的条件概率作为其排名。

$$Rank(X^{(J)}) \approx P(X^{(J)}|C_k) \tag{4.28}$$

由于在 HeProjI 方法中的条件概率 $P(X^{(J)}|C_k)$ 由随机游走过程所估计，这导致有较多连边的节点往往分配较高的概率。然而，在某些情况下，基于度数的概率测量是不恰当的。例如，广告网页可能具有许多没有价值的链接（即度数很高但排名很低）。

如果我们知道可用于测量对象重要性的对象附加信息，我们可以将信息集成到所提出的方法中，然后获得更合理的排名。基于对象的条件概率，我们提出了对象的一般

排序方法如下:

$$Rank(X^{(J)}) = AI(X^{(J)}) \times P(X^{(J)}|C_k) \tag{4.29}$$

其中 $AI(X^{(J)})$ 是评价对象 $X^{(J)}$ 重要性的另一项重要指标 (AI)。例如，在文献网络中，论文的重要性在很大程度上取决于其引用，而 AI 可以是与引用成比例的度量。我们还可以通过转移概率矩阵将 AI 信息传播到相邻对象。它表示如下:

$$Rank(X^{(I)}|C_k) = Rank(X^{(J)}|C_k) \times M^{(J,I)} \tag{4.30}$$

4.2.4 实验

在本节中，我们评估 HeProjI 算法的有效性，并将其与几种最先进的方法在三个真实数据集上进行比较。在实验中，我们使用两个真实的信息网络：DBLP 和 SLAP。这两个网络的模式如图 4.13c 和 d 所示。另外，我们提取 DBLP 的两个不同规模的子集，分别称为 DBLP-S 和 DBLP-L。DBLP-S 是一个小数据集，包括三个研究领域：数据库（DB）、数据挖掘（DM）和信息检索（IR）。而 DBLP-L 是一个包含八个研究领域的大数据集。

1. 聚类有效性研究

在本节中，我们通过与其他算法进行比较来研究 HeProjI 的聚类有效性。第一个实验是在 DBLP 数据集上完成的，因为该数据集具有相对简单的结构，易于与以前的算法进行比较。代表性算法总结如下:

- HeProjI. 即我们提出的算法。
- $\text{HeProjI}_{\backslash S}$. 不考虑一般网络中平滑信息的 HeProjI 方法 (即等式 4.21 中 λ 为 1)。
- $\text{HeProjI}_{\backslash I}$. 不考虑从其他子网络的继承信息的 HeProjI 方法 (即等式 4.16 中 $\Theta = 0$)。
- ComClus[27]. 它是为星形模式设计的基于排名的聚类方法网络，允许含有自环。
- NetClus[22]. 它是为星形模式设计的基于排名的聚类方法网络，不含有自环。
- iTopicModel [20]. 它集成了主题模型和异质链接信息，所以它可以用来在 HIN 中进行聚类。
- NetPLSA[9]. 它使用基于图结构的谐波正则化器来规范统计主题模型。

聚类效果是通过正确识别顶点分数 FVIC[11,15] 来衡量的，它通过比较每个预测聚类和最匹配的真实聚类来评估平均匹配程度。FVIC 越大，聚类效果越好。HeProjI，ComClus 和 NetClus 方法可以直接应用于 DBLP 数据集。对于 NetClus，我们不考虑 P 类型的自环，因为 NetClus 无法解决它。请注意，这里不包括 RankClus[21]，因为它只适应于二分网络。此外，对于 iTopicModel 和 NetPLSA，我们对链接进行了同质性假设，以便将其应用于此数据集。HeProjI 中的平滑参数 λ 固定为 0.9。所有学习率 Θ 都固定为 0.3。在 HeProjI 中，投影序列是 $P-A-C-T$。其他算法中的参数使用其论文中的建议值进行设置。

从表 4.7 中显示的结果，我们可以观察到 HeProjI 在所有对象上实现了最佳精度和较低的标准差。$\text{HeProjI}_{\backslash S}$ 也有很好的表现。然而，由于省略了平滑操作，与 HeProjI 相比，它具有更差的性能和稳定性。$\text{HeProjI}_{\backslash I}$ 的性能大大降低，因为它不会继承其他子网的聚类信息。在这种情况下，$\text{HeProjI}_{\backslash I}$ 独立分析这些子网，因此子网之间的不一致导致其性能不佳。NetClus 和 ComClus 都取得了可观的成绩。但是，与 ComClus 相比，论文中缺少引用信息可能会导致 NetClus 的表现更差。iTopicModel 和 NetPLSA 方法忽略了对象和关系的异质性，因此它们的性能很差。

表 4.7 DBLP 数据集上的聚类精确度

Accuracy		Paper (DBLP-S)	Venue (DBLP-S)	Author (DBLP-S)	Paper (DBLP-L)
HeProjI	Mean / Dev.	**0.857** / 0.043	**0.823** / 0.047	**0.725** / 0.034	**0.603** / 0.071
$\text{HeProjI}_{\backslash S}$	Mean / Dev.	0.781 / 0.077	0.753 / 0.069	0.698 / 0.057	0.566 / 0.113
$\text{HeProjI}_{\backslash I}$	Mean / Dev.	0.703 / 0.053	0.681 / 0.045	0.605 / 0.039	0.507 / 0.083
ComClus	Mean / Dev.	0.764 / 0.020	0.775 / 0.027	0.690 / 0.015	0.576 / 0.024
NetClus	Mean / Dev.	0.742 / 0.063	0.718 / 0.065	0.689 / 0.051	0.566 / 0.104
iTopicModel	Mean / Dev.	0.512 / 0.072	0.762 / 0.094	0.587 / 0.073	0.361 / 0.167
NetPLSA	Mean / Dev.	0.466 / 0.047	0.565 / 0.081	0.316 / 0.023	0.338 / 0.092

对于 SLAP 网络，已有的方法均无法直接解决。为了与其他算法进行比较，我们通过忽略对象的异质性将 SLAP 网络转换为同质网络。作为比较算法，经典谱聚类算法 NCut [19] 在同质网络上运行。投影序列为 $GO-G-C-T-Sub-Si$。HeProjI 使用与上述实验相同的参数，除了学习率 $\Theta[\theta_{G,GO},\theta_{GO,G},\theta_{G,C},\theta_{G,T},\theta_{C,Sub},\theta_{C,Si}] = [0.3,0.5,0.7,0.7,0.7,0.7]$。结果如表 4.8 所示。很显然，HeProjI 比 NCut 表现得更好。我们知道在不同类型的对象和关系上存在明显的差异，例如 $G-C$ 关系中的 70 672 个链接和 $G-GO$ 关系中的 2222 个链接。如果我们不考虑对象类型，就像 NCut 那样，簇

可能会严重失衡，从而导致 NCut 的不良性能。

表 4.8 SLAP 数据集上的聚类精确度

精确度	HeProjI		NCut	
	Mean	Dev.	Mean	Dev.
Gene	**0.68**	0.057	0.355	0.165
Chemical Compound	**0.437**	0.031	0.307	0.091
Gene Ontology	**0.557**	0.026	0.261	0.088
Tissue	**0.407**	0.066	0.293	0.09
Side Effect	**0.548**	0.098	0.25	0.056
Substructure	**0.481**	0.053	0.314	0.102

2. 排名有效性研究

为了评估 HeProjI 的排名有效性，我们对 HeProjI 和 NetClus 进行了排名准确性比较。我们利用 Microsoft Academic Search [10] 给出的会议排名作为基本事实。为了衡量排名结果的质量，我们采用了 [12] 中提出的距离标准，该标准计算了同一组对象的两个排名列表之间的差异。该标准不仅测量两个列表之间的不匹配数量，而且还给列表中的顶部不匹配对象提供了一个很大的惩罚项。距离越小意味着性能越好。

我们在 DBLP 数据集上测试了三种算法。除了 NetClus 之外，还有两个版本的 HeProjI（带有/不带 AI 的 HeProjI）。论文的引用被用作 AI 度量。我们提取不同研究领域的前 5 个和 10 个会议，然后计算它们的距离度量。此外，我们还比较了 HeProjI 和 NetClus 的全局排名的准确性。比较结果如图 4.13 所示。我们可以发现，在大多数情况下与 NetClus 相比，两个版本 HeProjI 可以获得更好的排名，因为它们的距离值更

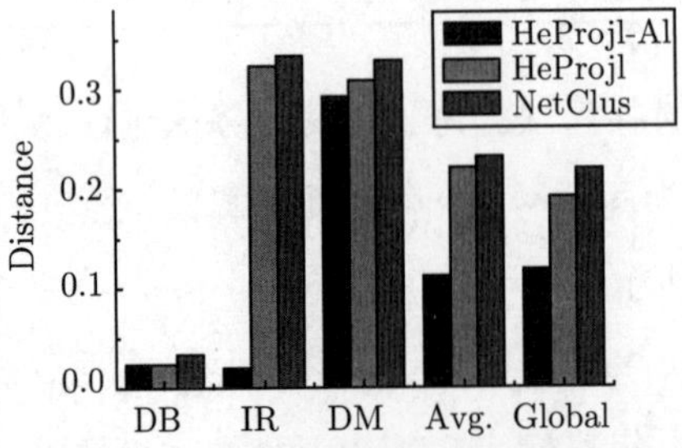

a) DBLP-S上前5

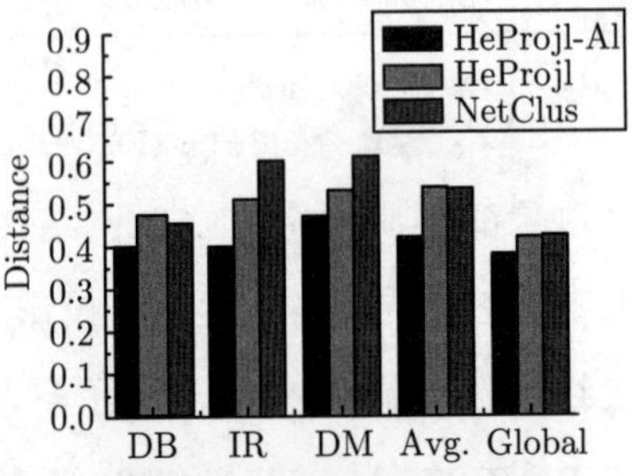

b) DBLP-L的AI&PR上前10

图 4.13 顶级会议的排名精度比较（距离越小，性能越好）

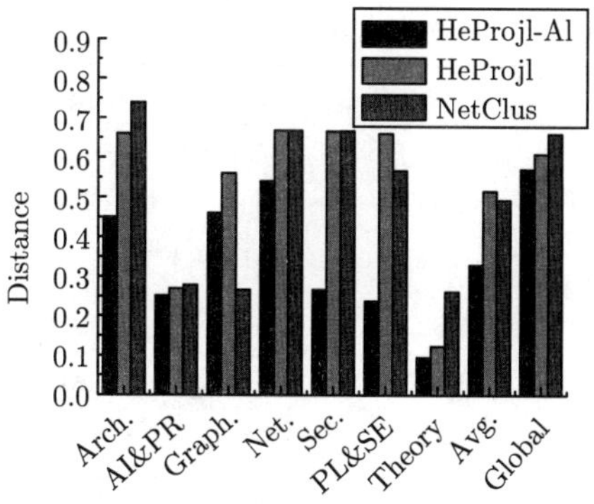

c) DBLP-L上前10

图 4.13 (续)

低。此外，HeProjI-AI 比 HeProjI 表现更好。在 DBLP 数据集中，论文的引用信息（即 AI）在很大程度上反映了论文的质量。

因此，在 HeProjI 中集成 AI 有助于提高论文的排名准确性。此外，引用信息还可以通过 P-V 关系提升会议的排名准确性（见式 4.30）。因此，HeProjI-AI 实现了最佳排名表现。

3. 案例分析

我们将 HeProjI 和 NetClus 的排名效果在 DBLP 数据集上进行了比较。我们使用全局排名来证明 HeProjI 方法的排名有效性。表 4.9 显示了 HeProjI 和 NetClus 在 DBLP-S 上排名前 15 的会议。从这些结果来看，HeProjI-AI 产生的会议排名更符合直觉。虽然很难在不同领域对会议进行排名，但每个领域内的顺序或多或少都已确定，而 HeProjI-AI 验证了该顺序。例如，在 DB 领域中，它是 SIGMOD、VLDB 和 ICDE，而在数据挖掘领域中，它是 KDD、ICDM 和 PKDD。但是，NetClus 会产生一些排序错误的会议。例如，在数据库会议中，SIGMOD 排名在 VLDB 和 ICDE 之后。由于 NetClus 无法利用其他 AI 信息（即论文的引用）并且倾向于获得与其链接数量成比例的排名，因此它倾向于给予一个好的但发表论文数较少的会议较差的排名（例如，PODS），并且给予发布大量的论文的会议更好的排名（例如，DEXA）。此外，对于不考虑 AI 信息的 HeProjI，由于对象的概率是通过基于随机游走的方法生成的，会议的排名基本上与它们的链接成正比。实验表明，HeProjI 方法可以灵活有效地整合异质信息，实现更合理的排序。详细的方法描述和验证实验可以在 [17] 中看到。

表 4.9 三种方法在 DBLP-S 上排名前 15 的会议

排名		1	2	3	4	5
HeProjI-AI	Venue	SIGMOD	VLDB	SIGIR	ICDE	KDD
	#Papers	2428	2444	2509	2832	1531
HeProjI	Venue	ICDE	SIGIR	VLDB	SIGMOD	CIKM
	#Papers	2832	2509	2444	2428	2204
NetClus	Venue	VLDB	ICDE	SIGMOD	SIGIR	KDD
	#Papers	2444	2832	2428	2509	1531
排名		**6**	**7**	**8**	**9**	**10**
HeProjI-AI	Venue	PODS	WWW	CIKM	ICDM	EDBT
	#Papers	940	1501	2204	1436	747
HeProjI	Venue	DEXA	KDD	WWW	ICDM	PAKDD
	#Papers	1731	1531	1501	1436	1030
NetClus	Venue	WWW	CIKM	ICDM	PODS	DEXA
	#Papers	1510	2204	1436	940	1731
排名		**11**	**12**	**13**	**14**	**15**
HeProjI-AI	Venue	PKDD	WSDM	PAKDD	DEXA	WebDB
	#Papers	680	198	1030	1731	972
HeProjI	Venue	PODS	EDBT	PKDD	ECIR	WSDM
	#Papers	1436	747	680	575	198
NetClus	Venue	PAKDD	EDBT	PKDD	WSDM	ECIR
	#Papers	1030	747	680	198	575

4.3 结论

元路径是异质信息网络的独特特征。它是一种有效的语义捕获工具，也是一种特征提取方法。因此，元路径在异质信息网络的数据挖掘任务中发挥着关键作用。在本章中，我们分别提供了两个关于排名和聚类的示例。特别地，我们研究了异质信息网络中的排名问题，并提出了一种基于路径的随机游走方法 HRank 框架。此外，我们研究了一般的异质信息网络中基于排序的聚类问题，并提出了一种新的算法 HeProjI，它将具有任意模式的一般 HIN 投影到一系列投影子网中，并迭代分析每个子网。实验不仅验证了它们的有效性，而且还说明了元路径的独特优势。

有很多值得研究的问题可以通过元路径来考虑。一方面，元路径可以用于其他数据挖掘任务，因此我们可以在更多应用上体现其功能和潜力。另一方面，我们需要设计更强大的工具来代替元路径，以捕获微妙的语义。

参考文献

1. Brin, S., Page, L.: The anatomy of a large-scale hyper textual web search engine. Comput. Netw. ISDN Syst. **30**(1–7), 1757–1771 (1998)
2. Chen, B., Ding, Y., Wild, D.: Assessing drug target association using semantic linked data. PLoS Comput. Biol. **8**(7)(e1002574), 1757–1771 (2012)
3. Grčar, M., Trdin, N., Lavrač, N.: A methodology for mining document-enriched heterogeneous information networks. Comput. J. **56**(3), 107–121 (2011)
4. Han, J.: Mining heterogeneous information networks by exploring the power of links. In: DS, pp. 13–30 (2009)
5. Jeh, G., Widom, J.: SimRank: a measure of structural-context similarity. In: KDD, pp. 538–543 (2002)
6. Ji, M., Sun, Y., Danilevsky, M., Han, J., Gao, J.: Graph regularized transductive classification on heterogeneous information networks. In: ECML/PKDD, pp. 570–586 (2010)
7. Kleinberg, J.M.: Authoritative sources in a hyperlinked environment. In: SODA, pp. 668–677 (1999)
8. Kong, X., Yu, P.S., Ding, Y., Wild, D.J.: Meta path-based collective classification in heterogeneous information networks. In: CIKM, pp. 1567–1571 (2012)
9. Mei, Q., Cai, D., Zhang, D., Zhai, C.: Topic modeling with network regularization. In: WWW, pp. 101–110 (2008)
10. Microsoft: Microsoft Academic. http://academic.research.microsoft.com
11. Newman, M.E.J., Girvan, M.: Finding and evaluating community structure in networks. Phys. Rev. E **69**(026113), 1757–1771 (2004)
12. Nie, Z., Zhang, Y., Wen, J.R., Ma, W.Y.: Object-level ranking: bringing order to web objects. In: WWW, pp. 567–574 (2005)
13. Page, L., Brin, S., Motwani, R., Winograd, T.: The pagerank citation ranking: bringing order to the web. In: Stanford InfoLab, pp. 1–14 (1998)
14. Shi, C., Kong, X., Yu, P.S., Xie, S., Wu, B.: Relevance search in heterogeneous networks. In: International Conference on Extending Database Technology, pp. 180–191 (2012)
15. Shi, C., Yan, Z., Cai, Y., Wu, B.: Multi-objective community detection in complex networks. Appl. Soft Comput. **12**(2), 850–859 (2012)
16. Shi, C., Zhou, C., Kong, X., Yu, P.S., Liu, G., Wang, B.: HeteRecom: a semantic-based recommendation system in heterogeneous networks. In: KDD, pp. 1552–1555 (2012)
17. Shi, C., Wang, R., Li, Y., Yu, P.S., Wu, B.: Ranking-based clustering on general heterogeneous information networks by network projection. In: CIKM, pp. 699–708 (2014)
18. Shi, C., Li, Y., Yu, P.S., Wu, B.: Constrained-meta-path-based ranking in heterogeneous information network. Knowl. Inf. Syst. **49**(2), 1–29 (2016)
19. Shi, J., Malik, J.: Normalized cuts and image segmentation. IEEE Trans. Pattern Anal. Mach. Intell. **22**(8), 888–905 (2000)
20. Sun, Y., Han, J., Gao, J., Yu, Y.: itopicmodel: information network-integrated topic modeling. In: ICDM, pp. 493–502 (2009)
21. Sun, Y., Han, J., Zhao, P., Yin, Z., Cheng, H., Wu, T.: RankClus: integrating clustering with ranking for heterogeneous information network analysis. In: EDBT, pp. 565–576 (2009)
22. Sun, Y., Yu, Y., Han, J.: Ranking-based clustering of heterogeneous information networks with star network schema. In: KDD, pp. 797–806 (2009)
23. Sun, Y., Norick, B., Han, J., Yan, X., Yu, P.S., Yu, X.: Integrating meta-Path selection with user-guided object clustering in heterogeneous information networks. In: KDD, pp. 1348–1356 (2012)
24. Sun, Y., Norick, B., Han, J., Yan, X., Yu, P.S., Yu, X.: Pathselclus: integrating meta-path selection with user-guided object clustering in heterogeneous information networks. ACM Trans. Knowl. Discov. Data **7**(3), 723–724 (2012)

25. Sun, Y.Z., Han, J.W., Yan, X.F., Yu, P.S., Wu, T.: PathSim: meta path-based top-K similarity search in heterogeneous information networks. In: VLDB, pp. 992–1003 (2011)
26. Tang, J., Zhang, J., Yao, L., Li, J., Zhang, L., Su, Z.: ArnetMiner: extraction and mining of academic social networks. In: KDD, pp. 990–998 (2008)
27. Wang, R., Shi, C., Yu, P.S., Wu, B.: Integrating clustering and ranking on hybrid heterogeneous information network. In: PAKDD, pp. 583–594 (2013)
28. Zhou, D., Orshanskiy, S.A., Zha, H., Giles, C.L.: Co-ranking authors and documents in a heterogeneous network. In: ICDM, pp. 739–744 (2007)

第 5 章 基于异质信息网络的推荐

摘要 近年来，对异质信息网络（HIN）的分析与研究引起了人们的广泛关注，目前人们已经在 HIN 上开展了许多数据挖掘工作。推荐系统作为数据挖掘中一项重要的工作，其包含许多对象类型（如电影推荐系统中的用户、电影、演员、兴趣小组）以及这些对象类型之间丰富的关系，而这些自然构成了一个 HIN。HIN 的全面的信息集成以及丰富的语义信息，使其能产生更好的推荐结果。在本章中，我们将介绍三个与 HIN 推荐相关的工作。其中一个工作是通过语义元路径进行推荐，另两个工作通过丰富的异质信息对传统的矩阵分解进行扩展。

5.1 基于语义路径的推荐

5.1.1 概述

近年来，一些研究 [5,9,24] 注意到了 HIN 对于推荐任务的好处，在推荐系统中，对象及其关系构成了一个异质信息网络（HIN）。图 5.1 展示了这样的一个例子。在电影推荐中，HIN 不仅包含了不同类型的对象（如用户和电影），还能表示对象之间的各种关系（如观看信息、社会关系、属性信息等）。通过构建异质网络来进行推荐可以有效地集成各种信息，使这些信息被充分利用。此外，网络中的对象和关系具有不同的语义，这可以用来揭示对象之间微妙的关系。例如，图 5.1 中的元路径“用户–电影–用户”表示观看同一部电影的用户，我们就可以通过观看记录来找到相似的用户。如果我们遵循此元路径来推荐电影，它将推荐与指定用户具有相同观看记录的用户观看过的电影，这本质上对应于协同过滤模型。同样，通过路径“用户–兴趣小组–用户”，我们可以找到兴趣相似的用户，而此路径对应于成员推荐 [25]。因此，我们可以根据连接用户的不同元路径生成的相似用户来直接进行推荐。此外，通过合理设置元路径，我们可以实现不同的推荐模型。然而，这个想法面临以下两个挑战。

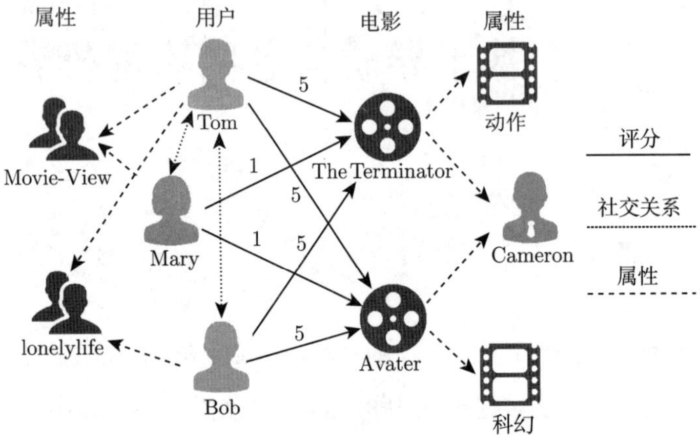

图 5.1　将电影推荐系统中的对象和关系构建成一个加权异质信息网络

首先，传统的 HIN 和元路径不能直接应用于推荐系统。我们知道传统的 HIN 和元路径不考虑链接上的属性值，然而在这个电影推荐网络中我们却需要考虑链接上的属性值。具体来说，在推荐系统中用户可以给每部观看过的电影一个评分，这个评分通常在 1 到 5 之间，如图 5.1 所示。在用户与电影的链接中，得分越高，表示用户对电影的喜爱程度越高。如果忽略评分，就可能会导致不好的相似用户挖掘结果。例如，根据路径“用户–电影–用户”，Tom 与 Mary 和 Tom 与 Bob 的相似性是相同的，因为他们都观看了相同的电影。而实际上由于完全不同的评分，他们可能会有完全不同的偏好。实际上，Tom 和 Bob 的爱好应该更相似，因为他们对相同的电影表现出了喜爱，都给出了高分，而 Mary 则可能和他们的爱好完全不同，因为她根本不喜欢 Tom 和 Bob 喜欢的电影。传统的元路径不允许链接具有属性值（例如上面例子中电影的评分）[19, 24]，因此不能揭示链接中微妙的差异。然而这些差异对于更准确地揭示对象之间的关系是非常重要的，尤其是在推荐系统中。因此，为了考虑链接上的属性值，我们需要扩展现有的 HIN 和元路径。此外，我们还迫切需要一种新的相似性度量方法。

其次，我们很难将来自多个元路径的信息有效地结合起来进行推荐。如前所述，不同的元路径会生成不同类型的相似用户，它们将产生不同的推荐结果。我们需要设计一种权重学习算法来把这些推荐结果结合起来，并且为每条路径分配一个可学习的权重偏好。一个好的权重学习算法应该能得到具有优先级和个性化的权重。也就是说，学习的权重可以表示路径的重要性，并且每个用户都应该有个性化的权重来体现其偏好。具有优先级和个性化的权重对于推荐是非常重要的，因为它们可以更深入地揭示用户的特征，更重要的是，这使得推荐更容易解释，因为元路径包含语义。例如，如果一个用户在“用户–兴趣小组–用户”路径上有非常高的优先级，那么我们可以解释为其推荐的电影大部分来自他所加入的兴趣小组中的用户观看过的电影。不幸的是，学习个性化权重时可能会受用户评分稀疏的影响，尤其是对于那些几乎没有评分信息的用户。原因在于需要学习的参数太多，而评分信息往往不足。

在本章中，针对信息网络中链接上广泛存在的属性值，我们将对 HIN 和元路径进行扩展。首先提出加权 HIN 和加权元路径的概念，通过区分链接上的属性值，将能更精确地揭示对象之间的关系。我们设计一种新的相似性度量方法，并使得现有的基于路径的相似性度量方法仍然可用，而不是为加权元路径设计一种特殊的相似性度量方法。进一步，我们提出基于语义路径的个性化推荐方法 SemRec，通过设置元路径灵活地集成异质信息。在 SemRec 中，我们设计了一种新的权值正则化项来获得路径上的个性化权值偏好，利用相似用户权值偏好的一致性规则来缓解评分稀疏的问题。

5.1.2 基于异质网络的推荐框架

在本节中，我们将描述本章中所要使用的符号，并介绍一些预备知识。

1. 基本概念

HIN 是一种特殊类型的信息网络，其底层数据结构是包含多种类型的对象或多种类型的链接的有向图。传统的 HIN 不考虑链接上的属性值，然而许多实际的网络链接上都含有属性值。例如，在电影推荐系统中，用户通常会给电影一个在 1 至 5 之间的评分；在文献网络中，论文与作者间的“作者”关系可以取值（如 1、2、3）来表示论文作者的顺序。在这一章中，我们正式提出了加权异质信息网络的概念，并用加权异质信息网络来处理这种情况。

定义 5.1（加权信息网络） 给定模式 $S=(\mathtt{A},\mathtt{R},\mathtt{W})$，其由对象类型集合 $\mathtt{A}=\{A\}$，连接对象对的关系类型集合 $\mathtt{R}=\{R\}$，和关系的属性值集合 $\mathtt{W}=\{W\}$ 组成。**加权信息网络**定义为一个有向图 $G=(V,E,W)$，其包含一个对象类型映射函数 $\varphi:V\rightarrow\mathtt{A}$，一个链接类型映射函数 $\psi:E\rightarrow\mathtt{R}$，和一个属性值类型映射函数 $\theta:W\rightarrow\mathtt{W}$。每个对象 $v\in V$ 属于一个特定的对象类型 $\varphi(v)\in\mathtt{A}$，每个链接 $e\in E$ 属于一个特定的关系类型

$\psi(e) \in \mathtt{R}$，每个属性值 $w \in W$ 属于一个特定的属性值类型 $\theta(w) \in \mathtt{W}$。当对象类型 $|\mathtt{A}| = 1$ 且关系类型 $|\mathtt{R}| = 1$ 时，该网络是一个**同质信息网络**。当对象类型 $|\mathtt{A}| > 1$（或关系类型 $|\mathtt{R}| > 1$）且属性值类型 $|\mathtt{W}| = 0$ 时，该网络是一个**非加权异质信息网络**。当对象类型 $|\mathtt{A}| > 1$（或关系类型 $|\mathtt{R}| > 1$）且属性值类型 $|\mathtt{W}| > 0$ 时，该网络是一个**加权异质信息网络**（WHIN）.

传统的 HIN 是一种非加权的 HIN，其关系上没有属性值，或不考虑属性值。而对于 WHIN，其某些关系类型上存在属性值，这些属性值可以是离散的，也可以是连续的。

例子 5.1 电影推荐系统可以构建为一个加权异质信息网络，其网络模式如图 5.2a 所示。该网络包含六种实体对象（如用户、电影、兴趣小组、演员）和它们之间的关系。对象间的链接表示它们之间不同的关系。例如，用户与用户之间存在链接，表示他们是好友关系；用户与电影之间存在链接，表示评分与被评分的关系。此外，网络中还包含了用户与电影之间评分关系的一类属性值（取值范围为 1 到 5）。

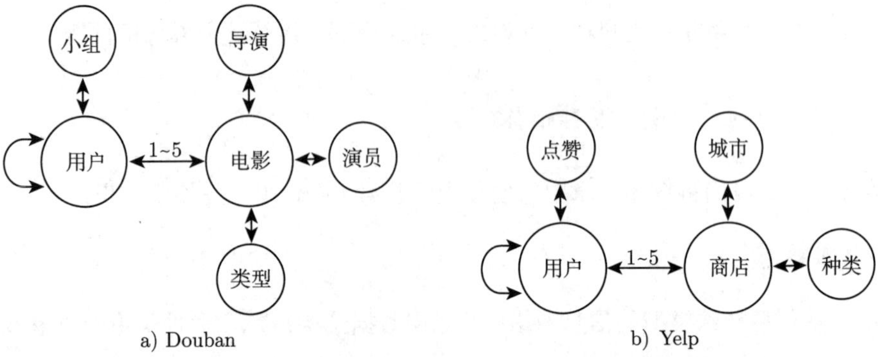

图 5.2 由两个数据集构成的加权异质信息网络的网络模式

HIN 中的两个对象可以通过不同的路径连接，这些路径代表着不同的含义。如图 5.2a 所示，用户可以通过“用户–用户”（UU）路径、“用户–小组–用户”（UGU）路径、“用户–电影–用户”（UMU）等路径进行连接。这些路径称为元路径，即对象类型之间一系列关系的组合。虽然元路径被广泛用于揭示对象之间的语义 [20]，但在 WHIN 中其无法区分两个对象的属性值。例如，如果在以上电影推荐中忽略用户对电影的评分，我们可能会得到不正确的结果。考虑这样一个场景，我们使用图 5.1 中 Tom 的观看记录组成的 UMU 路径来寻找相似的用户。我们可以推断出 Tom 与 Mary、Bob 两人的爱好非常相似，因为他们有相同的观看记录。然而，Tom 和 Mary 明显有着完全不同的偏好。由此看出，UMU 路径不能很好地表示出不同用户对同一电影的不同评分。为了有效利用 WHIN 的语义，我们扩展了传统的元路径，考虑关系上的属性值。不失一般性，我们假设关系上的属性值是离散的。对于关系上的连续属性值，我们可以将其转换为离散属性值。

定义 5.2（WHIN 上的扩展元路径） 扩展元路径是基于关系上的某种属性值约束的元路径，表示为 $A_1 \xrightarrow{\delta_1(R_1)} A_2 \xrightarrow{\delta_2(R_2)} \xrightarrow{\delta_l(R_l)} A_{l+1}|\mathtt{C}$（也表示为 $A_1(\delta_1(R_1))A_2(\delta_2(R_2))\cdots\cdots(\delta_l(R_l))A_{l+1}|\mathtt{C}$）。若关系 R 的连接有属性值，则属性值函数 $\delta(R)$ 是关系 R 的属性值范围内的一组值，否则 $\delta(R)$ 是一个空集。$A_i \xrightarrow{\delta_i(R_i)} A_{i+1}$ 代表在 A_i 和 A_{i+1} 之间，基于属性值 $\delta_i(R_i)$ 的关系 R_i。属性值函数的约束 C 是属性值函数之间的一组关联约束。如果元路径中的所有属性值函数都是空集（对应的约束 C 也是空集），则称该路径为**未加权元路径**，否则称该路径为**加权元路径**。

注意传统的元路径是未加权元路径，可以认为是加权元路径的特殊情况。

例子 5.2 以图 5.2a 为例，用户 U 与电影 M 的评分关系取值从 1 到 5。加权元路径 $U \xrightarrow{1} M$（即 $U(1)M$）表示被用户评分为 1 的电影，代表这些用户不喜欢这些电影。加权元路径 $U \xrightarrow{1,2} M \xrightarrow{1,2} U$（即 $U(1,2)M(1,2)U$）表示用户与目标用户不喜欢相同的电影，而未加权元路径 UMU 只能反映用户具有相同的观看记录。此外，我们可以灵活地在加权元路径中属性值函数对不同关系的设置关联约束。例如路径 $U(i)M(j)U|i=j$ 表示用户对某些电影的评分与目标用户完全相同。在这条路径下，我们容易发现在图 5.1 中 Tom 和 Bob 非常相似，而他们与 Mary 则完全不同。

2. 基于异质网络的推荐

对于目标用户，推荐系统通常根据其相似的用户来推荐。在 HIN 中，有许多连接用户的元路径，例如“用户–用户”和“用户–电影–用户”。基于这些不同的路径，用户将具有不同的相似性。在这里，我们将基于路径的相似性定义如下。

定义 5.3（基于路径的相似性） 在 HIN 中，两个对象的基于路径的相似性是基于给定的连接这两个对象的元路径的相似性评估。

在获得基于路径的用户相似性之后，我们可以根据目标用户的相似用户来推荐。更重要的是，连接用户的元路径具有不同的语义，可以表示不同的推荐模型。如图 5.2a 所示，“用户–用户”（UU）表示目标用户的好友。如果我们根据该路径生成的用户相似性来推荐电影，那么它将推荐给目标用户的好友所观看过的电影，这是基于社交的推荐。另一个例子是“用户–电影–用户”（UMU），表示与目标用户看了相同电影的用户。按照此路径，它将推荐与目标用户有相似观看记录的用户所观看的电影。它本质上是协同推荐。表 5.1 给出了其他具有代表性的路径和相应的推荐模型。基于 HIN 框架，通过合理设置元路径，可以灵活表示不同的推荐模型。

表 5.1 元路径的含义及其相应的推荐模型

元路径	语义含义	推荐模型
UU	目标用户的好友	社交推荐
UGU	与目标用户同一组的用户	会员推荐
UMU	和目标用户看相同电影的用户	协同推荐
$UMTMU$	看了与目标用户相同类型电影的用户	内容推荐

3. 基于加权元路径的相似性度量

元路径上的相似性度量已经得到了深入的研究，人们已经提出了几种在 HIN 上的基于路径的相似性度量算法，如 PathSim[19]、PCRW[6] 和 HeteSim[16]。但是这些相似性度量方法却不能直接应用于加权元路径中，因为它们没有考虑关系上的属性值约束。我们知道，基于路径的相似性度量的本质，是计算元路径上能连接两个对象的路径占所有可能路径的比例 [19]，因此加权元路径上的路径必须满足属性值约束。此外，关系上的属性值可能是一个变量，甚至是相关联的变量。以 $U(i)M(j)U|i=j$ 路径为例，属性值 i 和 j 是 1 到 5 之间的变量，并满足约束 $i=j$。对于这类路径，现有的基于路径的相似性度量无法处理。

为了解决加权元路径中的变量甚至相关联的属性值约束，我们将扩展元路径的概念，提出一种使现有的基于路径的相似性度量仍然可行的通用方法，而不是提出一种特殊的相似性度量方法。具体来说，我们可以将加权元路径分解为一组具有固定属性值约束的原子元路径。对于原子元路径，我们可以直接使用现有的基于路径的相似性度量方法。

定义 5.4（原子元路径） 如果加权元路径中的所有属性值函数 $\delta(R)$ 都取一个特定的值，则称该路径为**原子元路径**。一个加权元路径被称为**一组原子元路径**，则其包含的所有原子元路径满足约束 C。

例子 5.3 以图 5.2a 为例，$U(1)M(1)U$ 和 $U(1)M(2)U$ 都是原子元路径。加权元路径 $U(i)M(j)U|i=j$ 是由 5 个原子元路径组成的一组原子元路径（如 $U(1)M(1)U$ 和 $U(2)M(2)U$ 等）。

由于加权元路径对应一组原子元路径，则基于加权元路径的相似性度量可以看作是基于相应的原子元路径的相似性度量的和。因此，基于加权元路径的相似性度量方法的两个步骤如下:(1)利用已有的基于路径的度量方法，评估每条原子元路径的相似性;(2)对加权元路径中所有原子元路径的相似性求和。注意，在相似性度量中，需要考虑一些基于路径的相似性度量方法（比如 PathSim[19] 和 HeteSim[16]）中存在的标准化项带来的影响。以 PathSim 为例，我们在图 5.3 中展示了其沿传统元路径和加权元路径的计算过程，其中 3 个用户和 2 部电影的评分矩阵来自图 5.1。我们知道，PathSim 计算传统元路径上连接两个对象的路径实例的数量（如图 5.3 上半部分所示）并加以标准化，因此它认为用户都是相同的。如图 5.3 下半部分所示，PathSim 在加权元路径上，首先对每个原子元路径上的路径实例进行计数，然后在标准化之前，对所有原子元路径上的路径实例数求和，从而更准确地发现只有 u_1 和 u_3 是相似的，因为他们看电影有着相同的偏好。

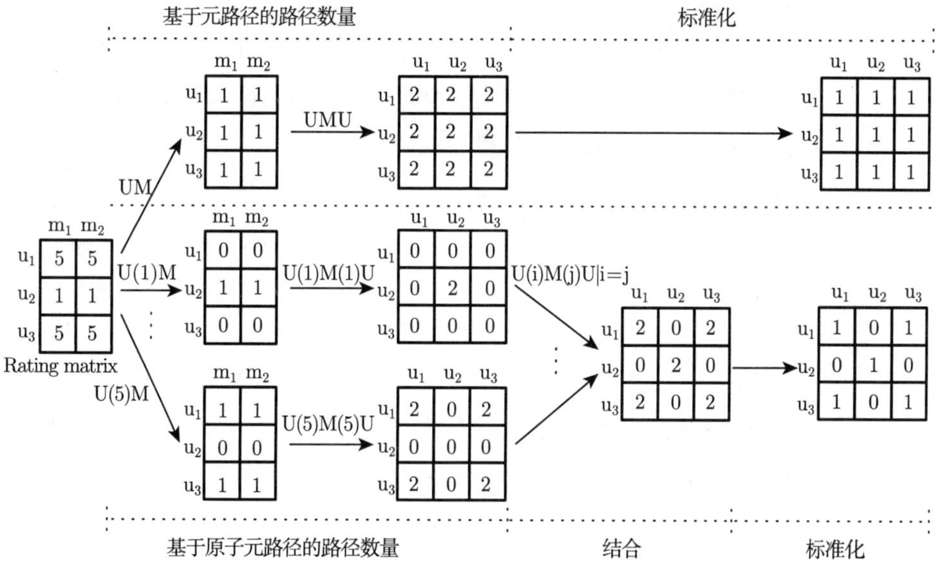

图 5.3 基于传统的加权元路径的 PathSim 相似性度量

5.1.3 SemRec 算法

在本节中，我们提出一种基于语义路径的个性化推荐算法（**SemRec**）来预测推荐项的得分。具体来说，SemRec 首先根据加权或非加权元路径对用户的相似性进行评估，然后根据相似用户的评分预测出该推荐项的得分。根据不同的元路径，用户将获得不同的推荐结果。现在对我们而言，如何有效地结合这些由不同元路径生成的推荐结果将会是一个挑战。我们需要在不同的元路径上设置不同的优先级。这将为每个元路径分配优先权重。当上下文清楚时，我们将优先权重简称为权重，使其不会与加权元路径中的链接的权重混淆。而在学习权重时会有两方面的困难：(1) 优先权重：即学习的权重应体现路径的重要程度，反映用户的偏好。然而基于不同路径的相似性评价存在显著偏差，使得路径的优先权重难以反映路径的重要程度。例如，关系稠密的路径的相似性评价可能都较高，而关系稀疏的相似性评价可能就很低。因此，基于不同路径的相似性评价不能很好地反映两个对象的相似度。SemRec 设计了一种对评分强度标准化的操作，消除了相似性的偏差，使权重能更好地反映路径的重要程度。(2) 个性化权重：即最好先了解每个用户的权重偏好。然而，个性化的权重学习可能会遇到评分稀疏的问题，因为许多用户几乎没有评分信息。为了缓解个性化权重学习时评分稀疏的问题，我们提出了*相似用户权重偏好的一致性规则*。也就是说，我们假设两个相似的用户在所有元路径上具有一致的优先权重。虽然它是合理的，但以前很少使用。两个用户基于一条元路径相似，意味着该路径对这两个用户有相似的影响。也就是说，这些用户在路径上具有一致的优先权重。根据这一原则，我们设计了一种新的权重正则化方法，有效地缓解了个性化权重学习中评分稀疏的问题。

在接下来的章节中，我们首先设计了基于单一路径的基本推荐方法。在此基础上，我们提出了三个级别的基于多路径的个性化推荐方法：用户统一权重、用户个性化权重，正则的个性化权重。

1. 基于单一路径的推荐

根据基于路径的用户相似性，我们可以在给定路径下找到目标用户的相似用户，然后根据目标用户的相似用户对该项的评分来推断目标用户对该项的评分。假设评分范围为 1 到 N (如 N=5)；P 是一组未加权或加权的元路径；$\boldsymbol{R} \in \mathbf{R}^{|U|\times|I|}$ 是评分矩阵，$R_{u,i}$ 表示用户 u 对物品 i 的评分；$\boldsymbol{S} \in \mathbf{R}^{|U|\times|U|}$ 是基于路径的用户相似矩阵，$S_{u,v}^{(l)}$ 是用户 u 和用户 v 基于路径 P_l 的相似性。这里我们定义*评分强度* $\boldsymbol{Q} \in \mathbf{R}^{|U|\times|I|\times N}$，$Q_{u,i,r}^{(l)}$ 代表用户 u 在路径 P_l 下对物品 i 的评分为 r 的强度。$Q_{u,i,r}^{(l)}$ 取决于两方面：对物品 i 评分为 r 的相似用户的数量和用户的相似性。因此我们用对物品 i 评分为 r 的用户的相似性之和来计算得到 $Q_{u,i,r}^{(l)}$。

$$
\begin{aligned}
Q_{u,i,r}^{(l)} &= \sum_{v} S_{u,v}^{(l)} \times E_{v,i,r} \\
E_{v,i,r} &= \begin{cases} 1 & R_{v,i} = r \\ 0 & \text{其他} \end{cases}
\end{aligned}
\tag{5.1}
$$

其中 $E_{v,i,r}$ 表示用户 v 是否对物品 i 的评分为 r。

在元路径 P_l 下，用户 u 对物品 i 的评分范围为 1 到 N，且它们具有不同的评分强度 $Q^{(l)}_{u,i,r}$。所以在路径 P_l 下用户 u 对物品 i 的预测评分记为 $\hat{R}^{(l)}_{u,i}$，可以计算为以相应的标准化强度加权后的平均评分。

$$\hat{R}^{(l)}_{u,i} = \sum_{r=1}^{N} r \times \frac{Q^{(l)}_{u,i,r}}{\sum_{k=1}^{N} Q^{(l)}_{u,i,k}} \tag{5.2}$$

$\hat{\boldsymbol{R}}^{(l)} \in \mathbf{R}^{|U|\times|I|}$ 表示路径 P_l 下的预测评分矩阵。

根据式 5.2，我们可以预测用户在给定路径下对某一项的评分，然后向目标用户推荐得分较高的物品。此外，式 5.2 还有一个优点，它消除了不同元路径下的相似性偏差。我们知道，不同元路径下的用户相似性具有不同的尺度，这使得不同路径之间的相似性评估和评分强度是无法比较的。式 5.2 中的标准化评分强度能够消除不同尺度间的差异。

2. 基于多路径的推荐

在不同的元路径下有不同的预测评分，为了计算综合得分，我们提出了三种不同的权重学习方法，分别对应不同级别的用户个性化权重。

用户统一权重学习 对于所有用户，我们给每个元路径分配统一的权重，表示该路径上的用户偏好。这个加权向量记为 $\boldsymbol{w} \in \mathbf{R}^{1\times|P|}$，$\boldsymbol{w}^{(l)}$ 表示路径 P_l 上的权重。所有元路径下的最终预测评分记为 $\hat{R}_{u,i}$，是每个元路径下的预测评分的加权和。

$$\hat{R}_{u,i} = \sum_{l=1}^{|P|} \boldsymbol{w}^{(l)} \times \hat{R}^{(l)}_{u,i} \tag{5.3}$$

我们希望预测评分矩阵 $\hat{\boldsymbol{R}} \in \mathbf{R}^{|U|\times|I|}$ 能和实际的评分矩阵 $\boldsymbol{R}$ 尽可能地接近。因此，直接优化目标可以定义为实际评分与预测评分之间的平方差。

$$\begin{aligned} \min_{\boldsymbol{w}} \mathrm{L}_1(\boldsymbol{w}) &= \frac{1}{2}||Y \odot \left(R - \sum_{l=1}^{|P|} \boldsymbol{w}^{(l)} \hat{R}^{(l)}\right)||_2^2 + \frac{\lambda_0}{2}||\boldsymbol{w}||_2^2 \\ s.t. \qquad & \boldsymbol{w} \geqslant 0 \end{aligned} \tag{5.4}$$

这里的符号 $\odot$ 是矩阵的 Hadamard 乘积（也称为 entrywise 乘积），$||\cdot||_p$ 是矩阵的 L^p- 范数。$\boldsymbol{Y}$ 是一个指标矩阵，当用户 u 对物品 i 进行了评分时 $Y_{u,i} = 1$ ，否则 $Y_{u,i} = 0$。

用户个性化权重学习 上述优化目标有一个基本假设：所有用户都具有相同的路径偏好。然而，在许多实际应用中，每个用户都有自己的兴趣偏好。统一的权重不能为用户提供个性化推荐。为实现个性化的推荐，我们在元路径上为每个用户分配权重向量。权重矩阵表示为 $\boldsymbol{W} \in \mathbf{R}^{|U|\times|P|}$，其中每一项 $W_u^{(l)}$，表示用户 u 在路径 P_l 上的偏好权重。列向量 $\boldsymbol{W}^{(l)} \in \mathbf{R}^{|U|\times 1}$ 表示路径 P_l 上所有用户的加权向量。所以用户 u 在所有路径下对物品 i 的预测评分 $\hat{R}_{u,i}$ 如下：

$$\hat{R}_{u,i} = \sum_{l=1}^{|P|} W_u^{(l)} \times \hat{R}_{u,i}^{(l)} \tag{5.5}$$

同理，我们可以将优化目标定义为：

$$\begin{aligned} \min_{W} \mathrm{L}_2(\boldsymbol{W}) &= \frac{1}{2}||Y \odot \left(R - \sum_{l=1}^{|P|} diag(\boldsymbol{W}^{(l)})\hat{R}^{(l)}\right)||_2^2 + \frac{\lambda_0}{2}||\boldsymbol{W}||_2^2 \\ s.t. \qquad & W \geqslant 0 \end{aligned} \tag{5.6}$$

其中 $diag(\boldsymbol{W}^{(l)})$ 表示由向量 $\boldsymbol{W}^{(l)}$ 变换而成的对角矩阵。

正则的个性化权重学习 虽然式 5.6 考虑了用户的个性化权重，但是对于评分信息较少的用户，可能很难有效地对权重进行学习。要学习 $|U| \times |P|$ 个权重参数，而训练样本通常比 $|U| \times |I|$ 小很多。训练样本通常不足以进行权重学习，特别是对于那些冷启动用户和物品。根据上述提到的相似用户权重偏好的一致性规则，一个用户的路径权重应该与其相似用户的路径权重一致。对于评分信息较少的用户，其路径权重可以从相似用户的权重中学习，因为用户的相似信息更容易通过元路径获得。因此，我们设计了一个权重正则化项如下，它使用户的权重与相似用户的平均权重保持一致。

$$\sum_{u=1}^{|U|}\sum_{l=1}^{|P|}(W_u^{(l)} - \sum_{v=1}^{|U|}\bar{S}_{u,v}^{(l)}W_v^{(l)})^2 \tag{5.7}$$

其中 $\bar{S}_{u,v}^{(l)} = \dfrac{S_{u,v}^{(l)}}{\sum_v S_{u,v}^{(l)}}$ 为基于路径 P_l 的标准化的用户相似性。为了方便，权重正则化项可以写成矩阵形式：

$$\sum_{l=1}^{|P|}||\boldsymbol{W}^{(l)} - \bar{S}^{(l)}\boldsymbol{W}^{(l)}||_2^2 \tag{5.8}$$

因此，优化目标定义如下：

$$\begin{aligned}\min_{\boldsymbol{W}} \mathrm{L}_3(\boldsymbol{W}) = & \frac{1}{2}\left\| Y \odot \left(R - \sum_{l=1}^{|P|} diag(\boldsymbol{W}^{(l)})\hat{R}^{(l)} \right) \right\|_2^2 \\ & + \frac{\lambda_1}{2}\sum_{l=1}^{|P|} ||\boldsymbol{W}^{(l)} - \bar{S}^{(l)}\boldsymbol{W}^{(l)}||_2^2 + \frac{\lambda_0}{2}||\boldsymbol{W}||_2^2 \\ s.t. \quad & \boldsymbol{W} \geqslant 0\end{aligned} \tag{5.9}$$

上述优化目标是一个非负二次规划问题，非负矩阵分解的一个简单特例。利用非负边界约束优化的投影梯度方法可以解决这一问题 [7]。式 5.9 中 $W_u^{(l)}$ 的梯度可计算如下：

$$\begin{aligned}\frac{\partial \mathrm{L}_3(W)}{\partial W_u^{(l)}} = & -\left(Y_u \odot \left(R_u - \sum_{l=1}^{|P|} W_u^{(l)}\hat{R}_u^{(l)} \right) \right)^T \hat{R}_u^{(l)} + \lambda_0 W_u^{(l)} \\ & + \lambda_1(W_u^{(l)} - \bar{S}_u^{(l)}\boldsymbol{W}^{(l)}) - \lambda_1 \bar{S}_u^{(l)T}(\boldsymbol{W}^{(l)} - \bar{S}^{(l)}\boldsymbol{W}^{(l)})\end{aligned} \tag{5.10}$$

$W_u^{(l)}$ 可更新如下：

$$W_u^{(l)} = \max\left(0, W_u^{(l)} - \alpha\frac{\partial \mathrm{L}_3(W)}{\partial W_u^{(l)}}\right) \tag{5.11}$$

其中 α 是步长，可以根据 [7] 来设置。算法 1 展示了这个版本的 SemRec 算法框架。

Algorithm 1 SemRec 算法框架

Require:

G: 加权 HIN

P: 连接用户的元路径

λ_0 和 λ_1: 控制参数

α: 更新参数的步长

ε: 收敛误差

Ensure:

$\boldsymbol{W}$：所有元路径下所有用户的权重矩阵

1: **for** $P_l \in P$ **do**

2: 估计用户相似性 $S^{(l)}$

3: 用式子 5.1 计算评分强度 $Q^{(l)}$

4: 用式子 5.2 计算预测评分 $\hat{R}^{(l)}$

5: **end for**

6: 初始化 $\boldsymbol{W} > 0$

7: **repeat**

$W_{old} := W$

用式子 5.10 计算 $\frac{\partial L_3(W)}{\partial W}$

$W := \max\left(0, W - \alpha \frac{\partial L_3(W)}{\partial W}\right)$

until $|W - W_{old}| < \varepsilon$

5.1.4 实验

在本节中，两个实际数据集的大量实验说明了 SemRec 的特性。我们首先验证了 SemRec 的有效性，特别是对于冷启动问题。然后，我们深入探讨了权重学习的意义，并验证了所提出的加权元路径的优点。

1. 实验设置

为了获得更全面的异质信息，我们从国内知名社交媒体网站－豆瓣㊀上抓取了一个新的数据集。数据集包括 13 367 名用户、12 677 部电影以及 1 068 278 条 1 到 5 之间的电影评分。该数据集包括用户之间的社交关系以及用户和电影的属性信息。另一个数据集是 Yelp challenge 数据集㊁。该数据集包含用户对当地企业的评分以及用户和企业的属性信息。该数据集包括 16 239 名用户和 14 284 家当地企业以及 198 397 条在 1 到 5 之间的评分。这两个数据集的详细描述见表 5.2，它们的网络模式如图 5.2 所示。我们可以发现这两个数据集有不同的性质。豆瓣数据集的评分关系密集但社交关系稀疏，Yelp 数据集的评分关系稀疏但社交关系密集。

我们采用均方根误差（RMSE）和平均绝对误差（MAE）这两种常用的度量指标来衡量预测评分的质量。

$$RMSE = \sqrt{\frac{\sum_{(u,i)\in R_{test}} (R_{u,i} - \hat{R}_{u,i})^2}{|R_{test}|}} \tag{5.12}$$

$$MAE = \frac{\sum_{(u,i)\in R_{test}} |R_{u,i} - \hat{R}_{u,i}|}{|R_{test}|} \tag{5.13}$$

其中 $R_{u,i}$ 表示用户 u 对物品 i 的实际评分，$\hat{R}_{u,i}$ 表示预测评分。R_{test} 表示整个测试集。越小的 MAE 或 RMSE 意味着更好的性能。

㊀ http://movie.douban.com/。

㊁ http://www.yelp.com/dataset_challenge/。

表 5.2　豆瓣和 Yelp 数据集信息统计情况

数据集	Relations (A-B)	Number of A	Number of B	Number of (A-B)	Ave. Degrees of A/B
Douban	User-Movie	13 367	12 677	1 068 278	79.9/84.3
	User-User	2440	2294	4085	1.7/1.8
	User-Group	13 337	2753	570 047	42.7/207.1
	Movie-Director	10 179	2449	11 276	1.1/4.6
	Movie-Actor	11 718	6311	33 587	2.9/5.3
	Movie-Type	12 676	38	27 668	2.2/728.1
Yelp	User-Business	16 239	14 284	198 397	12.2/13.9
	User-User	10 580	10 580	158 590	15.0/15.0
	User-Compliment	14 411	11	76 875	5.3/6988.6
	Business-City	14 267	47	14 267	1.0/303.6
	Business-Category	14 180	511	40 009	2.8/78.3

为了证明所提出的 SemRec 的有效性，我们将 SemRec 的 4 个变种方法与当前最好的方法进行比较。除了正则的个性化权重学习方法外（称为 $\text{SemRec}_{\text{Reg}}$），还有包括 SemRec 的 3 种特殊情况：基于单路径的方法（称为 $\text{SemRec}_{\text{Sgl}}$），用户统一权重学习方法（称为 $\text{SemRec}_{\text{All}}$）和用户个性化权重学习方法（称为 $\text{SemRec}_{\text{Ind}}$）。本文以四种具有代表性的评分预测方法为基准进行如下说明。注意，这里不包括最常用的"top k 推荐方法"[5,24]，因为它们是用来解决不同问题的。

- **PMF** [14]：是一种基本的矩阵分解方法，仅使用"用户–物品"矩阵进行推荐。
- **SMF** [13]：在 PMF 中加入了社交正则化项，目的是让用户与其朋友之间的潜在因素更接近。
- **CMF**[8]：一种协同矩阵分解方法，它对 HIN 中的所有关系进行分解，并在不同关系中共享同一对象类型的潜在因素。
- **HeteMF** [22]：提出了一种基于实体相似性正则化的矩阵分解方法，该方法也利用了 HIN 中的关系。

我们对两个数据集都采用了 5 条有意义的元路径，路径长度都不超过 4，原因是较长的元路径没有意义，也不能产生较好的相似性度量结果 [19]。表 5.3 展示了包含加权元路径和未加权元路径的路径。对于 SemRec，我们使用 PathSim[19] 作为相似性度量方法来计算用户之间的相似性。SemRec 中，当参数 λ_0 为 0.01，λ_1 为 10^3 时性能最佳。其他方法中的参数均设置为在这些数据集上取得最好性能的参数值。

表 5.3 实验中使用的元路径

Douban	Yelp
UGU	UU
$U(i)M(j)U\|i=j$	$UCoU$
$U(i)MDM(j)U\|i=j$	$U(i)B(j)U\|i=j$
$U(i)MAM(j)U\|i=j$	$U(i)BCaB(j)U\|i=j$
$U(i)MTM(j)U\|i=j$	$U(i)BCiB(j)U\|i=j$

2. 有效性实验验证

对于豆瓣数据集，我们采用不同比例的数据作为训练数据场景（20%、40%、60%、80%）来比较不同数据稀疏性下的结果。以 20%的训练数据为例（即从“用户–物品”评分矩阵中随机抽取 20%的评分作为训练数据，预测剩下的 80%）。从表 5.2 可以看出，豆瓣数据集的评分关系比较密集，而 Yelp 的评分关系非常稀疏。所以我们在 Yelp 数据上选取更多数据作为训练数据（60%、70%、80%、90%）。我们随机选择数据，重复 10 次并保证每次独立，平均结果如表 5.4 所示。注意 $\text{SemRec}_{\text{Sgl}}$ 报告的是这 5 条元路径上能取得的最佳结果。

表 5.4 有效性实验结果（Res. 和 Imp. 分别是 Result 和 Improvement 的缩写（提升比例是以 PMF 为参考基准）.

数据集	方法	指标	20%		40%		60%		80%		运行时间 (s)
			Res.	Imp.	Res.	Imp.	Res.	Imp.	Res.	Imp.	
Douban	PMF	RMSE	0.9750		0.8455		0.7975		0.7673		260.25
		MAE	0.7198		0.6319		0.6010		0.5812		
	SMF	RMSE	0.9743	0.07%	0.8449	0.07%	0.7967	0.10%	0.7674	−0.01%	266.78
		MAE	0.7192	0.08%	0.6313	0.09%	0.6002	0.13%	0.5815	−0.05%	
	CMF	RMSE	0.9285	4.77%	0.8273	2.15%	0.8042	−0.84%	0.7741	−0.89%	509.31
		MAE	0.6971	3.15%	0.6263	0.89%	0.6090	−1.33%	0.5900	−1.51%	
	HeteMF	RMSE	0.8513	12.69%	0.7796	7.79%	0.7601	4.69%	0.7550	1.60%	736.85
		MAE	0.6342	11.89%	0.5927	6.20%	0.5800	3.49%	0.5758	0.93%	
	$\text{SemRec}_{\text{Sgl}}$	RMSE	0.8434	13.50%	0.8138	3.75%	0.7937	0.48%	0.7846	−2.25%	0
		MAE	0.6506	9.61%	0.6351	−0.51%	0.6172	−2.70%	0.6142	−5.68%	
	$\text{SemRec}_{\text{All}}$	RMSE	0.8125	16.67%	0.7814	7.58%	0.7709	3.34%	0.7656	0.22%	1.44
		MAE	0.6309	12.35%	0.6149	2.69%	0.6098	−1.46%	0.6072	−4.47%	
	$\text{SemRec}_{\text{Ind}}$	RMSE	0.8753	10.23%	0.8083	4.40%	0.7729	3.08%	0.7540	1.73%	155.98
		MAE	0.6412	10.92%	0.6032	4.54%	0.5840	2.83%	0.5739	1.26%	
	$\text{SemRec}_{\text{Reg}}$	RMSE	0.7844	19.55%	0.7452	11.86%	0.7296	8.51%	0.7216	5.96%	293.14
		MAE	0.6054	15.89%	0.5808	8.09%	0.5698	5.19%	0.5639	2.98%	

（续）

数据集	方法	指标	20%		40%		60%		80%		运行
			Res.	Imp.	Res.	Imp.	Res.	Imp.	Res.	Imp.	时间 (s)
Yelp	PMF	RMSE	1.6779		1.5931		1.5323		1.4833		31.8
		MAE	1.2997		1.2262		1.1740		1.1324		
	SMF	RMSE	1.4843	11.54%	1.4017	12.01%	1.3678	10.74%	1.3377	9.82%	51.19
		MAE	1.0830	16.67%	1.0547	13.99%	1.0282	12.42%	1.0085	10.94%	
	CMF	RMSE	1.6161	3.68%	1.5731	1.26%	1.5194	0.84%	1.4793	0.27%	375.38
		MAE	1.2628	2.84%	1.2224	0.31%	1.1740	0.00%	1.1405	−0.72%	
	HeteMF	RMSE	1.2333	26.50%	1.2090	24.11%	1.1895	22.37%	1.1755	20.75%	619.25
		MAE	0.9268	28.69%	0.9107	25.73%	0.8969	23.60%	0.8878	21.60%	
	$\text{SemRec}_{\text{Sgl}}$	RMSE	1.3252	21.02%	1.2889	19.09%	1.2576	17.93%	1.2331	16.87%	0
		MAE	0.9657	25.70%	0.9420	23.18%	0.9224	21.43%	0.9067	19.93%	
	$\text{SemRec}_{\text{All}}$	RMSE	1.2166	27.49%	1.1906	25.27%	1.1665	23.87%	1.1496	22.50%	0.25
		MAE	0.9040	30.45%	0.8873	27.64%	0.8723	25.70%	0.8616	23.91%	
	$\text{SemRec}_{\text{Ind}}$	RMSE	1.3654	18.62%	1.3229	16.96%	1.2922	15.67%	1.2658	14.66%	57.22
		MAE	1.0029	22.84%	0.9728	20.67%	0.9517	18.94%	0.9322	17.68%	
	$\text{SemRec}_{\text{Reg}}$	RMSE	1.2025	28.33%	1.1760	26.18%	1.1559	24.56%	1.1423	22.99%	374.57
		MAE	0.8901	31.51%	0.8696	29.08%	0.8548	27.19%	0.8442	25.45%	

从结果可以看出，在大多数情况下，所有版本的 SemRec 都优于其他方法。尤其是 $\text{SemRec}_{\text{Reg}}$，在所有情况下都能取得最佳结果。例如，在豆瓣 20% 训练集上，$\text{SemRec}_{\text{Reg}}$ 在 RSME 和 MAE 上的表现分别优于 PMF19.55% 和 15.89% 。与 PMF 相比，CMF 通过将矩阵分解融合异质信息，提高了推荐性能。但是，在所有情况下它的性能都比提出的 SemRec 差很多，尤其是在训练集较少的情况下。HeteMF 作为与 SemRec 最相似的方法，其性能表现也非常不错，但仍然比所提出的 $\text{SemRec}_{\text{Reg}}$ 差。这些都说明所提出的 SemRec 具有更好的集成异质信息的机制。

此外，不同版本的 SemRec 具有不同的性能。一般来说，基于多路径的 SemRec（如 $\text{SemRec}_{\text{All}}$ 和 $\text{SemRec}_{\text{Reg}}$）比单路径的 SemRec（如 $\text{SemRec}_{\text{Sgl}}$）具有更好的性能，除了 $\text{SemRec}_{\text{Ind}}$，这表明 SemRec 的权重学习能够有效地集成不同路径产生的相似性信息。由于评分的稀疏性，在大多数情况下 $\text{SemRec}_{\text{Ind}}$ 的性能不如 $\text{SemRec}_{\text{All}}$。此外，$\text{SemRec}_{\text{Rec}}$ 比 $\text{SemRec}_{\text{Ind}}$ 具有更好的性能，证明了权重正则化项的优越性。总之，$\text{SemRec}_{\text{Reg}}$ 在所有条件下都能取得最佳的性能。其原因在于 $\text{SemRec}_{\text{Reg}}$ 不仅为所有用户实现了个性化

权重学习，而且通过权重的正则化避免了评分稀疏性导致的问题。

此外，我们还记录了这些方法在学习过程中的平均运行时间。对于两种基于相似性的方法（如 SemRec 和 HeteMF），我们不考虑相似性评估的运行时间，因为可以事先离线完成。对于四种版本的 SemRec，当权重学习任务变得更加复杂时，它们的运行时间会增加。$\text{SemRec}_{\text{Sgl}}$ 和 $\text{SemRec}_{\text{All}}$ 的运行效率都非常高，它们可以用于在线学习。与 CMF 和 HeteMF 相比，$\text{SemRec}_{\text{Ind}}$ 和 $\text{SemRec}_{\text{Reg}}$ 的运行时间仍然可以接受。实际应用中，我们可以通过平衡 SemRec 的效率和有效性来选择合适的模型。

3. 冷启动问题的研究

上述结果也表明，SemRec 在训练集较少的情况下具有更明显的优越性，说明 SemRec 具有缓解冷启动问题的潜力。在本节中，我们将通过观察 SemRec 在不同程度的冷启动用户和物品情况下的性能，来探索 SemRec 缓解冷启动问题的能力。我们在用户评分电影数量不同的豆瓣数据集上运行 PMF、CMF、HeteMF、$\text{SemRec}_{\text{Ind}}$ 和 $\text{SemRec}_{\text{Reg}}$。我们选择了四种类型的用户：三种评分电影数量不同的冷启动用户（例如，评分电影数量不超过 5 部的用户，如图 5.4，“$\leqslant 5$”所示）和所有用户（如图 5.4 所示，称为“ALL”）。此外，我们还对冷启动物品和同时包含冷启动用户和物品的情况进行了类似的实验。我们在图 5.4 记录了其他四种算法相较于 PMF 的 RMSE 性能改进。

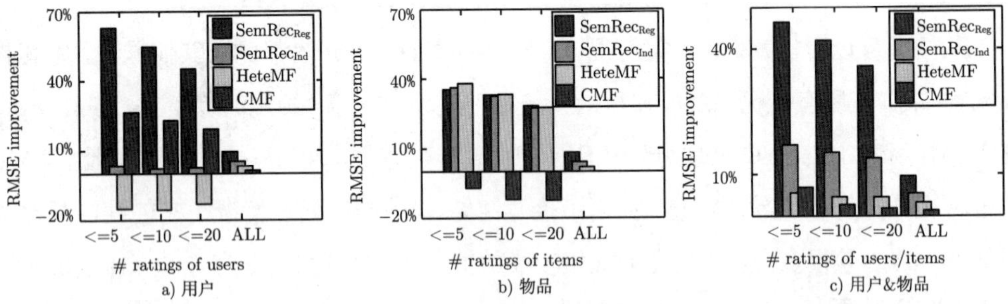

图 5.4 三种 HIN 方法相较 PMF 在不同程度和不同类型冷启动问题上的性能改进

很明显，$\text{SemRec}_{\text{Reg}}$ 在几乎所有的条件下都能取得最佳结果，并且在评分信息较少时，其优势更为显著。相反，CMF 只在冷启动用户情况下有所提升，HeteMF 只在冷启动物品情况下有所提升。我们认为其原因在于 CMF 中所有关系的协同矩阵分解可能会引入大量的噪声，尤其是对于物品的噪声。HeteMF 只利用了物品的相似性信息，而忽略了用户的相似性信息。一般来说，集成异质信息有助于缓解冷启动问题（如图 5.4c）。而集成机制可能对冷启动物品和用户产生不同的影响。$\text{SemRec}_{\text{Reg}}$ 的整体性能提高归功于多个元路径，这些元路径不仅包含丰富的属性信息，而且为用户和物品提供了全面和互补的相似性评估。此外 $\text{SemRec}_{\text{Reg}}$ 较 $\text{SemRec}_{\text{Ind}}$ 具有更好的性能，进一步验证了 $\text{SemRec}_{\text{Reg}}$ 中使用的权重正则化项对于冷启动用户从相似用户处学习权重是有帮助的。

4. 权重偏好的探究

在本节中，我们通过一个案例研究来说明 SemRec 学习的权重的含义。基于以上实验中豆瓣数据集的 60% 作为训练数据的 $\text{SemRec}_{\text{Reg}}$ 的结果，我们使用 k-means 将用户权重向量聚类为 5 组，然后展示 5 个类簇的用户统计信息，如图 5.5a 所示。此外，5 个聚类中心在 5 个元路径上的权重偏好如图 5.5b 所示。

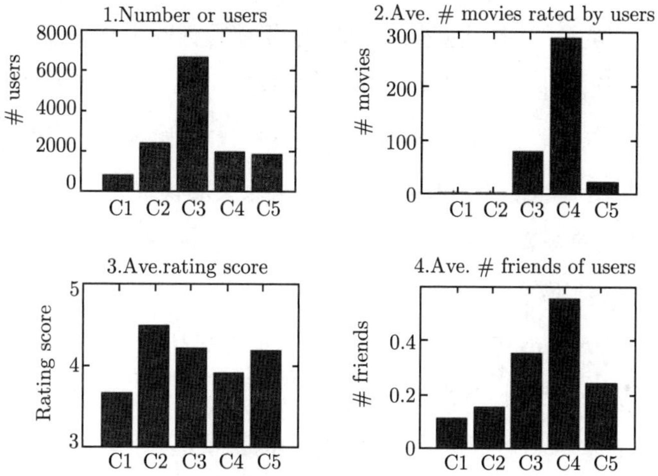

a) 类簇特征

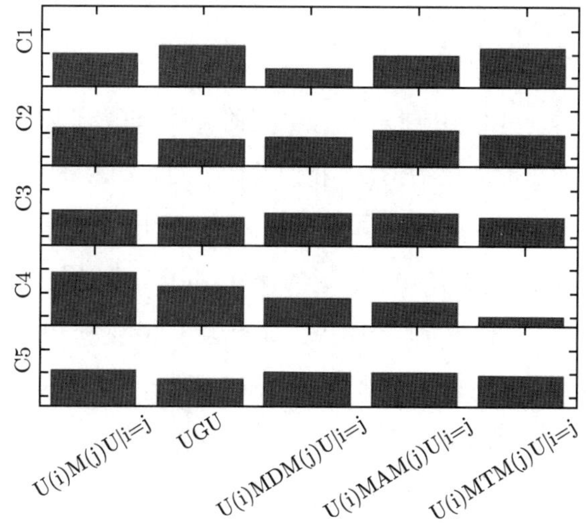

b) 元路径权重

图 5.5　分析 $\text{SemRec}_{\text{Reg}}$ 在豆瓣数据集上的聚类特征和偏好路径。C1~C5 表示五个类簇的索引

我们从图 5.5a 和 b 中观察不同类簇用户统计信息与其路径权重偏好之间的关系。众所周知，豆瓣是国内一个独特的社交媒体平台，其活跃用户主要是热爱文化艺术的年轻人。C3 用户作为豆瓣网的典型用户和主要用户，观影量大，评分相对较好，好友数量适中。所以它们对所有路径的权重偏好都很接近。C4 用户作为电影的顶级粉丝，观看的电影数量非常多，由于批判性的态度倾向于给出较低的评分，且有很多好友。很明显，他们喜欢通过其他用户（如 UMU）和兴趣小组（如 UGU）的观看记录中获取推荐电影，但却较少关注电影内容（如 $UMTMU$ 和 $UMAMU$）。另外，C1 和 C2 这两种用户为不活跃用户，他们很少看电影，好友也很少。由于不喜欢电影，这些用户往往会给出很高或很低的评分。相对而言，这些用户更喜欢关注电影内容（如 $UMTMU$ 和 $UMAMU$）。C1 中挑剔的用户更喜欢从兴趣小组获得推荐（如 UGU），而 C2 中没主见的用户更喜欢查看其他用户的记录（如 UMU）。

总而言之，SemRec 学习的路径权重能够反映用户的路径偏好，这些路径偏好能够在很大程度上反映用户的特征。更重要的是，有意义的权重偏好对于推荐解释非常有用。我们知道元路径有语义，因此可以根据高权重路径的语义告诉用户推荐的原因。虽然已经提出了一些路径权重学习方法 [9,24]，但是它们的权重并不能反映用户对路径的偏好。我们认为在 RecSem 中采用的两种方法有助于提高其性能。(1) 我们在式 5.2 设计了预测评分，采用标准化评分强度，可以消除不同元路径上的相似性偏差。(2) 根据相似用户权重偏好的一致性规则，采用式 5.9 中的权重正则化项。一致性规则使相似的用户具有相似的权重偏好。换句话说，权重也揭示了用户的相似性和偏好。

5. 加权元路径的有效性验证

在本节中，我们通过更准确地揭示对象之间的关系，研究了加权元路径对提高 SemRec 性能的有效性。对于元路径 UMU，我们设计了两条加权路径 $U(i)M(j)U|i=j$ 和 $U(i)M(j)U||i-j|\leqslant 1$。$U(i)M(j)U|i=j$ 表示用户对同一部电影的评分完全相同，而 $U(i)M(j)U||i-j|\leqslant 1$ 表示用户给出了相近的评分。同样，我们为 $UMDMU$、$UMAMU$ 和 $UMTMU$ 设计了两个相应的加权路径。基于这些元路径产生的相似性，我们使用 $\text{SemRec}_{\text{Sgl}}$ 进行推荐。我们比较了不同路径下 $\text{SemRec}_{\text{Sgl}}$ 的性能，结果如图 5.6 所示。

所有四种路径的实验结果都清楚地表明，加权元路径的 SemRec（如 $U(i)M(j)U|i=j$ 和 $U(i)M(j)U||i-j|\leqslant 1$）明显优于非加权元路径的 SemRec（如 UMU）。让我们以 UMU 路径为例分析其原因。由于无法区分用户在同一部电影上的不同评分，UMU 无法准确地表示用户的相似性，因此其性能较差。路径 $U(i)M(j)U|i=j$ 与 $U(i)M(j)U||i-$

$j| \leqslant 1$ 不仅考虑了评分的差异，而且保持着较稠密的关系，所以取得比 UMU 更好的性能。与 $U(i)M(j)U|i=j$ 相比，$U(i)M(j)U||i-j| \leqslant 1$ 的性能相对较差，可能是由于一些不恰当的关系约束引入的噪声（如 $U(3)M(4)U$, 和 $U(4)M(3)U$）。实验表明，加权元路径能够更准确地揭示对象之间的关系，从而提高推荐性能。

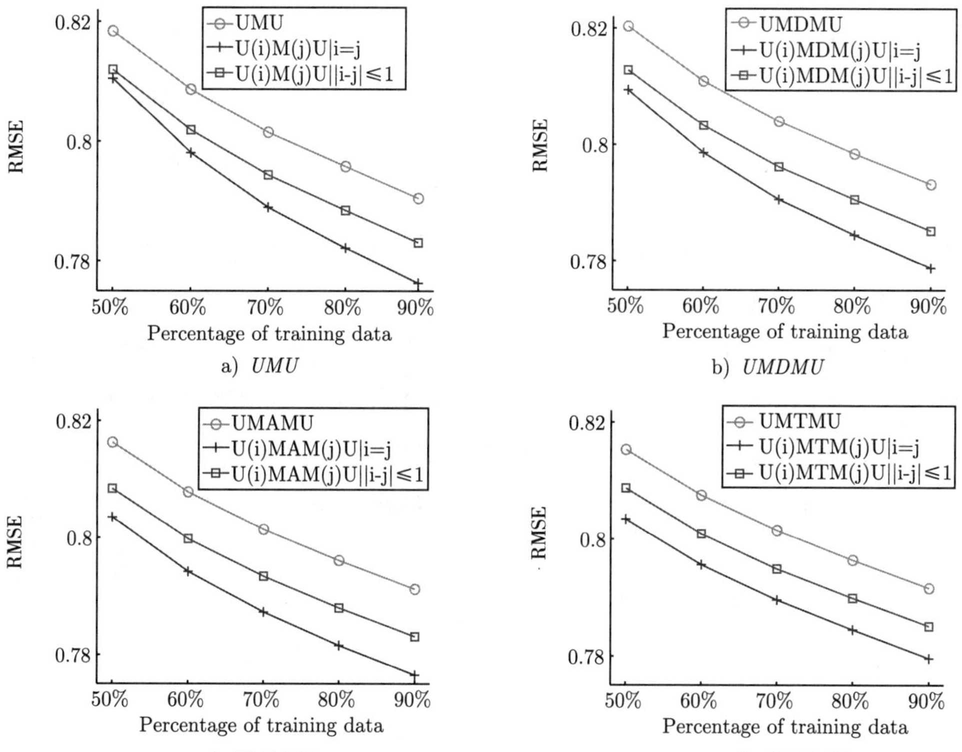

a) *UMU*　　b) *UMDMU*

c) *UMAMU*　　d) *UMTMU*

图 5.6 不同加权元路径上 SemRec 的性能

5.2 基于矩阵分解的推荐

5.2.1 概述

随着社交媒体的日益普及，近年来社交推荐技术激增 [4,12]，这些技术利用了用户之间丰富的社交关系，比如 Facebook 上的好友，以及 Twitter 上的关注关系。然而，新兴的社交推荐往往面临着关系稀疏的问题。一方面，密集的社会关系可以提高推荐效果，然而在许多实际应用中，社会关系都非常稀疏或缺失。例如，亚马逊没有社交关系，Yelp 中 80% 的用户只有不到 3 个关注。另一方面，许多应用中的用户和项具有丰富的属性信息，而这些信息很少被利用。这些信息对于揭示用户的兴趣和物品属性可能非常有用。例如，用户的分组属性可以反映用户的兴趣，电影的类型属性可以揭示电影的内容。因此，为了得到更好的推荐结果，我们需要有效地整合各种信息，不仅包括反馈信息和社交关系，还要包括用户和物品的属性。一些研究对此进行了探讨 [5,23-24]，但其并没有说明这些属性的重要性及其对推荐准确性的影响。

虽然整合更多的信息有望获得更好的推荐性能，但是如何整合这些信息仍然面临着两个挑战。(1) 要集成的信息类型不同。这些混合信息的类型包括整数（即评分信息），向量（即属性信息），以及图（即社交关系）。我们需要设计一个统一的模型来有效地集成这些不同类型的信息。(2) 需要一种统一和灵活的方法来整合部分信息或所有信息。为了深入研究不同信息的影响，所设计的方法应灵活地整合不同粒度的信息，并统一利用不同类型的信息。

如上所述，我们可以将推荐系统中的对象和关系构建成包含不同类型节点或链接的异质信息网络。为了利用这些异质信息，我们引入了基于元路径的相似性度量方法来评估用户和物品之间的相似性。在矩阵分解的基础上，提出了一种双重正则化框架 SimMF，利用用户和物品的相似性信息作为用户和物品潜在因素的正则化，实现异质信息的整合。此外，在 SimMF 中，基于均值的正则化和基于个体的正则化这两种不同的正则化模型可以灵活地限制用户或物品的正则化。

5.2.2 SimMF 算法

在本节中，我们将介绍**SimMF**算法，它利用**矩阵分解**框架来合并相似信息。首先介绍了 HIN 上丰富的相似性产生方法。在此基础上，回顾了低秩矩阵分解的基本框架，并分别通过对用户和物品的相似性正则化约束引入了改进模型。最后，通过对用户和物品同时进行相似性正则化，给出了统一的模型。

1. 相似性产生

异质网络中的两个对象可以通过不同的路径连接，称为元路径 [19]。元路径 P 是定义在模式 $S = (\mathtt{A},\mathtt{R})$ 上的路径，表示为 $A_1 \xrightarrow{R_1} A_2 \xrightarrow{R_2} \cdots \xrightarrow{R_l} A_{l+1}$（简写为 $A_1A_2\cdots A_{l+1}$），其定义了一个复合关系 $R = R_1 \circ R_2 \circ \cdots \circ R_l$ 在 A_1 与 A_{l+1} 间。其中 $\circ$ 表示关系的复合运算。由于不同的元路径具有不同的语义，不同元路径连接的对象具有不同的相似性。因此，我们可以基于不同的元路径评估用户（或电影）的相似性。例如，对于用户，我们可以考虑元路径 UU、UGU、UMU 等。类似地，连接电影的

有意义的元路径有 MAM 和 MDM 等。

HIN 中有几种基于路径的相似性度量方法来评估对象的相似性 [6,16,19]。考虑到元路径中的语义，Sun 等人 [19] 提出了基于对称路径的同类型对象相似性度量方法 PathSim。Lao 和 Cohen [6] 提出了路径约束随机游走（PCRW）模型来度量由科学文献元数据构成的带标签的有向图中的实体接近度。HeteSim [16] 可以度量基于任意元路径的异质对象之间的相关性。所有这些相似性度量方法都可以用于相似性计算，它们之间的不同之处可参考文献 [16]。

我们定义 $S_{ij}^{(l)}$ 来表示两个对象 u_i 和 u_j 在给定元路径 P_l 下的相似性。相似性 ($\mathtt{S}$) 由给定的元路径 (P) 和相似性度量方法 ($\mathtt{M}$) 决定。也就是说，$\mathtt{S} = P \times \mathtt{M}$。我们知道，不同路径的相似性是不同的，它们是无法比较的。所以我们用Sigmoid 函数来对它们进行标准化，如式 5.14 所示，其中 $\bar{S}^{(l)}$ 表示 $S_{ij}^{(l)}$ 的均值，β 被设置为 1。标准化过程有以下两个优点。(1) 在不改变顺序的情况下，将相似性限制为 $[0,1]$。(2) 减少了不同路径的相似性差异。

在下一节中，我们直接使用 $S_{ij}^{(l)}$ 表示标准化相似性：

$$S_{ij}^{(l)'} = \frac{1}{1 + e^{-\beta \times (S_{ij}^{(l)} - \bar{S}^{(l)})}} \tag{5.14}$$

由于用户（或物品）在不同的元路径下具有不同的相似性，我们通过在不同的路径上分配权重来考虑它们在所有路径下的相似性。对于用户，我们定义 $\boldsymbol{S}^{\mathtt{U}}$ 为所有路径上用户的相似性矩阵，同样，$\boldsymbol{S}^{\mathtt{I}}$ 为所有路径上物品的相似性矩阵。它们可以定义如下，其中 $w_l^{\mathtt{U}}$ 表示路径 P_l 上用户相似性矩阵的权重，$w_l^{\mathtt{I}}$ 表示物品相似性矩阵的权重：

$$\begin{aligned} \boldsymbol{S}^{\mathtt{U}} &= \sum_l w_l^{\mathtt{U}} S^{(l)} \quad \Sigma_l w_l^{\mathtt{U}} = 1; 0 \leqslant w_l^{\mathtt{U}} \leqslant 1 \\ \boldsymbol{S}^{\mathtt{I}} &= \sum_l w_l^{\mathtt{I}} S^{(l)} \quad \Sigma_l w_l^{\mathtt{I}} = 1; 0 \leqslant w_l^{\mathtt{I}} \leqslant 1 \end{aligned} \tag{5.15}$$

2. 低秩矩阵分解

低秩矩阵分解在推荐系统中得到了广泛的研究 [18]。它的基本思想是将“用户 - 物品”评分矩阵 $\boldsymbol{R}$ 分解为两个矩阵（$\boldsymbol{U}$ 和 $\boldsymbol{V}$）分别表示用户和物品在潜在语义上的分布。然后，通过这两个特定的矩阵进行评分预测。假设 $m \times n$ 的评分矩阵 $\boldsymbol{R}$ 是 m 个用户对 n 个物品的评价，该方法将最小化目标函数 $\mathtt{L}(\boldsymbol{R}, \boldsymbol{U}, \boldsymbol{V})$ 如下：

$$\min_{\boldsymbol{U},\boldsymbol{V}} \mathtt{L}(\boldsymbol{R}, \boldsymbol{U}, \boldsymbol{V}) = \frac{1}{2} \sum_{i=1}^{m} \sum_{j=1}^{n} I_{ij} (\boldsymbol{R}_{ij} - \boldsymbol{U}_i \boldsymbol{V}_j^T)^2 + \frac{\lambda_1}{2} \|\boldsymbol{U}\|^2 + \frac{\lambda_2}{2} \|\boldsymbol{V}\|^2 \tag{5.16}$$

其中 I_{ij} 是一个指示函数，如果用户 i 对物品 j 进行评分，则该指标函数等于 1 否则为 0。$\boldsymbol{U} \in \mathbb{R}^{m\times d}$ 且 $\boldsymbol{V} \in \mathbb{R}^{n\times d}$，其中 d 为潜在因子的维数且 $d \ll min(m,n)$，$\boldsymbol{U}_i$ 是由矩阵 $\boldsymbol{U}$ 的第 i 行导出的行向量，$\boldsymbol{V}_j$ 是由矩阵 $\boldsymbol{V}$ 的第 j 行导出的行向量。λ_1 和 λ_2 代表正则化参数。综上所述，优化问题最小化了带有二次正则项的误差平方和目标函数，从而避免过拟合。利用简单的随机梯度下降算法可以有效求解。

3. 用户和物品的相似性正则

如上所述，用户特定的因子矩阵描述了用户在潜在语义上的分布。在本节中，我们将介绍两种不同类型的相似性正则（即基于均值的正则和基于个体的正则），如果用户 p 与用户 q 非常相似，则强制 $\boldsymbol{U}_p$ 和 $\boldsymbol{U}_q$ 之间的距离要非常小。

基于均值的正则 直觉上，我们与我们相似的人有着相似的行为模式。也就是说，用户的潜在属性和用户最相似的人的潜在属性相似。在此基础上，在低秩矩阵分解框架中加入用户相似性正则。

$$\min_{\boldsymbol{U},\boldsymbol{V}} \mathtt{L}(\boldsymbol{R},\boldsymbol{U},\boldsymbol{V}) = \frac{1}{2}\sum_{i=1}^{m}\sum_{j=1}^{n} I_{ij}(R_{ij} - \boldsymbol{U}_i\boldsymbol{V}_j^T)^2 + \frac{\alpha}{2}\sum_{i=1}^{m}\left\|\boldsymbol{U}_i - \frac{\sum_{f\in\mathtt{T}_u^+(i)} S_{if}^{\mathtt{U}} U_f}{\sum_{f\in\mathtt{T}_u^+(i)} S_{if}^{\mathtt{U}}}\right\|^2 + \frac{\lambda_1}{2}\|\boldsymbol{U}\|^2 + \frac{\lambda_2}{2}\|\boldsymbol{V}\|^2 \tag{5.17}$$

其中 $\mathtt{T}_u^+(i)$ 表示与用户 i 的前 k 个相似性列表中的用户集合，$S_{if}^{\mathtt{U}}$ 表示用户相似矩阵 $\boldsymbol{S}^{\mathtt{U}}$ 第 i 行第 f 列的元素。基于均值的正则限制用户的潜在属性接近于用户前 k 个相似用户的潜在属性的平均值。在社交推荐中也使用了类似的正则 [13]，但它只是对用户的好友进行了约束。这里，基于平均的正则化不仅扩展到用户相似列表中的前 k 个相似用户，而且还将相似性值作为权重。参数 k 可以在精度和计算成本之间做权衡。k 较大通常意味着精度高但效率低。在我们的实验中，k 被设为向量维数的 5% 。我们可以求解式 5.17 给出的目标函数的局部极小值，通过对特征向量 $\boldsymbol{U}_i$ 和 $\boldsymbol{V}_j$ 进行梯度下降，如式 5.18 和 5.19 所示。这里 $\mathtt{T}_u^-(i)$ 表示其前 k 个相似用户列表中包含用户 i 的用户集合。

$$\frac{\partial \mathtt{L}}{\partial \boldsymbol{U}_i} = \sum_{j=1}^{n} I_{ij}(\boldsymbol{U}_i\boldsymbol{V}_j^T - R_{ij})\boldsymbol{V}_j + \alpha\left(\boldsymbol{U}_i - \frac{\sum_{f\in\mathtt{T}_u^+(i)}(S_{if}^{\mathtt{U}} U_f)}{\sum_{f\in\mathtt{T}_u^+(i)} S_{if}^{\mathtt{U}}}\right) + \alpha\sum_{g\in\mathtt{T}_u^-(i)} \frac{-S_{ig}^{\mathtt{U}}\left(U_g - \frac{\sum_{f\in\mathtt{T}_u^+(g)}(S_{gf}^{\mathtt{U}} U_f)}{\sum_{f\in\mathtt{T}_u^+(g)} S_{gf}^{\mathtt{U}}}\right)}{\sum_{f\in\mathtt{T}_u^+(g)} S_{gf}^{\mathtt{U}}} + \lambda_1\boldsymbol{U}_i \tag{5.18}$$

$$\frac{\partial \mathtt{L}}{\partial \boldsymbol{V}_j} = \sum_{i=1}^{m} I_{ij}(\boldsymbol{U}_i \boldsymbol{V}_j^T - R_{ij})\boldsymbol{U}_i + \lambda_2 \boldsymbol{V}_j \tag{5.19}$$

基于个体的正则 上述基于均值的正则用相似用户的平均偏好限制了用户的偏好。然而，对于具有不同偏好的相似用户来说，这可能是无效的。为了避免这个问题，我们对用户采用了基于个体的正则方法，具体如下：

$$\min_{\boldsymbol{U},\boldsymbol{V}} \mathtt{L}(\boldsymbol{R},\boldsymbol{U},\boldsymbol{V}) = \frac{1}{2}\sum_{i=1}^{m}\sum_{j=1}^{n} I_{ij}(R_{ij} - \boldsymbol{U}_i\boldsymbol{V}_j^T)^2 + \frac{\alpha}{2}\sum_{i=1}^{m}\sum_{j=1}^{m} S_{ij}^{\mathtt{U}}\|\boldsymbol{U}_i - \boldsymbol{U}_j\|^2 + \frac{\lambda_1}{2}\|\boldsymbol{U}\|^2 + \frac{\lambda_2}{2}\|\boldsymbol{V}\|^2 \tag{5.20}$$

本质上，基于个体的正则使得较大的 $S_{ij}^{\mathtt{U}}$ 导致 $\boldsymbol{U}_i$ 和 $\boldsymbol{U}_j$ 之间较小的距离。即相似用户的潜在属性的距离较小。采用相同的优化技术，对 $\boldsymbol{U}_i$ 和 $\boldsymbol{V}_j$ 进行梯度下降，可以求得式 5.20 中的局部最小值。

$$\frac{\partial \mathtt{L}}{\partial U_i} = \sum_{j=1}^{n} I_{ij}(\boldsymbol{U}_i \boldsymbol{V}_j^T - R_{ij})\boldsymbol{V}_j + \alpha\sum_{j=1}^{m}(S_{ij}^{\mathtt{U}} + S_{ji}^{\mathtt{U}})(\boldsymbol{U}_i - \boldsymbol{U}_j) + \lambda_1 \boldsymbol{U}_i \tag{5.21}$$

$$\frac{\partial \mathtt{L}}{\partial \boldsymbol{V}_j} = \sum_{i=1}^{m} I_{ij}(\boldsymbol{U}_i \boldsymbol{V}_j^T - R_{ij})\boldsymbol{U}_i + \lambda_2 \boldsymbol{V}_j \tag{5.22}$$

物品的正则 为了简单起见，我们定义 Reg_y^x 来表示对于用户或物品的基于均值或基于个体的正则化项，其中 $x \in \{\mathtt{U},\mathtt{I}\}$ 表示 U（用户）或者 I（物品），$y \in \{ave, ind\}$ 表示 *av*erage-based（基于均值）或 *ind*ividual-based（基于个体）的正则。也就是说，对于用户的相似性正则，我们有：

$$Reg_{ave}^{\mathtt{U}} = \sum_{i=1}^{m}\left\|\boldsymbol{U}_i - \frac{\sum_{f\in\mathtt{T}_u^+(i)} S_{if}^{\mathtt{U}} U_f}{\sum_{f\in\mathtt{T}_u^+(i)} S_{if}^{\mathtt{U}}}\right\|^2 \tag{5.23}$$

$$Reg_{ind}^{\mathtt{U}} = \sum_{i=1}^{m}\sum_{j=1}^{m} S_{ij}^{\mathtt{U}}\|\boldsymbol{U}_i - \boldsymbol{U}_j\|^2 \tag{5.24}$$

类似于用户的正则，我们也可以定义这两种不同类型的物品的正则，如下：

$$Reg_{ave}^{\mathtt{I}} = \sum_{j=1}^{n}\|V_j - \frac{\sum_{f\in\mathtt{T}_i^+(j)} S_{jf}^{\mathtt{I}} V_f}{\sum_{f\in\mathtt{T}_i^+(j)} S_{jf}^{\mathtt{I}}}\|^2 \tag{5.25}$$

$$Reg_{ind}^{\mathtt{I}} = \sum_{i=1}^{n}\sum_{j=1}^{n} S_{ij}^{\mathtt{I}}\|V_i - V_j\|^2 \tag{5.26}$$

其中 $\mathtt{T}_i^+(j)$ 为第 j 项的前 k 个相似的列表上的项的集合，$S_{jf}^{\mathtt{I}}$ 为相似矩阵 $\boldsymbol{S}^{\mathtt{I}}$ 的第 j 行和第 f 列上的元素。我们还可以根据这两个正则化项定义如上的优化函数，并推出它们的梯度学习算法。

4. 统一的双重正则

现在，我们同时考虑对用户和物品进行正则。对应的优化函数如下：

$$\begin{aligned}\min_{\boldsymbol{U},\boldsymbol{V}} \mathtt{L}(\boldsymbol{R},\boldsymbol{U},\boldsymbol{V}) = & \frac{1}{2}\sum_{i=1}^{m}\sum_{j=1}^{n} I_{ij}(R_{ij} - \boldsymbol{U}_i\boldsymbol{V}_j^T)^2 + \frac{\alpha}{2}Reg_y^{\mathtt{U}} + \frac{\beta}{2}Reg_y^{\mathtt{I}} \\ & + \frac{\lambda_1}{2}\|\boldsymbol{U}\|^2 + \frac{\lambda_2}{2}\|\boldsymbol{V}\|^2 \end{aligned} \tag{5.27}$$

其中 α 和 β 分别控制用户和物品正则化项的影响。对于 $y \in \{ave, ind\}$ 有四个正则化模型。同样，我们可以用梯度下降法来求解这个优化问题。整个算法框架如算法 2 所示。

Algorithm 2 SimMF 的算法框架

Require

G: HIN

P_U, P_I: 与用户和物品相关的元路径集合

η: 梯度下降的学习速率

$\alpha, \beta, \lambda_1, \lambda_2$: 上述定义的控制参数

ε: 收敛误差

Ensure

U, V: 用户和物品的潜在因子

1: 基于 P_U, G 计算用户相似性矩阵 $\boldsymbol{S}_{\mathtt{U}}$

2: 基于 P_I, G 计算物品相似性矩阵 $\boldsymbol{S}_{\mathtt{I}}$

3: 初始化 U, V

4: **repeat**

5: $\quad U_{old} := U, V_{old} := V$

6: $\quad$ 计算 $\frac{\partial \mathtt{L}}{\partial U}, \frac{\partial \mathtt{L}}{\partial V}$

7: $\quad$ 更新 $U := U - \eta * \frac{\partial \mathtt{L}}{\partial U}$

8: $\quad$ 更新 $V := V - \eta * \frac{\partial \mathtt{L}}{\partial V}$

9: **until** $\|U - U_{old}\|^2 + \|V - V_{old}\|^2 < \varepsilon$

5.2.3 实验

在本节中，我们将通过一系列的实验来验证我们的模型相较于当前最先进的推荐方法的优越性。

1. 实验设置

在实验中，我们使用了来自两个不同领域的真实的数据集。豆瓣电影㊀ 来自电影领域。第二个数据集源于商业领域广泛使用的 Yelp challenge 数据集㊁[23, 24]，其记录了用户对当地企业的评分，也包含了一些企业的社交关系和属性信息（例如城市和类别）。此外，我们使用平均绝对误差（MAE）和均方根误差（RMSE）来评估不同方法的性能。

在本节中，我们将 SimMF 与六种有代表性的方法进行比较。SimMF 存在不同的变体。我们用 SimMF-U(y)I(y) 表示对用户和物品进行正则化的 SimMF，其中 $y \in \{a, i\}$，表示基于均值或基于个体的正则。类似地，SimMF-U(y) (SimMF-I(y)) 表示仅对用户（物品）进行正则化的 SimMF。我们有六种基线方法，包括四种类型。其中有两种基本方法（即 UserMean 和 ItemMean），采用低秩矩阵分解的协同过滤（即 PMF），一种社交推荐方法（即 SoMF），以及两种基于 HIN 的方法（即 HeteMF 和 HeteCF）。这些基线方法总结如下。

- **UserMean.** 该方法使用每个用户的平均值来预测缺失值。
- **ItemMean.** 该方法利用每个物品的平均值来预测缺失值。
- **PMF.** 该方法是 Salakhutdinov 和 Minh 提出的一种典型的矩阵分解方法 [15]。事实上，它等价于前一节中基本的低秩矩阵分解。
- **SoMF.** Ma 等人提出的基于矩阵分解的社交平均正则的推荐方法 [13]。
- **Hete-MF.** Yu 等人提出的基于矩阵分解的推荐框架，它综合了用户评价和各种实体相似性矩阵 [22]。
- **Hete-CF.** 这是一个使用异质关系的社交协同过滤算法 [9]。

我们使用 HeteSim[16] 来评估物体的相似性。对于豆瓣电影数据集，我们使用了 7 条长度小于 4 的有意义的用户元路径（即 UU、UGU、ULU、UMU、$UMDMU$、$UMTMU$、$UMAMU$）并使用了 5 条长度小于 3 的有意义的电影元路径（即 MTM、MDM、MAM、MUM、$MUUM$）。对于 Yelp 数据集，我们使用 4 条用户元路径（即 UU、UBU、$UBCBU$、$UBLBU$）和 4 条企业元路径（即 BUB、BCB、BLB、$BUUB$）。类似地对于 MovieLens

㊀ http://movie.douban.com/。
㊁ http://www.yelp.com/dataset_challenge/。

数据集，我们使用 5 个用户元路径（即 UGU、UAU、UOU、UMU、$UMTMU$）和 2 个电影元路径（即 MTM、MUM）。对于豆瓣图书数据集，我们使用 7 条用户元路径（即 UU、UGU、ULU、UBU、$UBABU$、$UBPBU$、$UBYBU$）和 5 条图书元路径（即 BAB、BPB、BYB、BUB、$BUUB$）。为公平比较，这些相似性数据在 HeteCF 和 SimMF 中同样被使用。HeteMF 使用用户的相似性数据，因为模型只考虑物品之间的相似性关系。

2. 有效性实验

本节将通过比较 SimMF 的不同变体方法与基线方法的实验结果来验证 SimMF 的有效性。在这里，我们运行 4 个版本的 SimMF-U(y)I(y) ($y \in \{a, i\}$)，并记录这 4 个版本中的最坏结果（表 5.5 和表 5.6 中用 SimMF-max 表示），最佳结果（用 SimMF-

表 5.5 对于豆瓣电影的性能比较（性能提升的基线方法为 PMF）

训练	指标	UserMean	ItemMean	PMF	SoMF	HeteMF	HeteCF	SimMF-mean	SimMF-max	SimMF-min
80%	MAE	0.6958	0.6476	0.6325	0.6073	0.6221	0.6273	0.5974	0.6026	**0.5926**
	Improve	−10.01%	−2.83%		3.99%	1.64%	0.82%	5.55%	4.73%	6.31%
	RMSE	0.8846	0.8537	0.8815	0.8283	0.8609	0.8664	0.7729	0.7809	**0.7656**
	Improve	−0.35%	3.15%		6.03%	2.34%	1.71%	12.32%	11.41%	13.14%
60%	MAE	0.6986	0.6557	0.6591	0.6219	0.6490	0.6509	0.6060	0.6110	**0.6008**
	Improve	−6.00%	0.35%		5.63%	1.53%	1.24%	8.06%	7.30%	8.85%
	RMSE	0.8925	0.8748	0.9281	0.8584	0.9100	0.9118	0.7852	0.7927	**0.7772**
	Improve	3.84%	5.75%		7.51%	1.95%	1.76%	15.40%	14.59%	16.26%
40%	MAE	0.7052	0.6733	0.7092	0.6457	0.6933	0.7029	0.6186	0.6237	**0.6134**
	Improve	0.57%	5.07%		8.96%	2.24%	0.89%	12.77%	12.06%	13.51%
	RMSE	0.9085	0.9139	1.0107	0.9034	0.9842	0.9941	0.8023	0.8093	**0.7952**
	Improve	10.11%	9.57%		10.62%	2.62%	1.64%	20.62%	19.93%	21.32%
20%	MAE	0.7227	0.7124	0.8367	0.6973	0.8235	0.8302	0.6461	0.6509	**0.6417**
	Improve	13.63%	14.85%		16.66%	1.58%	0.78%	22.78%	22.21%	23.31%
	RMSE	0.9502	1.0006	1.2060	1.0037	1.1838	1.1963	0.8388	0.8446	**0.8335**
	Improve	21.21%	17.03%		16.78%	1.84%	0.80%	30.45%	29.97%	30.89%
运行时间 (s)		0.5157	0.5242	1096	1385	4529	7342		3168	

表 5.6　对于 Yelp 的性能比较（性能提升的基线方法为 PMF）

训练	指标	UserMean	ItemMean	PMF	SoMF	Hete MF	Hete CF	SimMF-mean	SimMF-max	SimMF-min
80%	MAE	0.9664	0.8952	1.2201	0.8789	0.9307	1.2117	0.8292	0.8503	**0.8059**
	Improve	20.79%	26.63%		27.96%	23.72%	0.69%	32.04%	30.31%	33.95%
	RMSE	1.3443	1.2327	1.6479	1.1912	1.2773	1.6249	1.0577	1.0708	**1.0465**
	Improve	18.42%	25.20%		27.71%	22.49%	1.40%	35.82%	35.02%	36.49%
60%	MAE	0.9803	0.9247	1.3835	0.9156	0.9708	1.3510	0.8366	0.8615	**0.8109**
	Improve	29.14%	33.16%		33.82%	29.83%	2.35%	39.53%	37.73%	41.39%
	RMSE	1.3556	1.2893	1.8438	1.2591	1.3352	1.7940	1.0684	1.0842	**1.0532**
	Improve	26.48%	30.07%		31.71%	27.58%	2.70%	42.05%	41.20%	42.88%
40%	MAE	1.0219	0.9819	1.7081	0.9790	1.0409	1.6360	0.8509	0.8810	**0.8186**
	Improve	40.17%	42.52%		42.68%	39.06%	4.22%	50.18%	48.42%	52.18%
	RMSE	1.4241	1.3873	2.2123	1.3682	1.4343	2.1116	1.0863	1.1031	**1.0686**
	Improve	35.63%	37.29%		38.15%	35.17%	4.55%	50.90%	50.12%	51.70%
20%	MAE	1.1344	1.1202	2.6935	1.1252	1.8429	2.5782	0.8687	0.9047	**0.8290**
	Improve	57.88%	58.41%		58.23%	31.58%	4.28%	67.75%	66.41%	69.22%
	RMSE	1.5958	1.5981	3.2512	1.5907	2.3357	3.0807	1.1307	1.1733	**1.0944**
	Improve	50.92%	50.85%		51.07%	28.16%	5.24%	65.22%	63.91%	66.34%
运行时间 (s)		0.0646	0.0642	100	137	1963	2378		1414	

min 表示），和平均结果（用 SimMF-mean 表示）。在下面的参数实验中，建议将豆瓣电影数据集的参数 α 和 β 分别设置为 100 和 10。对于其他数据集，α 和 β 将根据实验相关参数取最优值。对于本章的所有实验，λ_1 和 λ_2 设置为一个非常微小的值 0.001，潜在的特征向量的长度 U_i 和 V_j 设置为 10。将其他方法的参数设置为参数实验中得到的最优值。

对于这些数据集，我们使用不同比例（80%、60%、40%、20%）的数据作为训练集。例如，训练数据 80% 表示我们从用户–物品评分矩阵中选择 80% 的评分作为训练数据，来预测剩余 20% 的评分。所有实验中均独立进行 10 次随机选择。我们分别在表 5.5 和表 5.6 中列出了豆瓣电影和 Yelp 数据集的平均结果，并记录所有方法相较于 PMF 的提升比。此外，我们还在上表的最后一行报告了训练集为 80%时这些方法的平均运行时间。对于那些基于 HIN 的方法（如 HeteCF、HeteMF 和 SimMF），我们只记录模型学习过程的运行时间，忽略了相似性计算的运行时间。注意，我们记录了 SimMF

的平均运行时间，因为 SimMF 的四个版本具有类似的计算复杂性。

结果见表 5.5 和表 5.6。此外，我们还进行了置信度为 95%的 t 检验实验，表明 MAE/RMSE 提升差异具有统计学上的稳定性和非偶然性。由于篇幅的限制，本文省略了它们，但结果可以在 [17] 找到。通过实验对比，我们可以观察到以下现象。

- SimMF 在大多数情况下总是优于基线方法，即使 SimMF 在表现最差的情况下也是如此。（即 SimMF-max）。这验证了 SimMF 中使用的来自用户和物品的更多属性信息确实有助于提高推荐性能。此外，集成更多信息的模型通常具有更好的性能。这就是为什么其他集成异质信息的矩阵分解模型通常比基本的矩阵分解模型 PMF 性能更好的原因。
- 虽然 HeteMF 和 HeteCF 也利用了来自用户和物品的属性信息，但是它们的性能比 SimMF 差，这意味着所提出的 SimMF 具有更好的集成异质信息的机制。我们知道 HeteMF 只集成了物品的属性信息，而相同的用户和物品的相似性正则化项参数可能会导致 HeteCF 性能不佳。
- 当考虑不同的训练数据比例时，我们可以发现 SimMF 的优势在训练数据较少的情况下更为显著。表明 SimMF 能有效地缓解数据稀疏性问题。我们认为原因在于，通过挖掘不同的元路径，可以充分利用用户和物品丰富的属性信息，从不同方面反映用户和物品的相似性。相似性的整合可以全面揭示用户与物品之间的相似性，弥补了训练数据的不足。

通过观察表 5.5 和表 5.6 最后一行中不同方法的运行时间，我们发现随着模型变得越来越复杂，运行时间也变得越来越长。也就是说，基于 HIN 的方法（即，HeteMF、HeteCF 和 SimMF）的运行时间比其他方法长，因为它们有更多的参数需要学习。但是，SimMF 仍然比其他两种基于 HIN 的方法更快，因为 SimMF 不需要学习元路径的权重。

3. 不同正则的影响

本节的实验将验证不同正则模型对用户和物品的影响。Ma 等人 [13] 研究了基于均值和基于个体的正则对用户社交关系的影响。然而，在本章中，我们不仅探讨了更复杂的关系的影响，而且还考虑了对用户和物品的影响。

我们使用了四种 SimMF 的变体方法，分别是基于均值和基于个体的用户和物品正则（即 U(a)I(i)、U(a)I(a)、U(i)I(i) 和 U(i)I(a) 的 SimMF）以及四种 SimMF 的变体方法，分别是基于均值或基于个体的用户正则或物品正则（即 U(a)、U(i)、I(a)、和 I(i)

的 SimMF)。与上述实验设置参数相同，平均结果如图 5.7 所示。我们可以发现，同时对用户和物品的相似性信息进行集成的 SimMF，其性能总是优于只对用户或物品的相似性信息进行集成的方法。同样，我们可以观察到，当训练集的比例较低时，这种差异更为明显；例如，在 20% 训练数据的情况下，SimMF-U(i) 和 SimMF-U(a) 的性能非常差。此外，我们还可以观察到一个有趣的现象：正则模型对用户和物品有不同的影响。SimMFU(a) 在两个数据集上的性能都优于 SimMF-U(i)，这表明基于均值的正则可能更适合于用户。然而，物品就不是这样了。SimMF-I(i) 在豆瓣电影上的表现优于 SimMF-I(a)，而 SimMF-I(a) 在 Yelp 上的表现优于 SimMF-I(i)。可见 SimMF-U(a)I(i) 在豆瓣电影上的表现最好，而 SimMF-U(a)I(a) 在 Yelp 上的表现最好。虽然很难得出一般的结论，但上述研究表明，不同的正则模型可能会显著影响矩阵分解算法的性能。综上所述，我们需要根据实际应用中的数据特性来寻找最优的正则模型。

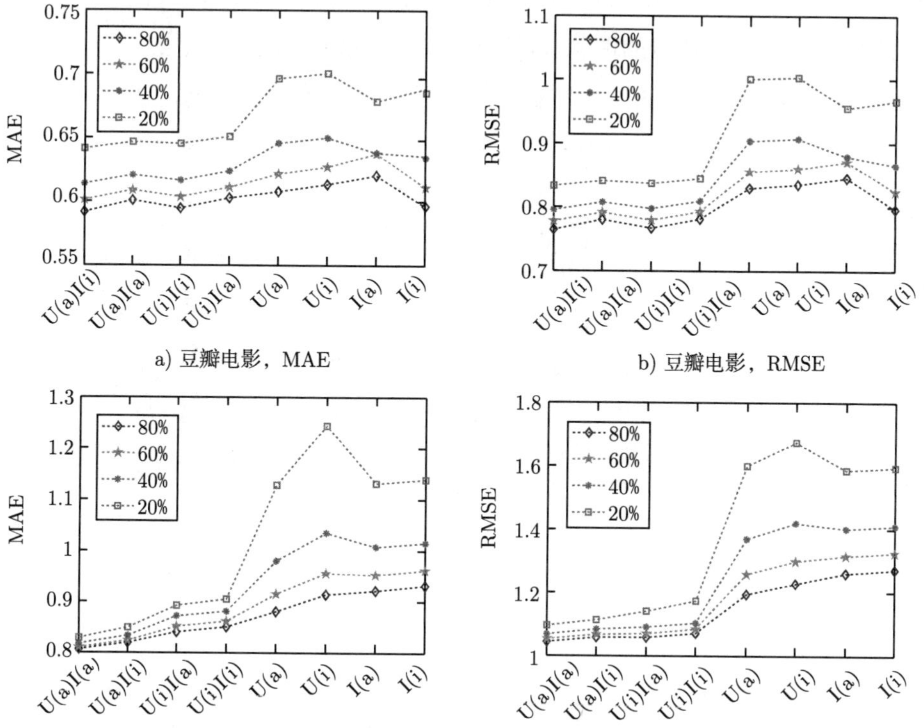

a) 豆瓣电影，MAE　b) 豆瓣电影，RMSE

c) Yelp, MAE　d) Yelp, RMSE

图 5.7　不同正则的 SimMF 在豆瓣电影数据集和 Yelp 数据集上的性能

4. 不同元路径的影响

在本节中，我们将研究不同元路径的影响。由于分析大致相似，故我们只展示豆瓣电影数据集的结果。如上文所说，我们在用户上使用了 7 个元路径，在电影上使用了 5 个元路径。我们用单一元路径生成的相似性矩阵来观察 SimMF 的性能。取与上述实验相同的参数，我们运行 SimMF-U(a)，其相似性矩阵由用户的每条元路径生成。同样，我们也运行 SimMF-I(i)，其相似性矩阵由电影的每条元路径生成。

在豆瓣电影数据集上的实验结果如图 5.8 所示。我们可以观察到元路径对用户和电影的不同影响。对于用户，不同元路径的 SimMF-U(a) 性能很接近（见图 5.8a,b）。此外，MUM 路径下的 SimMF-U(a) 性能稍好，而 UU 路径下的 SimMF-U(a) 性能较差。但是，物品上的元路径却不是如此。对于物品，不同元路径的 SimMF-I(i) 具有完全不同的性能（见图 5.8c,d）。我们可以发现，MDM 路径下的 SimMF-I(i) 性能最差，在某些情况下甚至比 PMF 更差，而 MTM 路径和 MUM 路径下的 SimMF-I(i) 在这两个条件下都获得了更好的性能。我们认为有两个原因：(1) 注意到 SimMF 的性能受关系密度的影响较大。MT 与 MU 的关系密度明显高于 MD 与 MA。密集的关系有助于产生良好的物品相似性。类似的现象可以在社交推荐中经常观察到 [10,13]。(2) 有意义的元路径有助于揭示对象之间的相似性。MTM 表示同一类型的电影，MUM 表示同一用户看过的电影。这两条路径高度相关，都揭示了电影的属性。这两个原因也可以解释，

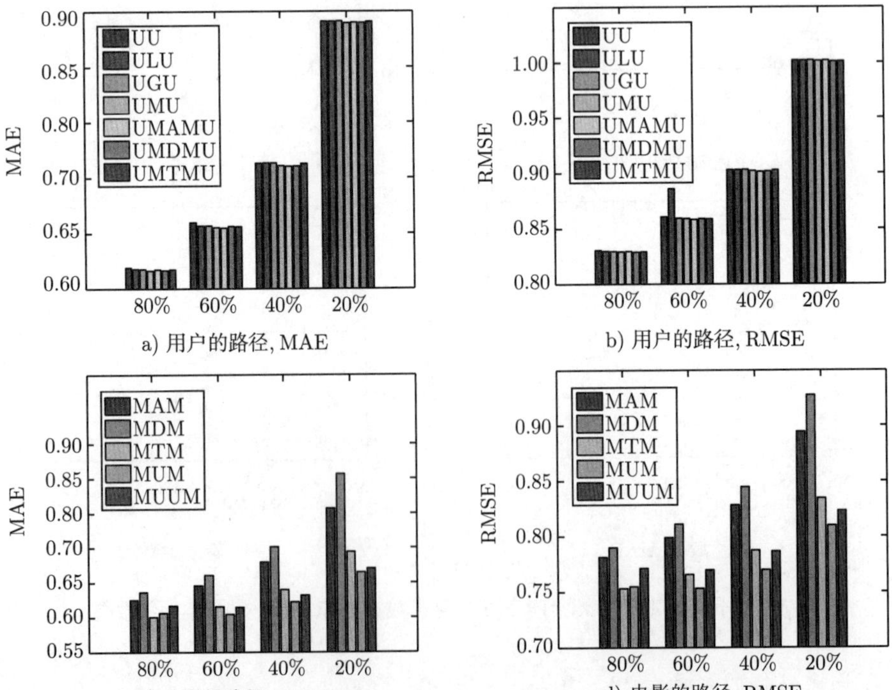

a) 用户的路径, MAE　b) 用户的路径, RMSE

c) 电影的路径, MAE　d) 电影的路径, RMSE

图 5.8　不同元路径的 SimMF 在豆瓣电影数据集上的性能

与用户的其他元路径相比，有意义但稀疏的 UU 元路径的性能稍微差一些。实验表明，我们只需要使用一个密集且有意义的元路径来生成相似性信息，也可以获得足够好的性能。

我们设计了实验来进一步说明元路径的不同的重要性。具体地，我们观察了上述 SimMF-I(i) 在 5 个元路径上不同权重组合方法的性能。除 5 条路径上的平均权重和随机权重外，我们还设计了一种启发式权重法，即根据这些路径的性能设置权重。也就是说，性能好的路径具有更高的权重。假设路径 (P_l) 的 MAE 性能值为 P_l，MAE 的最大值为 P_{max}。差值 $d_l = e^{P_{max}-P_l}$。这样，路径的权重 $w_l^{\mathrm{I}} = \frac{d_l}{\sum_l d_l}$。实验还以 PMF 为基线方法。如图 5.9 所示，结果表明，采用启发式权重方法的 SimMF-I(i) 性能最好，进一步验证了有意义的、密集的元路径更为重要。更详细的方法描述和实验验证见 [17]。

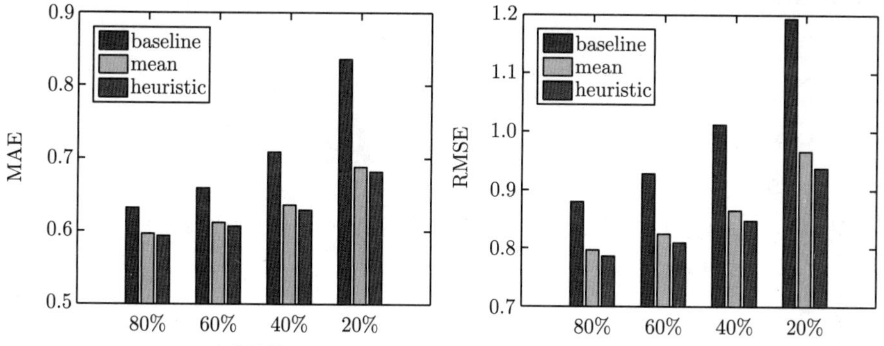

a) MAE　　b) RMSE

图 5.9 不同权重设置下的 SimMF 在 MAE 和 RMSE 指标上的性能表现

5.3 利用异质信息的社交推荐

5.3.1 概述

随着社交媒体的蓬勃发展，利用用户之间的社会关系进行更好的社交推荐已经成为一个热门的研究课题。一些研究人员利用用户之间的信任信息 [10-11]，一些研究人员开始使用用户之间的好友关系 [13, 21] 或其他类型的信息 [1-2]。这些社交推荐算法大多采用社交正则来在低秩矩阵分解框架下限制相似用户。具体来说，我们可以从用户的社交关系中获得用户的相似性，然后，社交正则作为一个约束条件，将相似用户的潜在因子限制得更接近。这是合理的，因为相似的用户应该具有相似的潜在特征。

然而，在社交推荐中广泛使用的社交正则存在着诸多不足。(1) 用户的相似性信息只产生于用户的社交关系。但是在实际应用中，我们可以通过多种方式获得用户的相似性，比如用户的内容。(2) 社交正则只对用户有约束。事实上，我们还可以获得物品的相似性，并对物品的潜在因子施加约束。(3) 社交正则对不相似的用户可能无效，导致不相似的用户具有相似的因子。下一节的分析和实验验证了这一点。

为了克服传统社交推荐算法的局限性，我们提出了一种基于二元相似性正则的推荐方法（DSR）。受异质信息网络（HIN）在许多应用中取得成功的启发，我们将推荐系统构建为一个 HIN，它可以集成各种信息，包括用户与物品之间的交互、用户之间的社会关系、用户与物品的属性信息等。在 HIN 的基础上，通过设置合适的元路径，可以生成用户和物品之间丰富的相似性信息。此外，我们还提出了一种新的相似性正则方法，它可以对用户和具有高相似性和低相似性的物品施加约束。通过相似性正则，DSR 采用了一种新的优化目标来整合用户和物品的相似性信息。然后，我们推导出它的解决方法，来学习不同相似性的权重。

5.3.2　DSR 算法

在本节中，我们提出了基于二元相似性正则的矩阵分解方法**DSR**，并推导了其学习算法。

1. 社交推荐的局限性

近来，随着社交媒体的日益普及，出现了大量利用用户之间丰富的社交关系来提高推荐效果的社交推荐。Ma 等人 [13] 首先提出了社交正则来扩展低秩矩阵分解，其在大量的工作中得到了广泛的应用 [9,22]。社交推荐的基本方法如下：

$$\min_{\boldsymbol{U},\boldsymbol{V}} \mathrm{J} = \frac{1}{2}\sum_{i=1}^{m}\sum_{j=1}^{n} I_{ij}(R_{ij} - \boldsymbol{U}_i\boldsymbol{V}_j^{\mathrm{T}})^2 + \frac{\alpha}{2}\sum_{i=1}^{m}\sum_{j=1}^{m} \boldsymbol{S}_U(i,j)\|\boldsymbol{U}_i - \boldsymbol{U}_j\|^2 + \frac{\lambda_1}{2}(\|\boldsymbol{U}\|^2 + \|\boldsymbol{V}\|^2) \tag{5.28}$$

其中 $m \times n$ 的评分矩阵 $\boldsymbol{R}$ 表示用户对 n 个物品的评分，R_{ij} 为用户 i 对物品 j 的评分。I_{ij} 是一个指示函数，如果用户 i 对物品 j 进行了评分，则该指示函数值为 1，否则为 0。$\boldsymbol{U} \in \mathbb{R}^{m\times d}$，$\boldsymbol{V} \in \mathbb{R}^{n\times d}$，其中 $d << min(m,n)$ 为潜在因子的维数。$\boldsymbol{U}_i$ 是用户 i 在矩阵 $\boldsymbol{U}$ 第 i 行中得到的潜在向量，而 $\boldsymbol{V}_j$ 是物品 j 在矩阵 $\boldsymbol{V}$ 第 j 行中得到的潜在向量。$\boldsymbol{S}_U$ 为用户相似性矩阵，$S_U(i,j)$ 表示用户 i 与用户 j 的相似性，$\|\cdot\|^2$ 为 Frobenius

范数。具体来说，第二项是社交正则，其定义如下：

$$SocReg = \frac{1}{2}\sum_{i=1}^{m}\sum_{j=1}^{m}\boldsymbol{S}_U(i,j)\|\boldsymbol{U}_i - \boldsymbol{U}_j\|^2 \tag{5.29}$$

作为式 5.28 中的约束项，当两个用户的潜在因子非常相似时，*SocReg* 会迫使它们接近。然而，它可能有两个缺点。

- 相似性信息可能很简单。在社交推荐中，用户的相似性信息通常是由评分信息或社交关系生成的，它只使用一种相似性信息。然而在许多应用中，我们可以通过各种方式获取用户和物品丰富的相似性信息，如丰富的属性信息和交互信息。我们需要充分利用这些用户和物品的相似性信息进行推荐。
- 两个用户不太相似时，约束项可能不能很好地工作。优化目标的最小化应使具有高相似性的用户的潜在因子尽可能接近。然而，当两个用户不太相似时（即 $S_U(i,j)$ 较小），*SocReg* 仍可能迫使这两个用户的潜在因子接近。然而，这两个用户应该是不相似的，这意味着他们的潜在因子应该有很大的距离。

为了揭示社交正则的局限性，我们利用式 5.28 中详细描述的模型进行了四个实验，每个实验都有不同程度的相似性信息（*None*、*Low*、*High*、*All*）。*None* 表示我们没有利用模型中的相似性信息（即模型中 α=0），*Low* 表示我们利用模型中产生的相似性较低的 20% 用户的相似性信息，*High* 表示利用相似性较高的 20%，*All* 表示我们利用所有用户的相似信息。我们使用豆瓣数据集来进行实验，记录下 MAE 和 RMSE，如图 5.10 所示。*Low*、*High*、*All* 的结果都比 *None* 要好，这意味着社交正则化在模型中确实有效。然而与 *None* 相比，*Low* 的性能提升不如 *High* 和 *All* 大。上述分析表明，当用户相似性较低时，社交正则在推荐模型中可能无法很好地发挥作用。

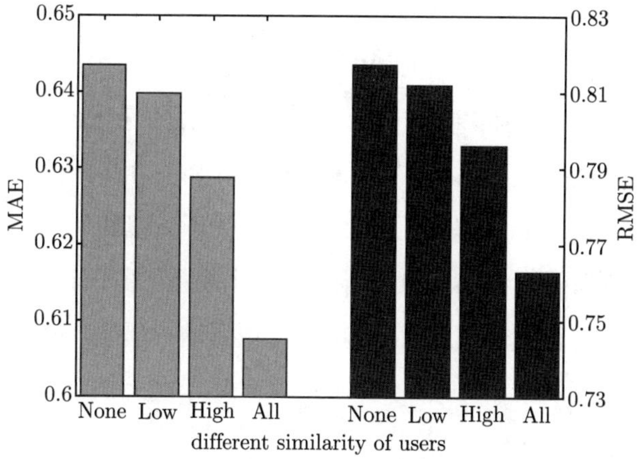

图 5.10 社交正则的局限性

2. 丰富的相似性生成

传统的社交推荐只考虑用户及其社交关系的约束。然而在异质信息网络中可以生成丰富的用户和物品的相似性信息。HIN 中的两类对象可以通过各种元路径进行连接 [19]，其为连接这两类对象的复合关系。因此，我们可以基于不同的元路径来评估用户（或电影）之间的相似性。例如，对于用户，我们可以考虑 UU、UGU、UMU 等元路径。类似地，连接电影的有意义的元路径有 MAM 和 MDM。

在 HIN 中提出了几种基于路径的相似性度量方法来评估给定的元路径下的对象的相似性 [16, 19]。我们设 $\boldsymbol{S}_U^{(p)}$ 表示连接用户的元路径 $P_U^{(p)}$ 下用户的相似性矩阵，$S_U^{(p)}(i,j)$ 表示路径 $P_U^{(p)}$ 下用户 i 和用户 j 的相似性。类似地，$\boldsymbol{S}_I^{(q)}$ 表示连接物品的路径 $P_I^{(q)}$ 下的相似性矩阵，$S_I^{(q)}(i,j)$ 表示物品 i 和物品 j 的相似性。由于用户（或物品）在不同的元路径下具有不同的相似性，我们通过对这些路径分配权重来组合所有路径下的相似性。对于用户和物品，我们分别定义 $\boldsymbol{S}_U$ 和 $\boldsymbol{S}_I$ 来表示用户和物品在所有元路径下的相似性矩阵。

$$\boldsymbol{S}_U = \sum_{p=1}^{|P_U|} \boldsymbol{w}_U^{(p)} \boldsymbol{S}_U^{(p)} \tag{5.30}$$

$$\boldsymbol{S}_I = \sum_{q=1}^{|P_I|} \boldsymbol{w}_I^{(q)} \boldsymbol{S}_I^{(q)} \tag{5.31}$$

其中 $\boldsymbol{w}_U^{(p)}$ 表示元路径 $P_U^{(p)}$ 在所有连接用户的元路径 P_U 中的权重。$\boldsymbol{w}_I^{(q)}$ 表示元路径 $P_I^{(q)}$ 在所有连接物品的元路径 P_I 中的权重。

3. 相似性正则

针对目前广泛使用的社交正则的局限性，我们设计了一种新的相似性正则方法，利用大量用户和物品的相似性信息来同时约束用户和物品。相似性正则化的基本思想是两个用户（或物品）的潜在因子之间的距离应该与其相似性负相关，即两个相似的用户（或物品）的潜在因子间应该有较小的距离，而两个不相似的用户（或物品）的潜在因子之间应该有较大的距离。我们发现高斯函数可以满足上述要求。此外，高斯函数的取值范围为 [0,1]，与相似性函数的取值范围相同。根据这一思想，我们设计了一个对于用户的相似性正则，如下所示：

$$SimReg^{\mathrm{U}} = \frac{1}{8} \sum_{i=1}^{m} \sum_{j=1}^{m} (\boldsymbol{S}_U(i,j) - e^{-\gamma \|\boldsymbol{U}_i - \boldsymbol{U}_j\|^2})^2 \tag{5.32}$$

其中 γ 控制高斯函数的径向强度，系数 $\frac{1}{8}$ 便于我们推导其学习算法。这种相似性正则可以对相似和不相似的用户实施约束。此外，还可以通过社交关系或上述 HIN 生成相似性矩阵 $\boldsymbol{S}_U$。同样，我们设计了一个对于物品的相似性正则，如下：

$$SimReg^{\mathrm{I}} = \frac{1}{8}\sum_{i=1}^{n}\sum_{j=1}^{n}(\boldsymbol{S}_I(i,j) - e^{-\gamma\|\boldsymbol{V}_i-\boldsymbol{V}_j\|^2})^2 \tag{5.33}$$

提出 DSR 模型 通过在低秩矩阵分解框架中加入用户和物品的相似性正则，我们提出了针对推荐的二元相似性正则（称为 DSR）。具体地，提出的优化模型如下：

$$\begin{aligned}
\min_{\boldsymbol{U},\boldsymbol{V},\boldsymbol{w}_U,\boldsymbol{w}_I} \mathrm{J} = & \frac{1}{2}\sum_{i=1}^{m}\sum_{j=1}^{n} I_{ij}(R_{ij} - \boldsymbol{U}_i\boldsymbol{V}_j^{\mathrm{T}})^2 \\
& + \frac{\lambda_1}{2}(\|\boldsymbol{U}\|^2 + \|\boldsymbol{V}\|^2) + \frac{\lambda_2}{2}(\|\boldsymbol{w}_U\|^2 + \|\boldsymbol{w}_I\|^2) \\
& + \alpha SimReg^{\mathrm{U}} + \beta SimReg^{\mathrm{I}} \\
s.t. \quad & \sum_{p=1}^{|P_U|}\boldsymbol{w}_U^{(p)} = 1, \boldsymbol{w}_U^{(p)} \geqslant 0 \\
& \sum_{q=1}^{|P_I|}\boldsymbol{w}_I^{(q)} = 1, \boldsymbol{w}_I^{(q)} \geqslant 0
\end{aligned} \tag{5.34}$$

其中 α 和 β 分别控制用户和物品的相似性正则化项的比率。

4. 学习算法

DSR 的学习算法可以分为两个步骤。(1) 在固定权重向量 $\boldsymbol{w}_U = [\boldsymbol{w}_U^{(1)}, \boldsymbol{w}_U^{(2)}, \cdots, \boldsymbol{w}_U^{(|P_U|)}]^{\mathrm{T}}$ 和 $\boldsymbol{w}_I = [\boldsymbol{w}_I^{(1)}, \boldsymbol{w}_I^{(2)}, \cdots, \boldsymbol{w}_I^{(|P_I|)}]^{\mathrm{T}}$ 的情况下，优化用户和物品的潜在因子矩阵（即 $\boldsymbol{U}$ 和 $\boldsymbol{V}$）。(2) 固定潜在因子矩阵 $\boldsymbol{U}$ 和 $\boldsymbol{V}$，优化权重向量 $\boldsymbol{w}_U$ 和 $\boldsymbol{w}_I$。通过这两个步骤的迭代优化，我们可以得到最优的 $\boldsymbol{U}$、$\boldsymbol{V}$、$\boldsymbol{w}_U$、$\boldsymbol{w}_I$。

优化 $\boldsymbol{U}$ 与 $\boldsymbol{V}$ 在固定的 $\boldsymbol{w}_U$ 和 $\boldsymbol{w}_I$ 的情况下，我们可以使用随机梯度下降算法来优化 $\boldsymbol{U}$ 和 $\boldsymbol{V}$。

$$\begin{aligned}
\frac{\partial \mathrm{J}}{\partial \boldsymbol{U}_i} = & \sum_{j=1}^{n} I_{ij}(\boldsymbol{U}_i\boldsymbol{V}_j^{\mathrm{T}} - R_{ij})\boldsymbol{V}_j \\
& + \alpha\sum_{j=1}^{m}\gamma[(S_U(i,j) - e^{-\gamma\|\boldsymbol{U}_i-\boldsymbol{U}_j\|^2})e^{-\gamma\|\boldsymbol{U}_i-\boldsymbol{U}_j\|^2}(\boldsymbol{U}_i - \boldsymbol{U}_j)] \\
& + \lambda_1\boldsymbol{U}_i
\end{aligned} \tag{5.35}$$

$$\frac{\partial \mathrm{J}}{\partial \boldsymbol{V}_j} = \sum_{i=1}^{m} I_{ij}(\boldsymbol{U}_i \boldsymbol{V}_j^{\mathrm{T}} - R_{ij})\boldsymbol{U}_i \\ +\beta \sum_{i=1}^{n} \gamma[(S_I(i,j) - e^{-\gamma\|\boldsymbol{V}_i - \boldsymbol{V}_j\|^2})e^{-\gamma\|\boldsymbol{V}_i - \boldsymbol{V}_j\|^2}(\boldsymbol{V}_i - \boldsymbol{V}_j)] \\ +\lambda_1 \boldsymbol{V}_j \tag{5.36}$$

优化 $\boldsymbol{w}_U$ 与 $\boldsymbol{w}_I$ 在固定 $\boldsymbol{U}$ 和 $\boldsymbol{V}$ 的情况下，J 对于 $\boldsymbol{w}_U$ 和 $\boldsymbol{w}_I$ 的极小化是一个已经被充分研究的非负界二次优化问题。我们可以使用标准的信赖域反射算法来迭代更新 $\boldsymbol{w}_U$ 和 $\boldsymbol{w}_I$。我们可以将 $\boldsymbol{w}_U$ 的优化函数简化为以下标准二次公式：

$$\min_{\boldsymbol{w}_U} \ \frac{1}{2}\boldsymbol{w}_U^{\mathrm{T}} \boldsymbol{H}_U \boldsymbol{w}_U + f_U^{\mathrm{T}} \boldsymbol{w}_U \\ s.t. \ \sum_{p=1}^{|P_U|} \boldsymbol{w}_U^{(p)} = 1, \boldsymbol{w}_U^{(p)} \geqslant 0 \tag{5.37}$$

这里的 $\boldsymbol{H}_U$ 是一个 $|P_U| \times |P_U|$ 的对称矩阵，如下：

$$\boldsymbol{H}_U(i,j) = \begin{cases} \dfrac{\alpha}{4}\left(\sum\sum \boldsymbol{S}_U^{(i)} \odot \boldsymbol{S}_U^{(j)}\right) & i \neq j, 1 \leqslant i,j \leqslant |P_U| \\ \dfrac{\alpha}{4}\left(\sum\sum \boldsymbol{S}_U^{(i)} \odot \boldsymbol{S}_U^{(j)}\right) + \lambda_2 & i = j, 1 \leqslant i,j \leqslant |P_U| \end{cases}$$

$\odot$ 表示点积。$\boldsymbol{f}_U$ 是长度为 $|P_U|$ 的列向量，按如下计算：

$$\boldsymbol{f}_U(p) = -\frac{\alpha}{4} \sum_{i=1}^{m} \sum_{j=1}^{m} \boldsymbol{S}_U^{(p)}(i,j) e^{-\gamma\|\boldsymbol{U}_i - \boldsymbol{U}_j\|^2}$$

类似的，我们可以推导出 $\boldsymbol{w}_I$ 的优化函数。

5.3.3 实验

在本节中，我们通过实验验证了 DSR 的有效性，并进一步探讨了冷启动问题。

1. 实验设置

我们在实验中使用了两个真实的数据集：豆瓣数据集和 Yelp 数据集。注意，豆瓣数据集具有稀疏的社会关系和密集的评分信息，而 Yelp 数据集具有密集的社会关系和稀疏的评分信息。我们仍然使用平均绝对误差（MAE）和均方根误差（RMSE）来评估预测评分的性能。

为了验证 DSR 的有效性，我们将其与以下几种代表性算法进行了比较。除了经典的社交推荐算法 SoMF 外，实验还包括了两种最新的基于 HIN 的推荐方法，HeteCF 和

HeteMF。此外，为了验证相似性正则的有效性，我们加入了带有相似性正则的修正版 SoMF（即 SoMF_{SR}）。

- **UserMean**　使用用户的平均评分来直接预测缺失的评分。
- **ItemMean**　使用一个物品的平均评分来直接预测缺失的评分。
- **PMF**[14]　Salakhutdinov 和 Minh 提出的用于推荐的基本的低秩矩阵分解方法。
- **SoMF**[13]　Ma 等人提出了对用户进行社交正则的社交推荐方法。
- **HeteCF**[9]　Luo 等人提出的使用异质关系的社交协同过滤算法。
- **HeteMF**[22]　Yu 等人通过结合用户评分和物品相似性矩阵，提出了基于 HIN 的推荐方法。
- **SoMF_{SR}**　仅通过相似性正则 $SimReg^{\text{U}}$ 代替社交正则，来适应 SoMF。

对于豆瓣数据集，我们使用了 7 条用户元路径（即 UU、UGU、ULU、UMU、$UMDMU$、$UMTMU$、$UMAMU$），使用了 5 条物品元路径（即 MTM、MDM、MAM、MUM、$MUUM$）。对于 Yelp 数据集，我们使用了 2 条用户元路径（即 UB 和 UU），使用了 2 条物品元路径（即 BC 和 BL）。使用 HeteSim[16] 对基于上述元路径的对象相似性进行评估。这些相似性矩阵被很好地利用于 HeteCF、HeteMF 和 DSR 方法中。在豆瓣数据集的实验中我们设置参数 $\gamma = 1$，$\alpha = 10$，$\beta = 10$。在 Yelp 数据集的实验中我们设置参数 $\gamma = 1$，$\alpha = 10$，$\beta = 10$。同时，在实验中为其他模型设定了最优参数。

2. 有效性实验

对于豆瓣数据集，我们使用不同比例（80%、60%、40%）的数据作为训练集，其余数据集用于测试。考虑到 Yelp 数据集较为稀疏，我们使用 90%、80%、70%的数据作为训练集，其余数据集用于测试。我们随机选择数据，进行 10 次，每次独立，平均结果见表 5.7。

很明显三种基于 HIN 的算法（DSR、HeteCF 和 HeteMF）与 PMF、UserMean、ItemMean 和 SoMF 相比，性能都得到了很大的提升。这意味着集成异质信息在提高推荐性能方面是很有前途的。特别地，DSR 在所有情况下的性能与其他方法相比都是最好的。这表明用户和物品的二元相似性正则化可能比传统的社交正则化更有效。SoMF_{SR} 的性能优于 SoMF 可以进一步证实这一点。虽然 SoMF_{SR} 相对于 SoMF 的优势不明显，但在豆瓣数据集中，对于非常弱的社交关系下的性能得到了改善。此外，我们还可以发现 DSR 在训练数据较少的情况下具有更好的性能。这表明 DSR 具有改善冷启动问题的潜力。

表 5.7 豆瓣 & Yelp 的有效性实验结果（基于 PMF 的改进）

数据集	训练	指标	PMF	UserMean	ItemMean	SoMF	HeteCF	HeteMF	$SoMF_{SR}$	DSR
Douban	80%	MAE	0.6444	0.6954	0.6284	0.6396	0.6101	0.5941	0.6336	**0.5856**
		Improve		−7.92%	2.47%	0.73%	5.32%	7.79%	1.68%	9.12%
		RMSE	0.8151	0.8658	0.7928	0.8098	0.7657	0.7520	0.8000	**0.7379**
		Improve		−6.23%	2.73%	0.64%	6.05%	7.73%	1.85%	9.46%
	60%	MAE	0.6780	0.6967	0.6370	0.6696	0.6317	0.6056	0.6648	**0.5946**
		Improve		−2.76%	6.05%	1.25%	6.84%	10.68%	1.96%	12.31%
		RMSE	0.8569	0.8687	0.8135	0.8445	0.7901	0.7665	0.8358	**0.7483**
		Improve		−1.37%	5.07%	1.45%	7.80%	10.56%	2.46%	12.68%
	40%	MAE	0.7364	0.7009	0.6629	0.7245	0.6762	0.6255	0.7141	**0.6092**
		Improve		4.83%	9.99%	1.63%	8.18%	15.07%	3.03%	17.28%
		RMSE	0.9221	0.8747	0.8747	0.9058	0.8404	0.7891	0.8950	**0.7629**
		Improve		5.14%	5.13%	1.76%	8.86%	14.42%	2.94%	17.27%
Yelp	90%	MAE	0.8475	0.9543	0.8822	0.8460	0.8461	0.8960	0.8459	**0.8158**
		Improve		−12.60%	−4.09%	0.18%	0.17%	−5.72%	0.18%	3.74%
		RMSE	1.0796	1.3138	1.2106	1.0772	1.0773	1.1272	1.0772	**1.0369**
		Improve		−21.69%	−12.13%	0.22%	0.21%	−4.41%	0.22%	3.95%
	80%	MAE	0.8528	0.9621	0.8931	0.8527	0.8528	0.8907	0.8526	**0.8206**
		Improve		−12.82%	−4.72%	0.01%	0.00%	−4.44%	0.01%	3.78%
		RMSE	1.0850	1.3255	1.2304	1.0849	1.0850	1.1195	1.0848	**1.0413**
		Improve		−22.17%	−13.40%	0.01%	0.00%	−3.18%	0.02%	4.03%
	70%	MAE	0.8576	0.9706	0.9062	0.8575	0.8576	0.8976	0.8575	**0.8250**
		Improve		−13.17%	−5.67%	0.01%	0.00%	−4.66%	0.01%	3.80%
		RMSE	1.0894	1.3395	1.2547	1.0936	1.0894	1.1313	1.0894	**1.0461**
		Improve		−22.96%	−15.17%	−0.39%	0.00%	−3.85%	0.00%	3.97%

3. 冷启动问题研究

此外我们进一步验证了 DSR 在冷启动问题上的优越性。我们在豆瓣数据集上运行 PMF、SoMF、HeteCF、HeteMF 和 DSR，训练数据占比为 40%。我们设置了 4 个等级的用户：三种对评分电影数量不同的冷启动用户（如图 5.11，[0,8] 表示评分的电影数量不超过 8 部的用户，“All”表示所有的用户）。我们对冷启动物品和“users&items”（用户和物品都是冷启动）进行了类似的实验。实验结果如图 5.11 所示。我们再一次发现 3 种基于 HIN 的方法对于冷启动的用户和物品都是有效的。此外，由于用户和物品的二元相似性正则，DSR 在几乎所有情况下都使 MAE 得到了最大的改进。这是合理的，因为 DSR 考虑了大量的用户和物品的约束信息，当用户或物品的可用信息很少时，这些约束信息将发挥至关重要的作用。更详细的算法描述和实验验证可参考 [3,26]。

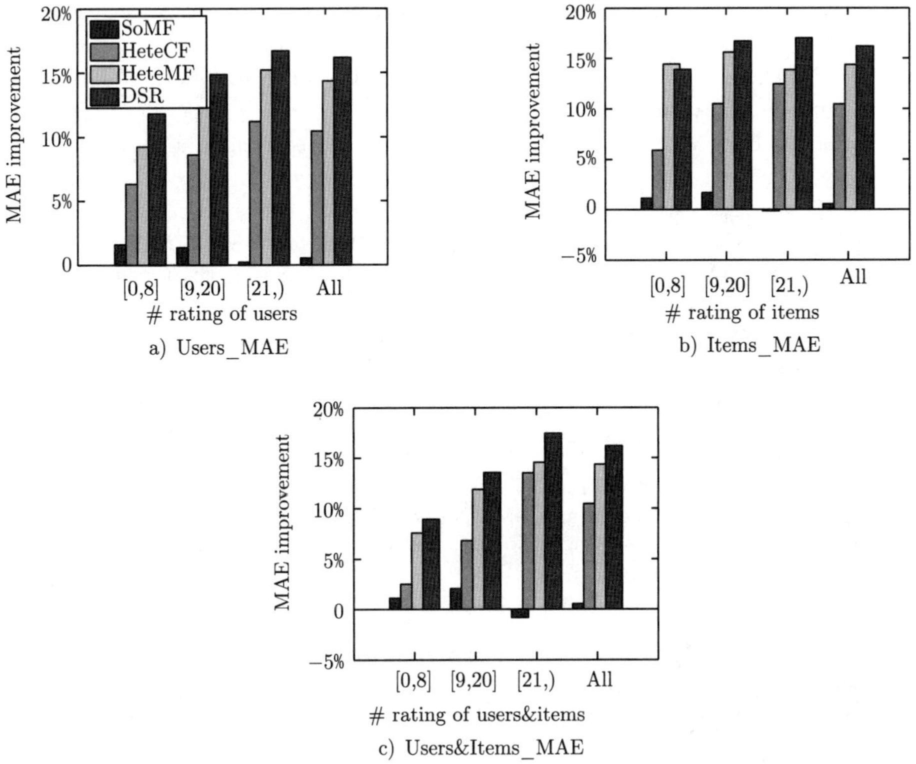

图 5.11 在不同的冷启动水平上，MAE 指标上较于 PMF 的改进

5.4 结论

近年来，应用推荐来缓解信息超载非常流行。人们提出了许多推荐技术。推荐系统包含了大量的对象类型和对象类型之间丰富的关系，因此我们可以很自然地从推荐系统中构建一个异质信息网络。HIN 全面的信息集成和丰富的语义信息使其有可能产生更好的推荐结果。在本章中，我们介绍了基于 HIN 的两种推荐方法。一种方法采用基于语义路径的相似性度量方法直接推荐物品，另一种方法利用元路径生成的丰富相似性扩展了传统的矩阵分解方法。实验不仅验证了这些方法的有效性，而且表明了异质网络信息集成的优越性。在未来的工作中，我们可以在更多的应用中充分发挥异质网络信息集成的强大功能和优势。

参考文献

1. BellogíN, R., Cantador, I., Castells, P.: A comparative study of heterogeneous item recommendations in social systems. Inf. Sci. **221**, 142–169 (2013)
2. Cantador, I., Bellogin, A., Vallet, D.: Content-based recommendation in social tagging systems. In: RecSys, pp. 237–240 (2010)
3. Cao, X., Zheng, Y., Shi, C., Li, J., Wu, B.: Link prediction in Schema-Rich heterogeneous information network. In: PAKDD, pp. 449–460 (2016)
4. Jamali, M., Ester, M.: Trustwalker: a random walk model for combining trust-based and item-based recommendation. In: KDD, pp. 397–406 (2009)
5. Jamali, M., Lakshmanan, L.V.S.: HeteroMF: recommendation in heterogeneous information networks using context dependent factor models. In: WWW, pp. 643–654 (2013)
6. Lao, N., Cohen, W.: Fast query execution for retrieval models based on path constrained random walks. In: KDD, pp. 881–888 (2010)
7. Lin, C.J.: Projected gradient methods for non-negative matrix factorization. In: Neural Computation, pp. 2279–2756 (2007)
8. Lippert, C., Weber, S.H., Huang, Y., Tresp, V., Schubert, M., Kriegel, H.P.: Relation prediction in multi-relational domains using matrix factorization. In: NIPS Workshop on Structured Input Structure Output (2008)
9. Luo, C., Pang, W., Wang, Z.: Hete-CF: social-based collaborative filtering recommendation using heterogeneous relations. In: ICDM, pp. 917–922 (2014)
10. Ma, H., Yang, H., Lyu, M.R., King, I.: SoRec: social recommendation using probabilistic matrix factorization. In: CIKM, pp. 931–940 (2008)
11. Ma, H., King, I., Lyu, M.R.: Learning to recommend with social trust ensemble. In: SIGIR, pp. 203–210 (2009)
12. Ma, H., Zhou, T.C., Lyu, M.R., King, I.: Improving recommender systems by incorporating social contextual information. ACM Trans. Inf. Syst. **29**(2), 9 (2011)
13. Ma, H., Zhou, D., Liu, C., Lyu, M.R., King, I.: Recommender systems with social regularization. In: WSDM, pp. 287–296 (2011)
14. Salakhutdinov, R., Mnih, A., Salakhutdinov, R., Mnih, A.: Probabilistic matrix factorization. In: NIPS **20**, 1257–1264 (2008)
15. Shardanand, U., Maes, P.: Social information filtering: algorithms for automating word of mouth. In: Sigchi Conference on Human Factors in Computing Systems, pp. 210–217 (1995)
16. Shi, C., Kong, X., Huang, Y., Philip, S.Y., Wu, B.: Hetesim: a general framework for relevance measure in heterogeneous networks. IEEE Trans. Knowl. Data Eng. **26**(10), 2479–2492 (2014)
17. Shi, C., Liu, J., Zhuang, F., Yu, P.S., Wu, B.: Integrating heterogeneous information via flexible regularization framework for recommendation. Knowl. Inf. Syst. **49**(3), 1–25 (2015)
18. Srebro, N., Jaakkola, T.: Weighted low-rank approximations. In: ICML, pp. 720–727 (2003)
19. Sun, Y.Z., Han, J.W., Yan, X.F., Yu, P.S., Wu, T.: PathSim: meta path-based top-K similarity search in heterogeneous information networks. In: VLDB, pp. 992–1003 (2011)
20. Sun, Y., Han, J.: Mining heterogeneous information networks: a structural analysis approach. SIGKDD Explor. **14**(2), 20–28 (2012)
21. Yang, X., Steck, H., Liu, Y.: Circle-based recommendation in online social networks. In: KDD, pp. 1267–1275 (2012)
22. Yu, X., Ren, X., Gu, Q., Sun, Y., Han, J.: Collaborative filtering with entity similarity regularization in heterogeneous information networks. In: IJCAI-HINA Workshop (2013)
23. Yu, X., Ren, X., Sun, Y., Sturt, B., Khandelwal, U., Gu, Q., Norick, B., Han, J.: Recommendation in heterogeneous information networks with implicit user feedback. In: RecSys, pp. 347–350 (2013)

24. Yu, X., Ren, X., Sun, Y., Gu, Q., Sturt, B., Khandelwal, U., Norick, B., Han, J.: Personalized entity recommendation: a heterogeneous information network approach. In: WSDM, pp. 283–292 (2014)
25. Yuan, Q., Chen, L., Zhao, S.: Factorization vs. regularization: fusing heterogeneous social relationships in top-n recommendation. In: RecSys, pp. 245–252 (2011)
26. Zheng, J., Liu, J., Shi, C., Zhuang, F., Li, J., Wu, B.: Dual similarity regularization for recommendation. In: PAKDD, pp. 542–554 (2016)

第6章 异质社交网络上的融合学习

摘要 从全局的角度来看，在线社交网络是高度分散的。现已有大量的在线社交网络，可以为用户提供各种类型的服务。通常，这些在线社交网络中可用的信息具有不同的类型，其形式上可以表示为异质信息网络（HIN）。同时，在这样的在线社交媒体时代，用户通常同时参与多个在线社交网络，以享受更多的社交网络服务，这些服务可以充当将不同网络连接在一起的桥梁。因此，多个 HIN 不仅可以表示单个网络中的信息，还融合了来自多个网络的信息。形式上，共享相同用户的在线社交网络称为对齐社交网络，并且这些像对齐网络的锚点一样的共享用户称为锚用户。用户在多个对齐社交网络中的社交活动所产生的异质信息为社交网络从业者和研究人员提供了研究同时跨多个社交平台的个人用户社交行为的机会。

6.1 网络对齐

6.1.1 概述

异质信息网络（heterogeneous information networks, HIN）是现实世界中一种非常普遍的网络表示形式，许多网络结构化数据可以正式表示为 HIN，如合作网络、在线社交网络和知识库。Sun 等人 [32] 首先提出的异质信息网络的元路径是一种功能强大的工具，可以应用于链接预测问题 [31,34]、聚类问题 [32-33]、搜索和排名问题 [16,37] 以及 HIN 中的集体分类问题 [11]。然而，大多数这些应用都只在一个网络中，从中提取的元路径称为网络内元路径。

同时，为了同时享受多个在线社交网络的社交服务，如今的用户通常同时参与多个在线社交网络。在形式上，共享公共用户的在线社交网络被称为“对齐社交网络”，这些像锚一样使网络对齐的共享用户称为“锚用户”。跨对齐社交网络的社交活动分析是近年来的一个热门研究课题，在这方面已经有了很多开创性的工作。Zhang 等提出研究成对完全对齐网络 [12]、成对部分对齐网络 [44-45,47] 和多个部分对齐网络 [46] 之间的网络对齐问题。

基于对齐的网络，跨多个社交平台的各种应用问题已被研究，包括好友推荐、新用户的社交链接预测 [42]、新兴网络 [43-44,50]、位置推荐 [43]、新兴网络的社区检测 [48] 和跨网络的协同聚类 [9,28,36]、信息扩散 [39-40]、病毒式营销 [39] 和临界用户识别 [40]。为了处理对齐社交网络中可用的异质信息，元路径概念首先扩展到网络间场景 [45,50]，并应用于解决部分对齐的异质社交网络中的各种协同知识发现问题，其中包括网络对齐 [45]、链接推荐 [50]、社区检测 [36] 和信息扩散 [39-40]。

网络对齐问题在生物信息学中得到了很好的研究，如蛋白质–蛋白质相互作用（PPI）网络对齐 [10,14,17,30]。大多数网络对齐方法都侧重于寻找两个图之间的近似同构 [10,14,30]。由于问题的难解性，现有方法通常依靠实际的启发式方法来解决问题 [10,17]。与此同时，近年来也有一些关于社交网络对齐的研究 [12-13,22]。针对这一问题，提出了各种网络对齐模型，包括基于监督分类的网络对齐方法 [12,45]、基于 PU（positive and unlabeled）分类的方法 [44] 和基于无监督矩阵估计的方法 [46-47]。

在本章中，我们将以异质社交网络为例，介绍文献 [47] 中研究的网络对齐问题和 UNICOAT模型。在网络对齐问题中，我们的目标是基于网络中可用的异质信息来识别不同社交平台上的公共用户账户（即锚链接），包括网络结构信息和各种类型的属性信息。

6.1.2 术语定义与社交元路径

在介绍网络对齐问题框架之前，我们将首先介绍一组术语，这些术语将在本节和本章中使用，包括异质信息网络、多个对齐的社交网络、锚链接以及网络内元路径和网络间元路径。还将介绍一组网络内和网络间元路径，其符号、表示和物理意义如下所示。

1. 术语定义

如图 6.1a 所示，在线社交网络通常包含不同类型节点的异质信息，例如，用户 (users)、帖子 (posts)、单词 (words)、时间戳 (time stamps) 和位置签到 (location check-ins)，以及复杂的节点之间的链接，例如，用户之间的朋友链接、用户和帖子之间的写作链接，帖子和单词、时间戳、签到之间的包含/附加链接。形式上，这种在线社交网络可以表示为异质信息网络。

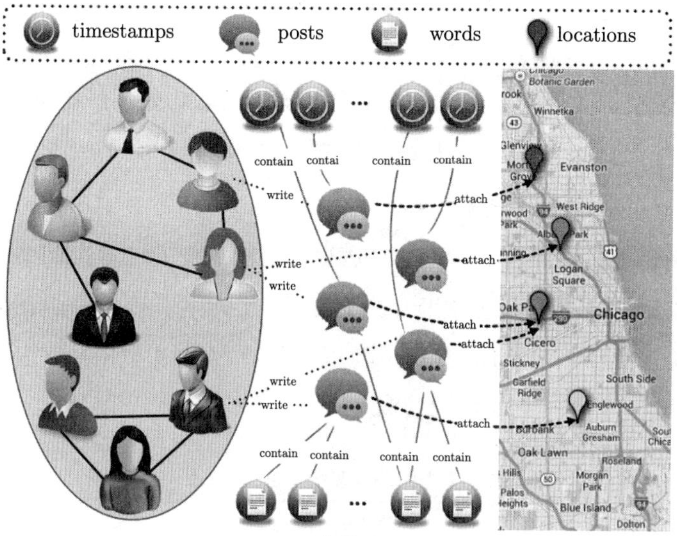

a) HIN

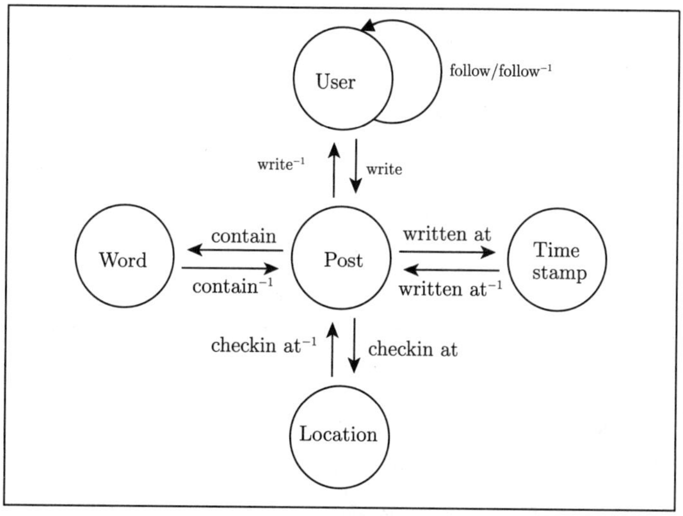

b) 网络模式

图 6.1 HIN 的一个示例和相应的网络模式

定义 6.1（异质信息网络） **异质信息网络** 可以表示为 $G = (\mathtt{V}, \mathtt{E})$，其中节点集合 $\mathtt{V} = \bigcup_i \mathtt{V}_i$ 和链接集合 $\mathtt{E} = \bigcup_i \mathtt{E}_i$ 分别包含不同的类别。

如今的用户通常同时参与多个在线社交网络，享受更多的社交网络服务。形式上，共享共同用户的在线社交网络可以定义为多个对齐的社交网络[12]，这些社交网络通过共享用户账户即锚用户[50]之间的锚链接[42]进行连接。

定义 6.2（多个对齐的社交网络） **多个对齐的社交网络**可以表示为 $G = (\{G^i\}_i, \{A^{(i,j)}\}_{i,j})$，其中 $G^i = (V^i, E^i)$ 表示第 i 个**异质信息网络**，$A^{(i,j)}$ 表示网络 G^i 和 G^j 之间的无向锚链接集合。

定义 6.3（锚链接） 在网络 G^i 和 G^j 之间，一组无向锚链接 $A^{(i,j)}$ 可以表示为 $A^{(i,j)} = \{(u_m^i, v_n^j) | u_m^i \in U^i, v_n^j \in U^i, u_m^i 和 v_n^j 是同一用户的账户\}$，其中 $U^i \subset V^i$ 和 $U^j \subset V^j$ 分别是网络 G^i 和 G^j 中的用户节点集。

对多个对齐的社交网络中的异质信息进行建模的一种方法是元路径[33,36,50]，其将不同类型节点之间的连接抽象为由节点类型连接的链接类型的序列。例如，给定社交网络，其网络模式如图 6.1 所示，表 6.1 中提供了从网络中提取的网络内社交元路径的概述。

表 6.1 网络内社交元路径概述

ID	符号	网络内的社交元路径	语义
1	U → U	$\text{User} \xrightarrow{follow} \text{User}$	关注
2	U → U → U	$\text{User} \xrightarrow{follow} \text{User} \xrightarrow{follow} \text{User}$	关注者的关注者
3	U → U ← U	$\text{User} \xrightarrow{follow} \text{User} \xleftarrow{follow} \text{User}$	公共外邻
4	U ← U → U	$\text{User} \xleftarrow{follow} \text{User} \xrightarrow{follow} \text{User}$	公共内邻
5	U → P → W ← P ← U	$\text{User} \xrightarrow{write} \text{Post} \xrightarrow{contain} \text{Word} \xleftarrow{contain} \text{Post} \xleftarrow{write} \text{User}$	包含共用词的帖子
6	U → P → T ← P ← U	$\text{User} \xrightarrow{write} \text{Post} \xrightarrow{contain} \text{Time} \xleftarrow{contain} \text{Post} \xleftarrow{write} \text{User}$	包含共同时间戳的帖子
7	U → P → L ← P ← U	$\text{User} \xrightarrow{write} \text{Post} \xrightarrow{attach} \text{Location} \xleftarrow{attach} \text{Post} \xleftarrow{write} \text{User}$	附加共同位置签到的帖子

定义 6.4（网络内元路径） 给定一个**异质信息网络** $G^i = (V^i, E^i)$，我们可以将其**网络模式**表示为 $S(G^i) = (T^i, R^i)$，其中 T^i 表示 V^i 中节点的类型，R^i 表示 E^i 中链接的类型。形式上，根据**网络模式**，可以将**元路径**定义为一个序列 $P: T_1^i \xrightarrow{R_1^i} T_2^i \xrightarrow{R_2^i} \cdots \xrightarrow{R_m^i} T_{m+1}^i$，其中 $T_m^i \in T^i$ 和 $R_n^i \in R^i$ 分别是网络 G^i 中可用的节点类型和链接类型。

除了网络内元路径外，通过锚链接和其他共享的信息实体，跨不同网络的节点也可以通过网络间元路径进行连接。

定义 6.5（网络间元路径） 给定一个由链接类型序列组成的元路径 P，当且仅当

P 涉及两个网络 G^i 和 G^j 中的节点类型和链接类型时，为二者的**网络间元路径**。

网络 G^i 和 G^j 之间最简单的网络间元路径是锚元路径[45,50]，包含 G^i 和 G^j 的用户节点类型以及 G^i 和 G^j 之间的锚链接类型。表 6.2 总结了一些网络间元路径示例。

表 6.2　网络间社交元路径概述

ID	符号	网络间的社交元路径	语义
1	$\mathrm{U}^i \to \mathrm{U}^i \leftrightarrow \mathrm{U}^j \leftarrow \mathrm{U}^j$	$\mathrm{User}^i \xrightarrow{follow} \mathrm{User}^i \xleftrightarrow{Anchor} \mathrm{User}^j \xleftarrow{follow} \mathrm{User}^j$	网络间共同的外邻
2	$\mathrm{U}^i \leftarrow \mathrm{U}^i \leftrightarrow \mathrm{U}^j \to \mathrm{U}^j$	$\mathrm{User}^i \xleftarrow{follow} \mathrm{User}^i \xleftrightarrow{Anchor} \mathrm{User}^j \xrightarrow{follow} \mathrm{User}^j$	网络间共同的内邻
3	$\mathrm{U}^i \to \mathrm{U}^i \leftrightarrow \mathrm{U}^j \to \mathrm{U}^j$	$\mathrm{User}^i \xrightarrow{follow} \mathrm{User}^i \xleftrightarrow{Anchor} \mathrm{User}^j \xrightarrow{follow} \mathrm{User}^j$	网络间共同出内邻
4	$\mathrm{U}^i \leftarrow \mathrm{U}^i \leftrightarrow \mathrm{U}^j \leftarrow \mathrm{U}^j$	$\mathrm{User}^i \xleftarrow{follow} \mathrm{User}^i \xleftrightarrow{Anchor} \mathrm{User}^j \xleftarrow{follow} \mathrm{User}^j$	网络间共同内外邻
5	$\mathrm{U}^i \to \mathrm{P}^i \to \mathrm{L} \leftarrow \mathrm{P}^j \leftarrow \mathrm{U}^j$	$\mathrm{User}^i \xrightarrow{write} \mathrm{Post}^i \xrightarrow{checkin\ at}$ $\mathrm{Location} \xleftarrow{checkin\ at} \mathrm{Post}^j \xleftarrow{write} \mathrm{User}^j$	网络间共同位置签到
6	$\mathrm{U}^i \to \mathrm{P}^i \to \mathrm{T} \leftarrow \mathrm{P}^j \leftarrow \mathrm{U}^j$	$\mathrm{User}^i \xrightarrow{write} \mathrm{Post}^i \xrightarrow{at}$ $\mathrm{Time} \xleftarrow{at} \mathrm{Post}^j \xleftarrow{write} \mathrm{User}^j$	网络间共同时间戳
7	$\mathrm{U}^i \to \mathrm{P}^i \to \mathrm{W} \leftarrow \mathrm{P}^j \leftarrow \mathrm{U}^j$	$\mathrm{User}^i \xrightarrow{write} \mathrm{Post}^i \xrightarrow{contain} \mathrm{Word}$ $\xleftarrow{contain} \mathrm{Post}^j \xleftarrow{write} \mathrm{User}^j$	跨网络的常用词

2. 社交元路径

元路径实际上可以连接来自网络的各种类型的节点类型，并且那些以用户节点类型开始和结束的节点被正式命名为社交元路径[36]。在本章中，我们将使用 Foursquare 和 Twitter 网络作为多个对齐社交网络的示例，这些网络实际上共享大量共同用户。如图 6.1a 所示，Foursquare 和 Twitter 网络都可以表示为异质信息网络 $G = (\mathtt{V}, \mathtt{E})$，其中节点集 $\mathtt{V} = \mathtt{U} \cup \mathtt{P} \cup \mathtt{L} \cup \mathtt{T} \cup \mathtt{W}$ 包含用户、帖子、位置、时间戳和单词的节点，而链接集 $\mathtt{E} = \mathtt{E}_{u,u} \cup \mathtt{E}_{u,p} \cup \mathtt{E}_{p,l} \cup \mathtt{E}_{p,t} \cup \mathtt{E}_{p,w}$ 包含用户之间、用户和帖子之间的链接，以及帖子分别和位置、时间戳和单词之间的链接。HIN 的相应网络模式如图 6.1b 所示。基于网络模式，可以从网络中提取和定义一组网内社交元路径，如表 6.1 所示。

除了网络内社交元路径，在表 6.2 中，我们还分别列出了连接网络 G^i 和 G^j 中用户节点类型的网络间社交元路径列表。这些网络间的社交元路径通过锚链接或其他公共信息实体（如位置签到、单词和时间戳）跨网络连接用户节点。

6.1.3　跨网络对齐

形式上，给定网络 $G^1, G^2, \cdots, G^n$ 以及其中的可用信息，网络对齐问题的目的是识别成对网络之间的锚链接集 $\mathtt{A}^{(1,2)}, \mathtt{A}^{(1,3)}, \cdots, \mathtt{A}^{(n-1,n)}$ 。网络 G^i 和 G^j 之间推断的锚链

接集可以表示为 $\mathtt{A}^{(i,j)}$，它将用户在网络 G^i 和 G^j 之间进行对齐。考虑到不同社交网络中的用户与链接和属性信息都相关，则推断出的锚链接 $\mathtt{A}^{(i,j)}$ 的质量可以通过使用用户链接和属性信息计算该映射所带来的代价来衡量，即

$$cost(\mathtt{A}^{(i,j)}) = \text{ cost in links } (\mathtt{A}^{(i,j)}) + \alpha \cdot \text{ cost in attributes}(\mathtt{A}^{(i,j)}) \tag{6.1}$$

其中 α 表示从属性信息获得的代价的权重。

1. 基于结构信息的网络对齐

基于 G^i 和 G^j 中的用户之间的社交链接（即 $\mathtt{E}^i_{u,u}$ 和 $\mathtt{E}^j_{u,u}$），我们可以对网络 G^i 和 G^j 分别构造二元社交邻接矩阵 $\boldsymbol{S}^i \in \mathbb{R}^{|\mathtt{U}^i|\times|\mathtt{U}^i|}$ 和 $\boldsymbol{S}^j \in \mathbb{R}^{|\mathtt{U}^j|\times|\mathtt{U}^j|}$。当且仅当相应的社交链接 (u^i_p, u^i_q) 和 (u^j_l, u^j_m) 存在于 G^i 和 G^j 中时，$\boldsymbol{S}^i$ 和 $\boldsymbol{S}^j$ 中的项（例如，$\boldsymbol{S}^i(p,q)$ and $\boldsymbol{S}^j(l,m)$）将被赋值为 1。其中 $u^i_p, u^i_q \in \mathtt{U}^i$ 和 $u^j_l, v^j_m \in \mathtt{U}^j$ 是网络 G^i 和 G^j 中的用户。

通过推断的锚链接 $\mathtt{A}^{(i,j)}$，可以在网络 G^i 和 G^j 之间映射用户以及他们的社交连接。我们可以用二元用户转移矩阵 $\boldsymbol{P} \in \mathbb{R}^{|\mathtt{U}^i|\times|\mathtt{U}^j|}$ 来表示推断的锚链接 $\mathtt{A}^{(i,j)}$，其中 (i_{th}, j_{th}) 项 $\boldsymbol{P}(p,q) = 1$ 当且仅当链接 $(u^i_p, u^j_q) \in \mathtt{A}^{(i,j)}$。考虑到对锚链接的约束是一对一的，$\boldsymbol{P}$ 的每一列和每一行最多可以包含一个被赋值为 1 的项，即，

$$\boldsymbol{P}\mathbf{1}^{|\mathtt{U}^j|\times 1} \leqslant \mathbf{1}^{|\mathtt{U}^i|\times 1},\ \boldsymbol{P}^\top\mathbf{1}^{|\mathtt{U}^i|\times 1} \leqslant \mathbf{1}^{|\mathtt{U}^j|\times 1} \tag{6.2}$$

其中 $\boldsymbol{P}\mathbf{1}^{|\mathtt{U}^j|\times 1}$ 和 $\boldsymbol{P}^\top\mathbf{1}^{|\mathtt{U}^i|\times 1}$ 可以分别得到矩阵 $\boldsymbol{P}$ 的行和列之和。式 $\boldsymbol{P}\mathbf{1}^{|\mathtt{U}^j|\times 1} \leqslant \mathbf{1}^{|\mathtt{U}^i|\times 1}$ 表示左向量的每一项不大于右向量中的相应项。

矩阵 $\boldsymbol{P}$ 是锚链接集合 $\mathtt{A}^{(i,j)}$ 的等价表示。接下来，我们将推导出最优用户转移矩阵 $\boldsymbol{P}$，从中我们可以得到最优锚链接集 $\mathtt{A}^{(i,j)}$。

最优锚链接是那些可以最小化跨网络社交映射的不一致性以及通过链接信息推断锚链接集合 $\mathtt{A}^{(i,j)}$ 引入的代价，表示为：

$$\text{cost in link}(\mathtt{A}^{(i,j)}) = \text{cost in link}(\boldsymbol{P}) = \left\|\boldsymbol{P}^\top\boldsymbol{S}^i\boldsymbol{P} - \boldsymbol{S}^j\right\|_F^2 \tag{6.3}$$

其中 $\|\cdot\|_F$ 为对应矩阵的 Frobenius 范数，$\boldsymbol{P}^\top$ 为矩阵 $\boldsymbol{P}$ 的转置。

2. 基于属性信息的网络对齐

使用这些不同的属性信息（即用户名、临时活动和文本内容），我们可以根据网络间的社交元路径计算出跨网络 G^i 和 G^j 用户之间的相似性。为了衡量跨有向异质信息

网络的用户之间的社交亲密度，我们提出了一种新的亲密度度量方法 INMP-Sim（基于网络间元路径的相似性）。

定义 6.6（INMP-Sim） 令 $P_i(x \rightsquigarrow y)$ 和 $P_i(x \rightsquigarrow \cdot)$ 为从 x 到 y 和从 x 到网络中其他节点的**网络间元路径**（*inter-network meta paths*）$\#i$ 的路径实例的集合。定义节点对 (x, y) 的 INMP-Sim为

$$\text{INMP-Sim}(x, y) = \sum_i \omega_i \left(\frac{|P_i(x \rightsquigarrow y)| + |P_i(y \rightsquigarrow x)|}{|P_i(x \rightsquigarrow \cdot)| + |P_i(y \rightsquigarrow \cdot)|} \right) \tag{6.4}$$

其中 ω_i 是**网络间元路径** $\#i$ 的权重并且 $\sum_i \omega_i = 1$。

形式上，我们将这样的相似性矩阵表示为 $\boldsymbol{\Lambda} \in \mathbb{R}^{|\mathtt{U}^i| \times |\mathtt{U}^j|}$，$\Lambda(p,q)$ 是 u_p^i 和 u_q^j 之间的相似度。跨社交网络的相似用户更可能是相同的用户，将相似用户对齐在一起的锚链接 $\mathtt{A}_u^{(i,j)}$ 应该导致更低的代价。在本章中，由推断的锚链接 $\mathtt{A}_u^{(i,j)}$ 在属性信息中引入的代价函数表示为

$$\text{cost in attribute}(\mathtt{A}_u^{(i,j)}) = \text{cost in attribute}(\boldsymbol{P}) = -\left\|\boldsymbol{P} \circ \boldsymbol{\Lambda}\right\|_1 \tag{6.5}$$

其中 $\|\cdot\|_1$ 是对应矩阵的 L_1 范数，项 $(\boldsymbol{P} \circ \boldsymbol{\Lambda})(i,l)$ 可以表示为 $\boldsymbol{P}(i,l) \cdot \Lambda(i,l)$，并且 $\boldsymbol{P} \circ \boldsymbol{\Lambda}$ 表示矩阵 $\boldsymbol{P}$ 和 $\boldsymbol{\Lambda}$ 的 Hadamard 乘积。

3. 网络对齐的联合目标函数

链接和属性信息对于锚链接推断都很重要。通过同时考虑这两类信息，我们可以表示最优用户转移矩阵 $\boldsymbol{P}^*$，可以最小化代价如下：

$$\begin{aligned}
\boldsymbol{P}^* &= \arg\min_{\boldsymbol{P}} cost(\mathtt{A}_u^{(i,j)}) \\
&= \arg\min_{\boldsymbol{P}} \left\|\boldsymbol{P}^\top \boldsymbol{S}^i \boldsymbol{P} - \boldsymbol{S}^j\right\|_F^2 - \alpha \cdot \left\|\boldsymbol{P} \circ \boldsymbol{\Lambda}\right\|_1 \\
s.t. \quad & \boldsymbol{P} \in \{0,1\}^{|\mathtt{U}^i| \times |\mathtt{U}^j|} \\
& \boldsymbol{P}\mathbf{1}^{|\mathtt{U}^j| \times 1} \leqslant \mathbf{1}^{|\mathtt{U}^i| \times 1}, \boldsymbol{P}^\top \mathbf{1}^{|\mathtt{U}^i| \times 1} \leqslant \mathbf{1}^{|\mathtt{U}^j| \times 1}
\end{aligned} \tag{6.6}$$

目标函数是一个受约束的 0-1 整数规划问题，很难用数学方法解决。到目前为止已经提出了许多松弛算法。有关如何解决目标函数的更多信息，请参阅文献 [47]。

6.1.4 实验

为了测试提出的UNICOAT模型的有效性，在本节中，我们对两个真实世界的部分对齐的在线社交网络即 Foursquare 和 Twitter 进行了广泛的实验。

1. 数据集

本章中使用的社交网络数据集是 Foursquare 和 Twitter，它们由这两个网络之间共享的用户和位置共同对齐。这两个社交网络数据集抓取于 2012 年 11 月，其统计信息在表 6.3 中。[43,50] 中提供了更详细的描述和爬取方法。

表 6.3　异质网络的属性

属性		网络	
		Twitter	Foursquare
# node	用户	5223	5392
	帖子	9 490 707	48 756
	位置	297 182	38 921
# link	好友与关注	164 920	76 972
	撰写	9 490 707	48 756
	定位	615 515	48 756

为了展示UNICOAT在解决网络对齐问题方面的优势，我们将UNICOAT 与许多不同的基线方法进行了比较。考虑到网络对齐问题中实际上没有可用的锚链接，因此，不能应用现有的监督网络对齐方法（例如，MNA[12]）。所有比较方法均基于无监督学习设置，可分为 4 类：

联合对齐方法

- UNICOAT: UNICOAT 方法可以同时基于共享用户和位置对两个在线社交网络进行对齐，分为两个步骤：(1) 无监督的潜在锚链接推断；(2) 对社交网络进行联合对齐，剔除冗余锚链接，保持一对一约束。

二分图对齐方法

- BIGALIGN: BIGALIGN 是 [13] 中引入的二分网络对齐方法，它可以只通过链接信息同时将两个二分图（例如，用户–产品二分图）对齐。
- BIGALIGNEXT: BIGALIGNEXT 是一种二分网络对齐方法。BIGALIGNEXT 可以同时使用跨网络的用户和位置之间的位置链接和属性信息来对齐用户 – 位置二分网络。

单一的对齐方法

- ISO: ISO是 [13] 中引入的一种无监督网络对齐方法。ISO仅仅根据用户之间的好友信息推断锚链接。
- ISOEXT: ISOEXT是一种无监督的网络对齐方法，它与 ISO 相同，但同时利用了用户之间的好友链接和用户的属性信息。

传统的无监督链接预测方法

- 基于相关度距离的网络对齐：RDD是文献 [13] 中引入的基于启发式的无监督网络对齐方法，用于填充跨网络转移矩阵的初始值，例如 $\boldsymbol{P}$ 对于网络 $G^{(i)}$ 和 $G^{(j)}$ 中任何两个用户/位置 $u_l^{(i)}$ 和 $u_m^{(j)}$，它们之间的相关度距离可以表示为 $RDD(u_l^{(i)}, u_m^{(j)}) = \left(1+\dfrac{|deg(u_l^{(i)})-deg(u_m^{(j)})|}{(deg(u_l^{(i)})+deg(u_m^{(j)}))/2}\right)^{-1}$。高相关度距离表示更低的锚链接 $(u_l^{(i)}, u_m^{(j)})$ 的置信度得分。

方法UNICOAT（第一步）、BIGALIGN、BIGALIGNEXT、ISO、ISOEXT和RDD可以输出潜在推断链接的置信度分数，但没有可用的标签，其性能可以通过诸如 AUC 和 Precision@100 之类的指标来评估。对于UNICOAT方法，最终在匹配中选择的链接假定为获得置信度得分 1.0 和标签 +1，而剩余的获得置信度得分 0.0 和标签 −1。最终，UNICOAT还可以输出潜在锚链接的标签，其性能可以通过各种指标进行评估，例如 AUC、Precision@100、精度、召回率、F1 和准确率。

解决网络对齐问题的实验结果见表 6.4 和图 6.2。在图 6.2 中，我们固定 $\theta=1$ 并展示没有经过匹配步骤的比较方法获得的结果（即UNICOAT（第一步）、BIGALIGN、BIGALIGNEXT、ISO、ISOEXT和RDD）采用 AUC 和 Precision@100 指标评估。方法ISO和ISOEXT只能通过用户生成信息对网络进行对齐。从图 6.2 中可以看出，（1）在 AUC 和 Precision@100 评价的锚链推断方法中，UNICOAT是所有比较方法中表现最好的。例如，在图 6.2 中，UNICOAT的 AUC 评分可以达到 0.87，比BIGALIGNEXT和ISOEXT高出 6% 以上，比BIGALIGN、ISO 和RDD 的 AUC 评分高出 50%。UNICOAT的类似性能可以在其他图中找到。结果表明，利用网络中的异质信息同时推断锚链接可以大大提高结果。（2）BIGALIGNEXT和ISOEXT的性能优于BIGALIGN 和ISO。BIGALIGNEXT和ISOEXT 同时使用链接和属性信息，而BIGALIGN和ISO只使用链接信息。它证明了两个用户的属性信息有助于推断跨网络的锚链接。（3）将UNICOAT 与RDD（即UNICOAT中矩阵 $\boldsymbol{P}$ 的初始化方法）进行对比，我们观察到，UNICOAT显著优于RDD。验证了所提出的联合对齐模型的有效性，得到了比初始值更好的结果。

2. 敏感性分析

在图 6.2 中，参数 θ 固定为 1。在表 6.4 中，我们通过在网络中添加更多非锚用户，进一步使用 $\{1,2,3,4,5\}$ 中的值改变 θ。通常，对于更多的非锚用户，网络对齐将变得更加困难并且所有方法的性能将降低，但是UNICOAT 可以始终如一地实现最佳性能。例如，当 $\theta = 5$ 时，UNICOAT在推断社交链接中获得的 AUC 分数为 0.799，比BIGALIGNEXT、BIGALIGN、ISOEXT、ISO 和RDD分别高 6.7%、45%、31%、54.8% 和 57.2%。从表 6.4 中的 Precision @ 100 评估的锚链推断结果可以获得类似的观察。

表 6.4　用于推断用户锚链接的不同方法的性能比较（UNICOAT在这里只表示UNICOAT 的第一步）

评价方式		θ				
	方法	1	2	3	4	5
AUC	UNICOAT	**0.868**	**0.831**	**0.814**	**0.804**	**0.799**
	BIGALIGNEXT	0.813	0.779	0.759	0.752	0.749
	BIGALIGN	0.568	0.557	0.555	0.552	0.550
	ISOEXT	0.818	0.782	0.762	0.754	0.61
	ISO	0.547	0.529	0.52	0.518	0.516
	RDD	0.531	0.530	0.523	0.514	0.508
Prec@100	UNICOAT	**0.705**	**0.688**	**0.657**	**0.640**	**0.556**
	BIGALIGNEXT	0.587	0.507	0.472	0.434	0.327
	BIGALIGN	0.347	0.284	0.265	0.228	0.220
	ISOEXT	0.427	0.391	0.373	0.352	0.301
	ISO	0.301	0.253	0.225	0.216	0.208
	RDD	0.234	0.228	0.207	0.172	0.127

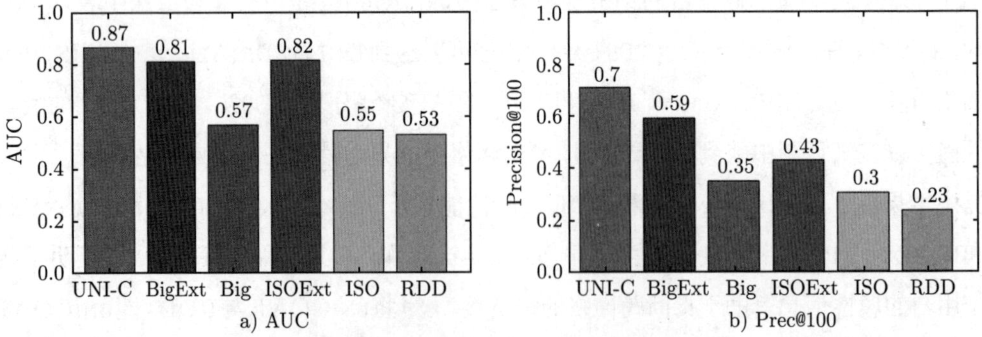

图 6.2　没有进行匹配步骤的锚链接推断方法的性能（这里的UNICOAT表示UNICOAT 的第一步）

在前一部分中，我们已经展示了没有匹配步骤的方法的性能，其推断出的锚链接不能满足一对一约束。接下来，我们将测试匹配步骤对于删除不存在锚链接的有效性，UNICOAT（第二步）实现的结果如图 6.3 所示。参数 θ 设置为 $\{1,2,3,4,5\}$ 中的值。UNICOAT推导的锚链均满足一对一约束，且质量较高。例如，当 $\theta = 1$ 时，UNICOAT在推断锚链接实现的精度、召回率、F1 和准确率分别为 0.73、0.54、0.62 和 0.75。随着 θ 的增加，UNICOAT 实现的召回率和 F1 得分将下降，因为识别更多潜在链接中的真实锚链接更难。同时，UNICOAT 的精度和准确度将提高。潜在的原因可能是由于类不平衡问题。通过向网络添加更多非锚用户，将引入更多不存在的锚链接（即负类链接），通过正确地预测更多负例，UNICOAT可以实现更高的精度和准确度。

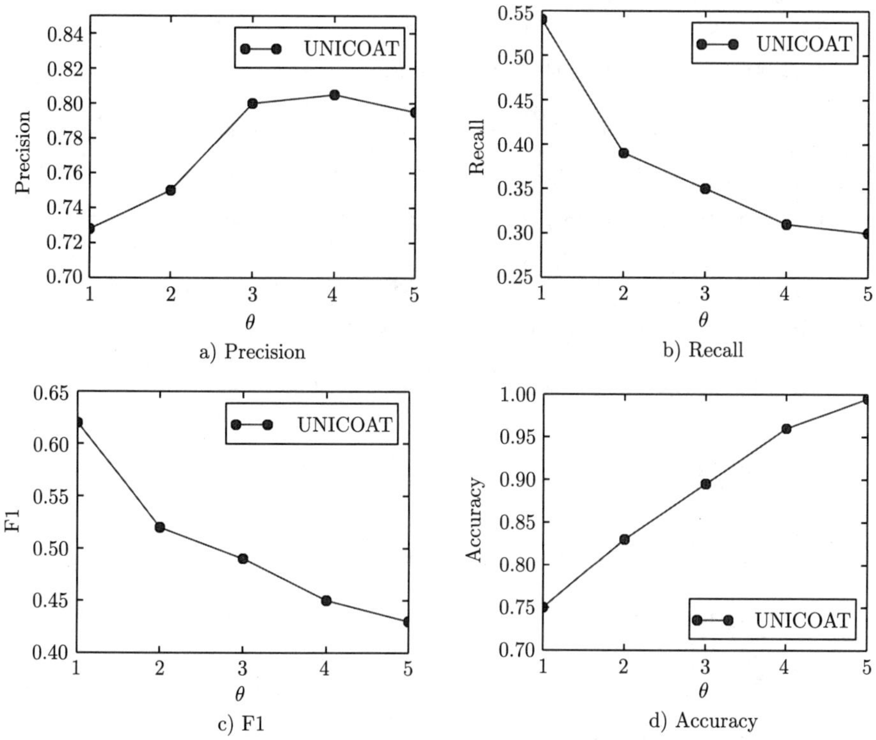

图 6.3　在推断锚链接中进行匹配的方法的性能（UNICOAT在这里包括UNICOAT的两个步骤）

6.2 跨对齐网络的链接传输

为了研究用户的社交活动和信息在不同社交平台上的传播，本章将在网络对齐后介绍几个应用问题。其中一项重要工作是链接预测问题，其目的是推断网络中信息实体之间的潜在连接。跨多个对齐的社交网络进行链接预测并非易事，而且社交网络的异质性使得解决这个问题更具挑战性。

6.2.1 概述

Liben-Nowell [18] 首先提出的社交网络中的链接预测一直是一个热门的研究课题，并且已经提出了许多不同的方法。Liben-Nowell [18] 提出了许多无监督链接预测器来预测用户之间的社交联系。后来，Hasan [1] 提出通过使用监督学习方法来预测链接。[7,8] 中提供了对链接预测工作的广泛研究。大多数现有的链接预测工作都基于单一网络，但许多研究人员开始将注意力转移到多个网络上。Dong 等人 [5] 建议用多个信息源进行链接预测。Zhang 等人分别基于监督分类模型 [42] 和 PU 分类模型 [43-44]，为新用户 [42] 和新兴网络 [43-44] 引入跨对齐网络的链接预测问题。根据具体的应用设置，要预测的链接通常需要满足不同的基数约束，如一对一 [12]，一对多 [49] 和多对多 [50]。对于每种类型的基数约束的链接，已经提出了不同的链接预测模型。Zhang 等人建议将这些不同的链接预测任务统一为一般的链接预测问题，并引入该问题的一般模型 [41]。

本章将简要介绍多网络协同 PU 链接预测框架MLI。给定一个网络，MLI 将用户之间现有的和不存在的社交链接分别标记为正例和未标记的实例，其中未标记的链接同时包含正例和负例链接。因此，链接预测任务可以转化为 PU 学习任务。

6.2.2 跨网络链接预测

形式上，给定多个对齐的网络 $\mathtt{G} = (\{G^1, G^2, \cdots, G^n\}, \{\mathtt{A}^{(1,2)}, \mathtt{A}^{(1,3)}, \cdots, \mathtt{A}^{(n-1,n)}\})$，跨网络链接预测问题的目的是分别推断 $G^1, G^2, \cdots, G^n$ 在不久的将来可能形成的社交联系。

1. PU 链接预测特征提取

前面几节介绍的元路径，实际上可以覆盖大量通过网络连接用户的路径实例。形式上，我们将节点 n（或链接 l）表示为网络中节点类型 T（或链接类型 R）的一个实例，表示为 $n \in T$（或 $l \in R$）。恒等函数 $I(a, A) = \begin{cases} 1, & a \in A \\ 0, & \text{其他}, \end{cases}$ 可以检查节点/链接 a 是否为网络中节点/链接类型 A 的一个实例。为了在抽取网络中社交链接的特征时考虑未连接链接的影响，我们将**基于社交元路径的特征**正式定义为：

定义 6.7（基于社交元路径的特征） 对于给定链接 (u, v)，基于网络元路径 $P = T_1 \xrightarrow{R_1} T_2 \xrightarrow{R_2} \cdots \xrightarrow{R_{k-1}} T_k$ 抽取的特征被定义为在网络上的 u 和 v 之间形成的路径实例的预期数量：

$$x(u,v)=I(u,T_1)I(v,T_k)\sum_{n_1\in\{u\},n_2\in T_2,\cdots,n_k\in\{v\}}\prod_{i=1}^{k-1}p(n_i,n_{i+1})I((n_i,n_{i+1}),R_i) \quad (6.7)$$

其中 $p(n_i,n_{i+1})=1.0$ 如果 $(n_i,n_{i+1})\in E_{u,u}$，否则 $p(n_i,n_{i+1})$ 表示在“PU 链接预测方法”中介绍的链接 (n_i,n_{i+1}) 的**形成概率**。

基于上述基于社交元路径的特征定义和抽取出的网络内和网络间元路径，可以通过跨对齐网络的信息对用户对抽取出一组特征。

2. 基于元路径的特征选择

同时，通过基于网络间社交元路径提取的特征从对齐网络传输的信息，可以有助于改善给定网络中的链接预测性能，但也可能具有误导性，这被称为网络差异问题。为了解决网络差异问题，我们提出，从来自多个部分对齐的异质网络的基于网络内和网络间社交元路径提取的特征向量 $\boldsymbol{x}$ 中进行排序，并选择前 K 个特征。

令变量 $X_i\in\boldsymbol{x}$ 是基于元路径 $\#i$ 提取的特征，变量 Y 是标签。$P(Y=y)$ 表示训练集中标签为 y 的链接的先验概率，$P(X_i=x)$ 表示特征 X_i 值为 x 的频率。信息论相关测度互信息（mi）作为排名标准：

$$mi(X_i)=\sum_x\sum_y P(X_i=x,Y=y)\log\frac{P(X_i=x,Y=y)}{P(X_i=x)P(Y=y)} \quad (6.8)$$

设 $\bar{\boldsymbol{x}}$ 是从 $\boldsymbol{x}$ 中选择前 K 个mi得分最高的特征。在下一小节中，我们将使用所选特征向量 $\bar{\boldsymbol{x}}$ 来构建新的 PU 链接预测模型。

3. PU 链接预测方法

正如本节开始所介绍的那样，从给定的网络，例如 G，我们可以得到两个不相交的链接集：已连接的（即已形成的）链接集 P 和未连接的链接集 U。为了区分这些链接，我们定义了一个新概念“连接状态”z，用于表示链接是否在网络 G 中连接（即已形成）或未连接。对于给定链接 l，如果 l 在网络中连接，则 $z(l)=+1$；否则，$z(l)=-1$。因此，我们可以使 P 和 U 中链接的“连接状态”为：$z(\mathtt{P})=+\mathbf{1}$ 和 $z(\mathtt{U})=-\mathbf{1}$。

除了“连接状态”之外，网络中的链接也可以具有它们自己的“标签”y，其可以表示是否要形成链接或者永远不会在网络中形成链接。对于给定的链接 l，如果已形成或将形成 l，则 $y(l)=+1$；否则，$y(l)=-1$。类似地，我们可以将 P 和 U 中的链接“标签”设置为：$y(\mathtt{P})=+\mathbf{1}$ 但 $y(\mathtt{U})$ 可以是 $+1$ 或 -1，因为 U 可以包含要形成的链接和永远不会形成的链接。

通过使用 P 和 U 作为正和负训练集，我们可以构建链接连接预测模型 $\mathtt{M}_c$，其可以用于预测原始网络中是否存在链接，即链接的连接状态。让 l 成为预测的链接，通过应用 $\mathtt{M}_c$ 对 l 进行分类，我们可以得到 l 的连接概率：

定义 6.8（连接概率） 链接 l 的**连接状态**预测为**连接**的概率（即 $z(l) = +1$）正式定义为链接 l 的**连接概率**：$p(z(l) = +1|\bar{\boldsymbol{x}}(l))$。

同时，如果我们可以从网络获得一组"永远不会形成"的链接，即"-1"链接，它可以与 p（"+1"链接）一起构建链接形成预测模型 $\mathtt{M}_f$，可用于获得 l 的形成概率：

定义 6.9（形成概率） 链接 l 的**标签**预测**形成或将形成**的概率（即 $y(l) = +1$）正式定义为链接 l 的**形成概率**：$p(y(l) = +1|\bar{\boldsymbol{x}}(l))$。

但是，从网络中，我们没有关于"永远不会形成的链接"（即"-1"链接）的信息。因此，我们想要获得的潜在链接的形成概率可能非常难以计算。同时，链接 l 的连接概率与形成概率之间的相关性已在现有工作 [6] 中得到证明：

$$p(y(l) = +1|\bar{\boldsymbol{x}}(l)) \propto p(z(l) = +1|\bar{\boldsymbol{x}}(l)). \tag{6.9}$$

换句话说，对于链接概率低的链接，它们的形成概率也相对较低。该规则可用于提取链接，该链接更可能是来自网络的可靠"-1"链接。我们建议应用 P 和 U 构建的链接连接预测模型 $\mathtt{M}_c$ 来对 U 中的链接进行分类，以提取可靠的负链接集。形式上，这种负链接提取方法称为基于 spy 技术的可靠负链接提取。有关方法的更多详细信息，请参阅 [50]。

利用提取的可靠负链接集 RN，我们可以利用基于分类的链接预测方法来解决 PU 链接预测问题，其中 P 和 RN 分别用作正负训练集。同时，当应用建立的模型预测 $\mathtt{L}^i$ 中的链接时，$\mathtt{L}^i$ 的最优标签 $\hat{\mathtt{Y}}^i$ 应该是能够最大化以下形成概率的标签：

$$\begin{aligned}\hat{\mathtt{Y}}^i &= \arg\max_{\mathtt{Y}^i} p(y(\mathtt{L}^i) = \mathtt{Y}^i|G^1, G^2, \cdots, G^k) \\ &= \arg\max_{\mathtt{Y}^i} p(y(\mathtt{L}^i) = \mathtt{Y}^i|\bar{\boldsymbol{x}}(\mathtt{L}^i))\end{aligned} \tag{6.10}$$

其中 $y(\mathtt{L}^i) = \mathtt{Y}^i$ 表示 $\mathtt{L}^i$ 中的链接具有标签 $\mathtt{Y}^i$。

4. 多网络链接预测框架

[50]中提出的方法是一般链接预测框架，可以应用于同时预测 n 个部分对齐网络中的社交链接。当涉及 n 个部分对齐的网络时，网络 $G^1, G^2, \cdots, G^n$ 的潜在链接

$\{\mathtt{L}^1, \mathtt{L}^2, \cdots, \mathtt{L}^n\}$ 的最佳标签将是：

$$\begin{aligned}&\hat{\mathtt{Y}}^1, \hat{\mathtt{Y}}^2, \cdots, \hat{\mathtt{Y}}^n\\ =& \arg\max\nolimits_{\mathtt{Y}^1,\mathtt{Y}^2,\cdots,\mathtt{Y}^n} p(y(\mathtt{L}^1) = \mathtt{Y}^1, y(\mathtt{L}^2) = \mathtt{Y}^2, \cdots, y(\mathtt{L}^n) = \mathtt{Y}^n | G^1, G^2, \cdots, G^n)\end{aligned} \tag{6.11}$$

上述目标函数解决起来非常复杂，我们建议通过更新一个变量，例如 $\mathtt{Y}^1$ 并固定其他变量，如 $\mathtt{Y}^2, \cdots, \mathtt{Y}^n$，来求解，或者使用以下等式 [43]：

$$\begin{cases}(\hat{\mathtt{Y}}^1)^{(\tau)} &= \arg\max\limits_{\mathtt{Y}^1} p(y(\mathtt{L}^1) = \mathtt{Y}^1 | G^1, \cdots, G^n, (\hat{\mathtt{Y}}^2)^{(\tau-1)}, (\hat{\mathtt{Y}}^3)^{(\tau-1)}, \cdots, (\hat{\mathtt{Y}}^n)^{(\tau-1)})\\ (\hat{\mathtt{Y}}^2)^{(\tau)} &= \arg\max\limits_{\mathtt{Y}^2} p(y(\mathtt{L}^2) = \mathtt{Y}^2 | G^1, \cdots, G^n, (\hat{\mathtt{Y}}^1)^{(\tau)}, (\hat{\mathtt{Y}}^3)^{(\tau-1)}, \cdots, (\hat{\mathtt{Y}}^n)^{(\tau-1)})\\ &\cdots\cdots\\ (\hat{\mathtt{Y}}^n)^{(\tau)} &= \arg\max\limits_{\mathtt{Y}^n} p(y(\mathtt{L}^n) = \mathtt{Y}^n | G^1, \cdots, G^n, (\hat{\mathtt{Y}}^1)^{(\tau)}, (\hat{\mathtt{Y}}^2)^{(\tau)}, \cdots, (\hat{\mathtt{Y}}^{(n-1)})^{(\tau)})\end{cases} \tag{6.12}$$

链接预测框架的结构如图 6.4a 所示。当预测网络 G^i 中的社交链接时，我们可以基于从 G^i 提取的网络内社交元路径，以及基于跨 G^1, G^2, $\cdots$, G^{i-1}, G^{i+1}, $\cdots$, G^n 的网络间社交元路径来提取特征，针对 $\mathtt{P}^i$，$\mathtt{U}^i$ 和 $\mathtt{L}^i$ 中的链接。特征向量 $\boldsymbol{x}(\mathtt{P})$ 和 $\boldsymbol{x}(\mathtt{P})$ 以及 P 和 U 中的链接的标记 $y(\mathtt{P})$、$y(\mathtt{U})$ 传递到 PU 链接预测模型 $\mathtt{M}^i$ 和元路径选择模型 $\mathtt{MS}^i$。由模型 $\mathtt{M}^i$ 预测的 $\mathtt{L}^i$ 中链接的形成概率，将用于替换 $\mathtt{L}^i$ 的权重来更新网络。$\mathtt{L}^i$ 中这些潜在链接的初始权重设置为 0（即定义 11 中提到的链接的形成概率）。在 G^i 完成这些步骤后，我们将继续对 G^{i+1} 进行类似的操作。我们在序列中迭代地预测 G^1 到 G^n 中的链接，直到所有这些网络中的结果收敛为止。

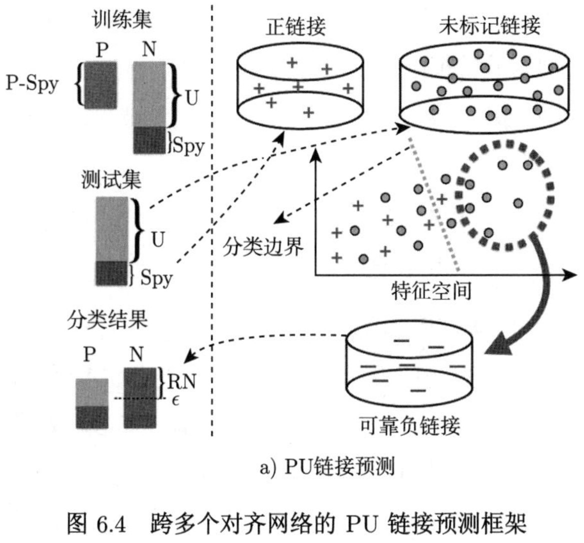

a) PU链接预测

图 6.4　跨多个对齐网络的 PU 链接预测框架

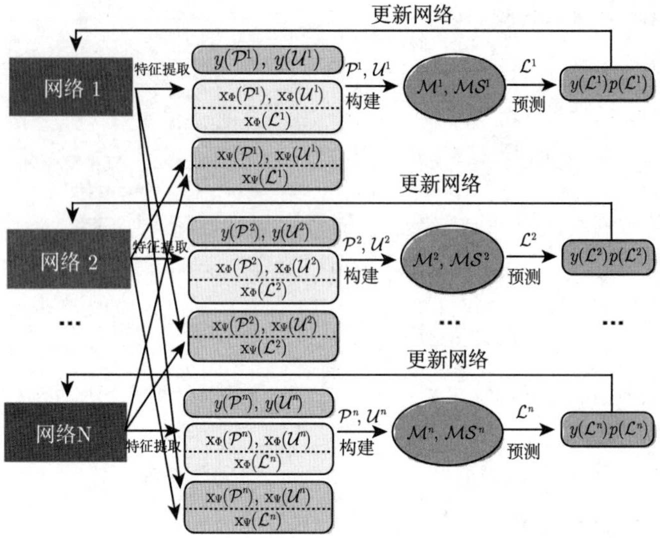

b) 多PU链接预测框架

图 6.4 （续）

6.2.3 实验

为了验证MLI 框架的有效性，在本节中，我们对前面介绍的两个现实世界中部分对齐的在线社交网络数据集进行了大量的实验。

1. 实验结果比较

为了显示MLI 的优点，我们将MLI 与其他许多基线方法进行了比较，包括：

- MLI：方法MLI 是多网络链接预测框架，可以同时预测多个在线社交网络中的社交链接。MLI使用的特征是基于对齐网络中从 Φ 和 Ψ 中选择的元路径提取的。
- LI：方法LI（链接标识符）与MLI 相同，只是 LI 预测每个网络中社交链接的形成是独立的。
- SCAN：[42-43] 中提出的方法SCAN（跨对齐网络链接预测）类似于MLI，除了（1）SCAN独立地预测每个网络中的社交链接；（2）SCAN使用的特征是基于元路径 Φ 和 Ψ_1 提取的特征，没有元路径选择。
- SCAN-S：[42-43] 中提出的方法SCAN-S（源网络SCAN）与SCAN相同，只是SCAN-S使用的特征是基于 Ψ_1 提取的，而没有元路径选择。
- SCAN-T：[42-43] 中提出的方法SCAN-T（目标网络SCAN）与SCAN相同，只是 SCAN-S 使用的特征是基于 Φ 提取的，而没有元路径选择。

Foursquare 和 Twitter 中的社交链接用作评估预测结果的基本事实。具有线性核和最优参数的 SVM [4] 用作所有比较方法的基础分类器。准确率、AUC 和 F1 分数用作实验中的评估指标。

为了表示不同程度的网络新颖性，在表 6.5 中，我们将 ρ^T 的值为固定为 0.8，改变 ρ^F 的值为 $\{0.1, 0.2, \cdots, 0.8\}$。表 6.5 有两部分：上面一部分是 Foursquare 中的链接预测结果，下面一部分是 Twitter 中的链接预测结果，正如MLI 是一个集成的 PU 链接预测框架。每个部分的链接预测结果通过不同的指标来评估：AUC、准确度和 F1。如表 6.5 所示，在 Foursquare 网络和 Twitter 网络中，MLI 在 $\rho^F \in \{0.1, 0.2, \cdots, 0.8\}$ 方面可以始终优于所有其他比较方法。例如，在 $\rho^F = 0.5$ 的 Foursquare 中，MLI 实现的 AUC 比LI好 5%，比SCAN 好 15%，比SCAN-T好 19%，比SCAN-S好 73%；MLI 实现的准确率比LI好大约 2.3%，比SCAN好 8%，比SCAN-T高 9.1%，比SCAN-S高 40%以上；MLI 的 F1 比LI 高 6.4%，比SCAN和SCAN-T高 18%，比SCAN-S高 36%。当 $\rho^F = 0.5$ 时，Twitter 中MLI 的链接预测结果也比所有其他基线方法好得多。例如，在 Twitter 中，MLI 的 AUC 为 0.923 ± 0.002，比 LI 高约 6%，比SCAN、SCAN-T 好 13%，比SCAN-S 好 40%以上。当通过准确率和 F1 评估时，可以获得类似的结果。

在表 6.6 中，我们固定 $\rho^F = 0.8$ 但是改变 ρ^T 的值为 $\{0.1, 0.2, \cdots, 0.8\}$。与表 6.5 中 ρ^F 变化获得的结果类似，当 Twitter 网络的新颖程度发生变化时，MLI 可以击败 Twitter 和 Foursquare 中的所有其他方法。

在 Foursquare 和 Twitter 中，MLI 可以比LI表现更好，这表明在MLI 框架中同时预测多个网络中的社交链接可以增强两个网络的结果；LI 可以击败SCAN的事实表明，基于跨网络元路径提取的特征可以为锚用户和非锚用户传输有用的信息；SCAN比SCAN-T和SCAN-S都工作得更好，表示同时利用两个网络信息的链接预测优于只利用单个网络中信息的链接预测。

2. 参数分析

影响所有这些方法性能的一个重要参数是跨网络中存在的锚链接比例。在这一部分，我们将分析锚链比例 $\rho^A \in [0, 1.0]$ 的影响。为了排除其他参数的干扰，我们将 ρ^F 和 ρ^T 固定为 0.8 但是将 ρ^A 改变为 $\{0.1, 0.2, \cdots, 1.0\}$ 的值，并在 AUC、准确率和 F1 的评估下研究 Foursquare 和 Twitter 中的链接预测结果。结果如图 6.5 所示。

表 6.5 不同剩余信息率 ρ^T 的 Foursquare 和 Twitter 的不同社交网络推断方法性能比较。锚链接采样率 ρ^A 设定为 1.0

			Foursquare 的剩余信息率 ρ^F							
网络	测度	方法	0.1	0.2	0.3	0.4	0.5	0.6	0.7	0.8
Foursquare	AUC	MLI	**0.677±0.023**	**0.776±0.011**	**0.844±0.008**	**0.887±0.005**	**0.906±0.003**	**0.912±0.005**	**0.912±0.003**	**0.916±0.004**
		LI	0.573±0.019	0.68±0.023	0.806±0.01	0.853±0.004	0.866±0.003	0.874±0.007	0.881±0.003	0.878±0.005
		SCAN	0.549±0.009	0.56±0.009	0.662±0.03	0.745±0.009	0.786±0.014	0.804±0.01	0.812±0.005	0.82±0.004
		SCANT	0.5±0.083	0.503±0.007	0.613±0.012	0.739±0.008	0.764±0.013	0.787±0.007	0.8±0.006	0.81±0.007
		SCANS	0.524±0.013	0.524±0.017	0.524±0.012	0.524±0.005	0.524±0.002	0.524±0.01	0.524±0.003	0.524±0.005
	Accuracy	MLI	**0.632±0.01**	**0.692±0.007**	**0.755±0.005**	**0.769±0.004**	**0.779±0.002**	**0.798±0.006**	**0.799±0.004**	**0.797±0.005**
		LI	0.568±0.013	0.624±0.053	0.699±0.004	0.722±0.006	0.761±0.01	0.782±0.01	0.789±0.005	0.791±0.006
		SCAN	0.558±0.007	0.6±0.006	0.683±0.071	0.714±0.009	0.721±0.007	0.736±0.007	0.75±0.008	0.765±0.009
		SCANT	0.491±0.019	0.568±0.004	0.65±0.008	0.685±0.007	0.714±0.007	0.727±0.009	0.736±0.012	0.747±0.003
		SCANS	0.548±0.011	0.548±0.055	0.548±0.007	0.548±0.008	0.548±0.007	0.548±0.01	0.548±0.003	0.548±0.006
	F1	MLI	**0.644±0.01**	**0.695±0.022**	**0.722±0.013**	**0.742±0.005**	**0.761±0.005**	**0.789±0.006**	**0.783±0.005**	**0.786±0.006**
		LI	0.63±0.017	0.635±0.015	0.66±0.007	0.684±0.01	0.715±0.016	0.753±0.014	0.764±0.007	0.766±0.009
		SCAN	0.6±0.02	0.609±0.006	0.614±0.031	0.632±0.018	0.645±0.018	0.676±0.016	0.701±0.01	0.726±0.013
		SCANT	0.534±0.196	0.559±0.004	0.565±0.016	0.584±0.011	0.645±0.011	0.674±0.016	0.696±0.019	0.712±0.01
		SCANS	0.56±0.016	0.56±0.041	0.56±0.015	0.56±0.015	0.56±0.013	0.56±0.013	0.56±0.005	0.56±0.01

Twitter	AUC	MLI	**0.884±0.004**	**0.891±0.003**	**0.915±0.003**	**0.917±0.003**	**0.923±0.002**	**0.929±0.003**	**0.927±0.003**	**0.937±0.003**
		LI	0.841±0.003	0.847±0.002	0.852±0.003	0.862±0.002	0.873±0.002	0.884±0.003	0.894±0.003	0.904±0.003
		SCAN	0.801±0.003	0.814±0.002	0.819±0.003	0.817±0.002	0.819±0.002	0.823±0.003	0.831±0.002	0.837±0.003
		SCANT	0.802±0.002	0.802±0.002	0.802±0.002	0.802±0.002	0.802±0.002	0.802±0.002	0.802±0.002	0.802±0.002
		SCANS	0.508±0.002	0.543±0.002	0.584±0.003	0.631±0.001	0.653±0.002	0.666±0.003	0.673±0.003	0.686±0.003
	Accuracy	MLI	**0.92±0.003**	**0.927±0.002**	**0.927±0.003**	**0.929±0.004**	**0.93±0.003**	**0.932±0.003**	**0.936±0.003**	**0.936±0.004**
		LI	0.899±0.004	0.904±0.004	0.908±0.004	0.913±0.002	0.916±0.003	0.918±0.003	0.918±0.003	0.92±0.004
		SCAN	0.831±0.005	0.835±0.003	0.837±0.006	0.842±0.001	0.844±0.002	0.848±0.004	0.848±0.002	0.849±0.004
		SCANT	0.827±0.003	0.827±0.003	0.827±0.003	0.827±0.003	0.827±0.003	0.827±0.003	0.827±0.003	0.827±0.003
		SCANS	0.568±0.004	0.577±0.003	0.585±0.002	0.587±0.002	0.591±0.003	0.594±0.003	0.596±0.003	0.598±0.004
	F1	MLI	**0.804±0.002**	**0.808±0.002**	**0.809±0.003**	**0.811±0.003**	**0.812±0.003**	**0.818±0.003**	**0.826±0.003**	**0.826±0.004**
		LI	0.776±0.005	0.785±0.005	0.792±0.005	0.8±0.003	0.804±0.003	0.808±0.003	0.809±0.003	0.811±0.004
		SCAN	0.682±0.006	0.686±0.004	0.69±0.006	0.699±0.001	0.703±0.003	0.707±0.004	0.709±0.002	0.711±0.005
		SCANT	0.683±0.003	0.683±0.003	0.683±0.003	0.683±0.003	0.683±0.003	0.683±0.003	0.683±0.003	0.683±0.003
		SCANS	0.53±0.006	0.546±0.006	0.559±0.004	0.564±0.004	0.571±0.004	0.575±0.004	0.581±0.004	0.583±0.005

表 6.6 不同剩余信息率的 Foursquare 和 Twitter 的不同社交链接推断方法的性能比较。锚链接采样率 ρ^A 设定为 1.0

			Twitter 的剩余信息率 ρ^T							
网络	测度	方法	0.1	0.2	0.3	0.4	0.5	0.6	0.7	0.8
Foursquare	AUC	MLI	**0.862±0.003**	**0.867±0.004**	**0.87±0.003**	**0.873±0.005**	**0.885±0.003**	**0.891±0.003**	**0.895±0.004**	**0.916±0.004**
		LI	0.831±0.005	0.834±0.004	0.846±0.004	0.853±0.005	0.855±0.005	0.867±0.004	0.868±0.005	0.87±0.005
		SCAN	0.81±0.007	0.81±0.008	0.812±0.005	0.817±0.007	0.816±0.01	0.815±0.007	0.822±0.006	0.82±0.004
		SCANT	0.81±0.007	0.81±0.007	0.81±0.007	0.81±0.007	0.809±0.007	0.809±0.007	0.81±0.007	0.81±0.007
		SCANS	0.504±0.007	0.51±0.003	0.511±0.005	0.516±0.005	0.522±0.004	0.53±0.005	0.53±0.004	0.53±0.005
	Accuracy	MLI	**0.78±0.003**	**0.786±0.005**	**0.789±0.004**	**0.794±0.005**	**0.793±0.004**	**0.789±0.004**	**0.796±0.005**	**0.797±0.005**
		LI	0.745±0.011	0.762±0.005	0.768±0.007	0.772±0.007	0.777±0.008	0.783±0.008	0.789±0.006	0.791±0.006
		SCAN	0.749±0.007	0.754±0.006	0.754±0.007	0.757±0.006	0.758±0.007	0.761±0.008	0.763±0.009	0.765±0.009
		SCANT	0.748±0.003	0.748±0.003	0.747±0.003	0.748±0.003	0.748±0.003	0.748±0.003	0.748±0.003	0.747±0.003
		SCANS	0.692±0.011	0.717±0.008	0.725±0.008	0.746±0.008	0.741±0.006	0.746±0.004	0.75±0.007	0.758±0.006
	F1	MLI	**0.768±0.004**	**0.774±0.005**	**0.778±0.006**	**0.784±0.006**	**0.785±0.005**	**0.777±0.004**	**0.785±0.006**	**0.786±0.006**
		LI	0.721±0.02	0.734±0.01	0.734±0.012	0.736±0.012	0.744±0.012	0.755±0.011	0.764±0.01	0.766±0.009
		SCAN	0.717±0.01	0.718±0.007	0.714±0.009	0.715±0.009	0.718±0.011	0.72±0.012	0.721±0.013	0.726±0.013
		SCANT	0.713±0.01	0.712±0.01	0.712±0.01	0.713±0.01	0.713±0.01	0.712±0.01	0.713±0.01	0.712±0.01
		SCANS	0.509±0.02	0.514±0.014	0.524±0.014	0.529±0.013	0.54±0.009	0.542±0.007	0.559±0.012	0.559±0.01

Twitter	AUC	MLI	**0.837±0.004**	**0.858±0.004**	**0.905±0.005**	**0.926±0.003**	**0.924±0.002**	**0.932±0.003**	**0.934±0.002**	**0.937±0.003**
		LI	0.772±0.009	0.829±0.008	0.871±0.009	0.887±0.002	0.887±0.002	0.897±0.003	0.899±0.003	0.904±0.003
		SCAN	0.706±0.008	0.771±0.012	0.799±0.009	0.817±0.002	0.819±0.002	0.829±0.003	0.83±0.003	0.834±0.003
		SCANT	0.555±0.133	0.678±0.006	0.753±0.044	0.754±0.019	0.764±0.014	0.781±0.004	0.794±0.003	0.802±0.002
		SCANS	0.687±0.008	0.687±0.002	0.687±0.005	0.687±0.002	0.687±0.002	0.687±0.004	0.687±0.003	0.687±0.003
	Accuracy	MLI	**0.821±0.005**	**0.864±0.001**	**0.892±0.008**	**0.914±0.004**	**0.925±0.002**	**0.926±0.004**	**0.936±0.002**	**0.936±0.004**
		LI	0.706±0.002	0.834±0.011	0.877±0.003	0.898±0.005	0.912±0.001	0.92±0.004	0.924±0.002	0.92±0.004
		SCAN	0.594±0.006	0.716±0.009	0.781±0.005	0.801±0.003	0.823±0.002	0.831±0.004	0.842±0.002	0.849±0.004
		SCANT	0.547±0.062	0.645±0.038	0.723±0.048	0.786±0.004	0.8±0.002	0.815±0.005	0.824±0.002	0.827±0.003
		SCANS	0.59±0.009	0.59±0.007	0.59±0.004	0.59±0.004	0.59±0.002	0.59±0.004	0.59±0.003	0.59±0.004
	F1	MLI	**0.713±0.009**	**0.762±0.005**	**0.791±0.006**	**0.81±0.004**	**0.81±0.002**	**0.819±0.004**	**0.821±0.002**	**0.826±0.004**
		LI	0.651±0.006	0.671±0.023	0.749±0.014	0.779±0.007	0.801±0.003	0.813±0.005	0.818±0.003	0.811±0.004
		SCAN	0.6±0.017	0.633±0.023	0.657±0.013	0.684±0.004	0.703±0.004	0.714±0.005	0.716±0.002	0.711±0.005
		SCANT	0.552±0.113	0.574±0.016	0.604±0.031	0.618±0.003	0.63±0.001	0.641±0.004	0.67±0.002	0.686±0.003
		SCANS	0.575±0.025	0.575±0.016	0.575±0.005	0.575±0.006	0.575±0.004	0.575±0.004	0.575±0.003	0.575±0.005

如图 6.5 所示，其中图 6.5a~c 是 Foursquare 中的链接预测结果，而图 6.5d~f 是 Twitter 中的链接预测结果，几乎所有方法都可以在 ρ^A 增加时表现更好，除了SCAN-T，因为它只利用目标网络中的信息。它表明，通过更多的锚链接，MLI、LI、SCAN 和SCAN-S 可以将更多信息从其他对齐的源网络传输到目标网络以增强结果。此外，随着 ρ^A 的变化，MLI 可以始终比LI 更好地工作，这可以显示MLI 在处理具有不同锚链接比率的网络的有效性。

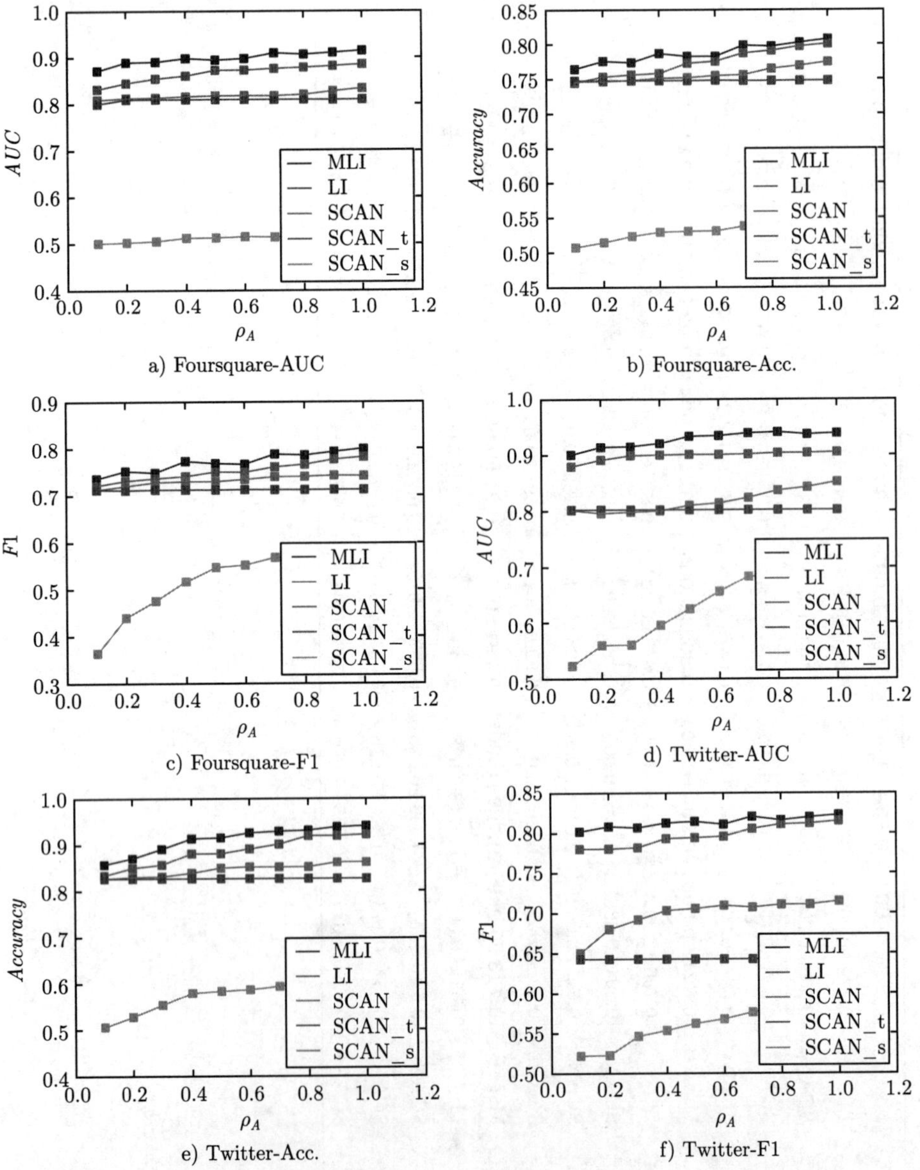

a) Foursquare-AUC　b) Foursquare-Acc.

c) Foursquare-F1　d) Twitter-AUC

e) Twitter-Acc.　f) Twitter-F1

图 6.5　不同指标下锚链接比率 ρ^A 对不同网络预测结果的影响

3. 收敛性分析

MLI需要交替迭代地预测所有对齐网络中的链接，直到收敛为止。在这一部分，我们将分析MLI 是否可以在此过程中收敛。我们展示了图 6.6 中，当 ρ^F, ρ^T 和 ρ^A 都设置为 0.8 时，MLI 在 Foursquare 和 Twitter 中在 AUC、准确率和 F1 的评估下实现

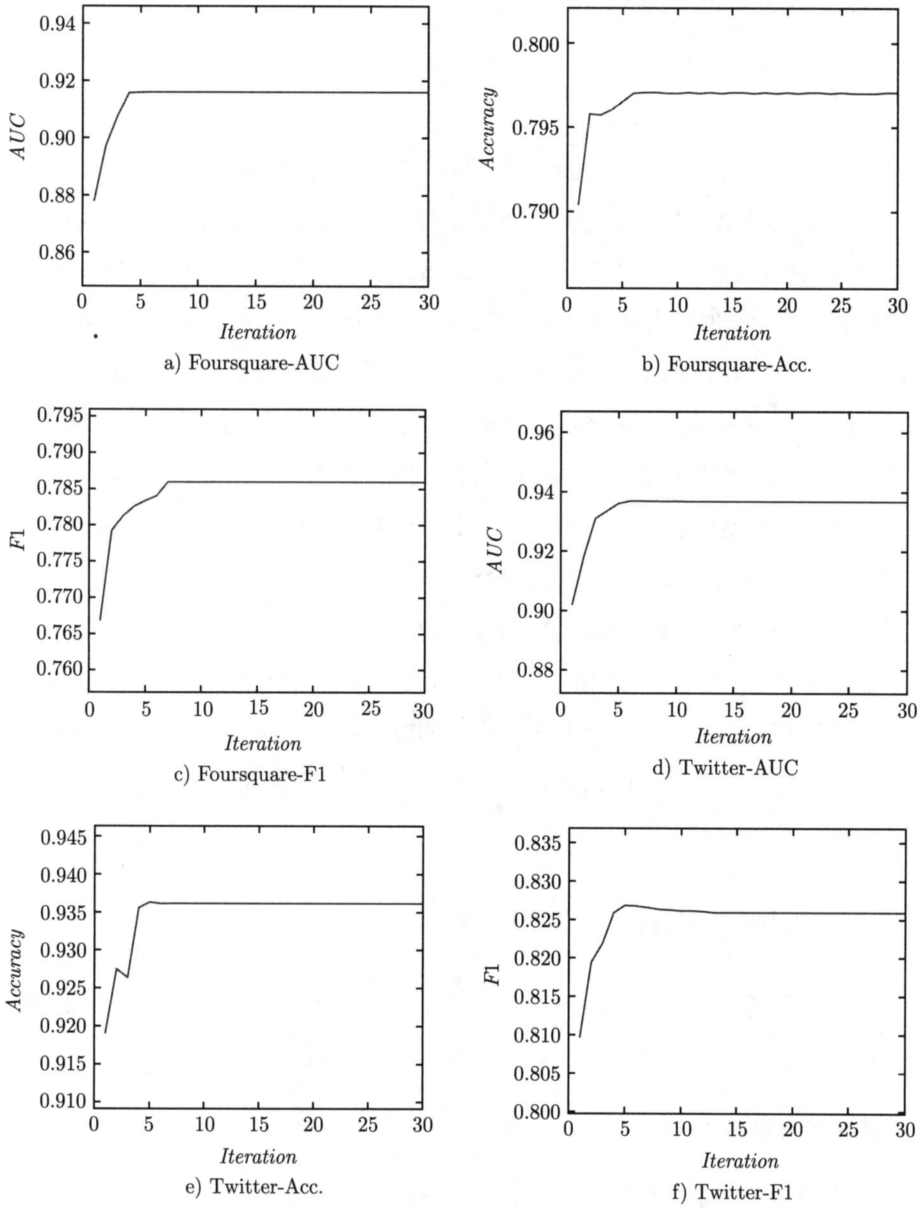

a) Foursquare-AUC

b) Foursquare-Acc.

c) Foursquare-F1

d) Twitter-AUC

e) Twitter-Acc.

f) Twitter-F1

图 6.6 不同网络在不同评价指标下的收敛性分析

的链接预测结果。图 6.6a~c 是从迭代 1 次到迭代 30 次的 Foursquare 网络中的结果，图 6.6d~f 是 Twitter 网络中的结果。如这些图所示，根据三种评价指标，MLI可以在 Foursquare 和 Twitter 中不到 10 次迭代收敛。

6.3　协同网络社区检测

6.3.1　概述

聚类是一个非常宽泛的研究领域，其中涵盖了各种聚类问题，例如一致性聚类 [20,21], 多视图聚类 [2-3], 多关系聚类 [35], 基于协同训练的聚类 [15]。在线社交网络中基于聚类的社区检测是一个热门的研究课题，并且已经提出了许多不同的模型来优化某些评估指标，例如模块化功能 [25] 和归一化切割 [29]。有关现有社区检测工作的详细调研，请参阅 [23-24]。同时，基于多个对齐网络中可用的信息，Jin [9], Zhang 等人 [36] 和 Shao 等人 [28] 建议在多个对齐的社交网络中进行协同社区检测。通过锚链接，Zhang 等人还建议从发达网络传输信息，以检测新兴网络 [48] 中的社交社区结构。

跨网络社区检测的目标是从另一个社交网络中提取相关信息，以补充直接从每个网络中获取的知识，以改进聚类或社区检测，同时保留每个网络的独特特征。为解决相互聚类问题，提出了一种新的社区检测方法，称为 MCD [36]。通过将社交网络关系映射到异质信息网络，[36] 中所提出的方法使用社交元路径的概念来定义用户之间的相似性度量。基于这种相似性度量，[36] 中所提出的方法可以保留网络特征并利用其他网络中的信息来同时相互改进社区结构。在本节中，我们将简要介绍 [36] 中提出的相互社区检测框架。

6.3.2　跨网络社区检测

给定多个对齐网络 $\mathtt{G} = (\{G^1, G^2, \cdots, G^n\}, \{\mathtt{A}^{(1,2)}, \mathtt{A}^{(1,3)}, \cdots, \mathtt{A}^{(n-1,n)}\})$，跨网络社区检测问题旨在分别检测网络 $G^1, G^2, \cdots, G^n$ 的社区结构。

1. 网络特征保持的聚类

独立地对每个网络进行聚类可以有效地保持每个网络的特征，因为外部网络的信息不会干扰聚类结果。将某个网络的用户划分为若干个类簇将会切断网络中的连接，并不可避免地导致一些损失。最优的聚类结果可以通过最小化聚类损失来实现。

设 $\boldsymbol{A}_i$ 是网络中用户之间网络内元路径 $\#i$ 对应的邻接矩阵，当且仅当存在从用户 m 到 n 的 k 条不同的网络内元路径 $\#i$ 的实例时，$\boldsymbol{A}_i(m,n)=k$ 成立。在此基础上，元路径 $\#\ i$ 的用户之间的相似度矩阵可以表示为 $\boldsymbol{S}_i=\left(\boldsymbol{D}_i+\bar{\boldsymbol{D}}_i\right)^{-1}\left(\boldsymbol{A}_i+\boldsymbol{A}_i^{\mathrm{T}}\right)$，其中 $\boldsymbol{A}_i^{\mathrm{T}}$ 代表 $\boldsymbol{A}_i$ 的转置矩阵，对角矩阵 $\boldsymbol{D}_i$ 和 $\bar{\boldsymbol{D}}_i$ 在它们的对角线上分别取值 $\boldsymbol{D}_i(l,l)=\sum_m \boldsymbol{A}_i(l,m)$ 和 $\bar{\boldsymbol{D}}_i(l,l)=\sum_m(\boldsymbol{A}_i^{\mathrm{T}})(l,m)$。基于元路径的网络的相似性矩阵可以捕获用户之间所有可能的连接，表示如下：

$$\boldsymbol{S}=\sum_i \omega_i \boldsymbol{S}_i=\sum_i \omega_i\left(\left(\boldsymbol{D}_i+\bar{\boldsymbol{D}}_i\right)^{-1}\left(\boldsymbol{A}_i+\boldsymbol{A}_i^{\mathrm{T}}\right)\right) \tag{6.13}$$

对于给定的网络 $\boldsymbol{G}$，设 $\mathtt{C}=\{U_1,U_2,\ldots,U_k\}$ 为从 $\boldsymbol{G}$ 中检测到的社区结构。项 $\overline{U_i}=\mathtt{U}-U_i$ 定义为集合 U_i 在 $\boldsymbol{G}$ 中的补集。可以使用划分 $\mathtt{C}$ 的各种损失度量，例如，切割和归一化切割：

$$cut(\mathtt{C})=\frac{1}{2}\sum_{i=1}^{k} S(U_i,\overline{U_i})=\frac{1}{2}\sum_{i=1}^{k}\sum_{u\in U_i, v\in\overline{U_i}} S(u,v) \tag{6.14}$$

$$Ncut(\mathtt{C})=\frac{1}{2}\sum_{i=1}^{k}\frac{S(U_i,\overline{U_i})}{S(U_i,\cdot)}=\sum_{i=1}^{k}\frac{cut(U_i,\overline{U}_i)}{S(U_i,\cdot)} \tag{6.15}$$

其中 $S(u,v)$ 表示 u,v 之间的相似度，且 $S(U_i,\cdot)=S(U_i,\mathtt{U})=S(U_i,U_i)+S(U_i,\overline{U}_i)$。

对于 $\mathtt{U}$ 中的所有用户，其聚类结果可以在结果置信度矩阵 $\boldsymbol{H}$ 中表示，其中 $\boldsymbol{H}=[\boldsymbol{h}_1,\boldsymbol{h}_2,\ldots,\boldsymbol{h}_n]^{\mathrm{T}}$, $n=|\mathtt{U}|$, $\boldsymbol{h}_i=(h_{i,1},h_{i,2},\ldots,h_{i,k})$，$h_{i,j}$ 表示 $u_i\in\mathtt{U}$ 在簇 $U_j\in\mathtt{C}$ 中的置信度。通过求解以下目标函数可以得到最优 $\boldsymbol{H}$，使归一化切割损失最小化：

$$\begin{aligned}&\min_{\boldsymbol{H}}\ \ \mathrm{Tr}(\boldsymbol{H}^{\mathrm{T}}\boldsymbol{L}\boldsymbol{H})\\&s.t.\ \ \boldsymbol{H}^{\mathrm{T}}\boldsymbol{D}\boldsymbol{H}=\boldsymbol{I}\end{aligned} \tag{6.16}$$

其中，$\boldsymbol{L}=\boldsymbol{D}-\boldsymbol{S}$, 对角矩阵 $\boldsymbol{D}$ 在其对角线上有 $\boldsymbol{D}(i,i)=\sum_j \boldsymbol{S}(i,j)$，$\boldsymbol{I}$ 是一个单位矩阵。

2. 多个对齐网络的聚类

除了共同的网络建设目的和类似的网络特性而产生的共享信息之外[48]，锚用户还可以在对齐的网络中拥有独特的信息（例如社交结构），这可以让我们对这些用户所形成的社区结构有更全面的了解。同时，通过最大化多个部分对齐网络中锚用户聚类结果的一致性（即最小化聚类结果的“差异性”），利用其他部分对齐网络中的信息对锚用户聚类结果进行细化。我们可以将 $\boldsymbol{G}^i$ 和 $\boldsymbol{G}^j$ 的聚类结果分别表示为 $\mathtt{C}^i=\{U_1^i,U_2^i,\cdots,U_{k^i}^i\}$ 和 $\mathtt{C}^j=\{U_1^j,U_2^j,\cdots,U_{k^j}^j\}$。

设 u_p 和 u_q 是网络中的两个锚用户，它们在 $\boldsymbol{G}^i$ 和 $\boldsymbol{G}^j$ 中的账户分别是 u_p^i、u_p^j、u_q^i 和 u_q^j。如果用户 u_p^i 和 u_q^i 被划分到 $\boldsymbol{G}^i$ 中的同一个簇类中，而他们的对应账户 u_p^j 和 u_q^j 被划分到 $\boldsymbol{G}^j$ 的不同簇类中，那么在对齐的网络 $\boldsymbol{G}^i$ 和 $\boldsymbol{G}^j$ 中，u_p^i, u_p^j, u_q^i 和 u_q^j 的聚类结果就会出现差异。

定义 6.10（差异性）　定义对齐网络 $\boldsymbol{G}^i$ 和 $\boldsymbol{G}^j$ 中 u_p 和 u_q 聚类结果之间的差异为 u_p 和 u_q 在同一聚类中跨对齐网络划分的置信度得分之间的差异。考虑到在聚类结果中，将 u_p^i 和 u_q^i (u_p^j 和 u_q^j) 划分到 $k^i(k^j)$ 簇类的置信度分数分别表示为向量 $\boldsymbol{h}_p^i$ 和 $\boldsymbol{h}_q^i$ ($\boldsymbol{h}_p^j$ 和 $\boldsymbol{h}_q^j$)，而在 $\boldsymbol{G}^i$ 和 $\boldsymbol{G}^j$ 中，u_p 和 u_q 处于同一簇类的置信度分别表示为 $\boldsymbol{h}_p^i(\boldsymbol{h}_q^i)^{\mathrm{T}}$ 和 $\boldsymbol{h}_p^j(\boldsymbol{h}_q^j)^{\mathrm{T}}$。形式上，若 u_p 和 u_q 都是锚用户，则 u_p 和 u_q 的聚类结果的差异定义为 $d_{p,q}(\mathtt{C}^i,\mathtt{C}^j)=\left(\boldsymbol{h}_p^i(\boldsymbol{h}_q^i)^{\mathrm{T}}-\boldsymbol{h}_p^j(\boldsymbol{h}_q^j)^{\mathrm{T}}\right)^2$；否则 $d_{p,q}(\mathtt{C}^i,\mathtt{C}^j)=0$。进而，$\mathtt{C}^i$ 和 $\mathtt{C}^j$ 的差异就可以表示为：

$$d(\mathtt{C}^i,\mathtt{C}^j)\ =\sum_p^{n^i}\sum_q^{n^j}d_{p,q}(\mathtt{C}^i,\mathtt{C}^j) \tag{6.17}$$

其中，$n^i=|\mathtt{U}^i|$ 且 $n^j=|\mathtt{U}^j|$。

然而，考虑到 $d(\mathtt{C}^i,\mathtt{C}^j)$ 高度依赖于锚用户的数量以及 $\boldsymbol{G}^i$ 和 $\boldsymbol{G}^j$ 之间的锚链接，当锚用户数量充足时，最小化 $d(\mathtt{C}^i,\mathtt{C}^j)$ 有利于获得高度一致的聚类结果，而当锚用户数量非常少时，最小化 $d(\mathtt{C}^i,\mathtt{C}^j)$ 对聚类结果没有显著影响。为了解决这一问题，我们建议最小化标准差异。

定义 6.11（标准差异）　标准差异度量计算两个对齐网络中聚类结果的差异，作为部分对齐网络中锚用户数量差异的一部分：

$$Nd(\mathtt{C}^i,\mathtt{C}^j)=\frac{d(\mathtt{C}^i,\mathtt{C}^j)}{\left(\left|A^{(i,j)}\right|\right)\left(\left|A^{(i,j)}\right|-1\right)} \tag{6.18}$$

$\boldsymbol{G}^i$ 和 $\boldsymbol{G}^j$ 的最优一致聚类结果将是 $\hat{\mathtt{C}}^i,\hat{\mathtt{C}}^j$：

$$\hat{\mathtt{C}}^i,\hat{\mathtt{C}}^j=\arg\min_{\mathtt{C}^i,\mathtt{C}^j}Nd(\mathtt{C}^i,\mathtt{C}^j) \tag{6.19}$$

类似地，标准差异目标函数也可以用聚类结果置信度矩阵 $\boldsymbol{H}^i$ 和 $\boldsymbol{H}^j$ 表示。同时，考虑到本章研究的网络是部分对齐，矩阵 $\boldsymbol{H}^i$ 和 $\boldsymbol{H}^j$ 包含锚用户和非锚用户的结果，而根据差异的定义，非锚用户不应参与差异计算。在从置信矩阵中去除非锚用户之后，我们可以将去除后的置信度矩阵表示为 $\bar{\boldsymbol{H}}^i$ 和 $\bar{\boldsymbol{H}}^j$。

此外，可以将推导出可以最小化标准差异的聚类置信度矩阵的目标函数表示如下：

$$\min_{\boldsymbol{H}^i,\boldsymbol{H}^j} \frac{\left\|\bar{\boldsymbol{H}}^i\left(\bar{\boldsymbol{H}}^i\right)^{\mathrm{T}} - \bar{\boldsymbol{H}}^j\left(\bar{\boldsymbol{H}}^j\right)^{\mathrm{T}}\right\|_F^2}{\left\|\boldsymbol{T}^{(i,j)}\right\|_F^2\left(\left\|\boldsymbol{T}^{(i,j)}\right\|_F^2 - 1\right)} \tag{6.20}$$

$$s.t. \quad (\boldsymbol{H}^i)^{\mathrm{T}}\boldsymbol{D}^i\boldsymbol{H}^i = \mathbf{I}, (\boldsymbol{H}^j)^{\mathrm{T}}\boldsymbol{D}^j\boldsymbol{H}^j = \boldsymbol{I}$$

其中 $\boldsymbol{D}^i$, $\boldsymbol{D}^j$ 分别是网络 $\boldsymbol{G}^i$ 和 $\boldsymbol{G}^j$ 相似性矩阵的相应对角矩阵。

3. 联合优化目标函数

考虑到这两个问题，对齐网络 $\boldsymbol{G}^i$ 和 $\boldsymbol{G}^j$ 的最优相互聚类结果 $\hat{\mathtt{C}}^i$ 和 $\hat{\mathtt{C}}^j$ 可得：

$$\arg\min_{\mathtt{C}^i,\mathtt{C}^j} \alpha \cdot Ncut(\mathtt{C}^i) + \beta \cdot Ncut(\mathtt{C}^j) + \theta \cdot Nd(\mathtt{C}^i, \mathtt{C}^j) \tag{6.21}$$

其中 α, β 和 θ 表示这些项的权重，为了简单起见，将 α 和 β 都设置为 1。

将 $Ncut(\mathtt{C}^i)$, $Ncut(\mathtt{C}^j)$, $Nd(\mathtt{C}^i, \mathtt{C}^j)$ 代入上述目标方程，我们可以重写联合目标函数如下：

$$\min_{\boldsymbol{H}^i,\boldsymbol{H}^j} \quad \alpha\cdot\mathrm{Tr}((\boldsymbol{H}^i)^{\mathrm{T}}\boldsymbol{L}^i\boldsymbol{H}^i)+\beta\cdot\mathrm{Tr}((\boldsymbol{H}^j)^{\mathrm{T}}\boldsymbol{L}^j\boldsymbol{H}^j)+\theta\cdot\frac{\left\|\bar{\boldsymbol{H}}^i\left(\bar{\boldsymbol{H}}^i\right)^{\mathrm{T}} - \bar{\boldsymbol{H}}^j\left(\bar{\boldsymbol{H}}^j\right)^{\mathrm{T}}\right\|_F^2}{\left\|\boldsymbol{T}^{(i,j)}\right\|_F^2\left(\left\|\boldsymbol{T}^{(i,j)}\right\|_F^2 - 1\right)} \tag{6.22}$$

$$s.t. \quad (\boldsymbol{H}^i)^{\mathrm{T}}\boldsymbol{D}^i\boldsymbol{H}^i = \boldsymbol{I}, (\boldsymbol{H}^j)^{\mathrm{T}}\boldsymbol{D}^j\boldsymbol{H}^j = \boldsymbol{I}$$

其中 $\boldsymbol{L}^i = \boldsymbol{D}^i - \boldsymbol{S}^i$, $\boldsymbol{L}^j = \boldsymbol{D}^j - \boldsymbol{S}^j$ 且矩阵 $\boldsymbol{S}^i$, $\boldsymbol{S}^j$ 和 $\boldsymbol{D}^i$, $\boldsymbol{D}^j$ 是之前定义的相似性矩阵及其对应的对角矩阵。目标函数是一个具有正交约束的复杂优化问题，由于这些约束不仅是非凸的，而且在迭代过程中，维护的开销也是非常大的，因此很难求解。有关目标函数求解的更多信息，请参考 [36]。

6.3.3 实验

为了测试MCD模型在多个对齐的社交网络中检测社区的性能，我们已经在对齐的社交网络数据集（Foursquare 和 Twitter）上进行了大量实验。实验结果如下所示。

1. 实验结果比较

实验中使用的比较方法可以分为三类：

相互聚类法

- MCD：MCD是一种相互社区检测方法，它可以考虑不同网络的连接和特点，检测出多个对齐网络中的社区。多个对齐网络将异质信息应用于MCD构建。

多网络聚类法

- SICLUS：文献 [38,48] 中提出的聚类方法可以通过在不同视角/网络传播异质信息来计算用户之间的相似性得分。我们对文献 [38,48] 中提出的方法进行了扩展，并提出了同时计算多个网络中用户间亲密度分数的SICLUS方法，在此基础上，根据 [48] 中介绍的基于亲密度矩阵分解的聚类模型，可以将用户分组到不同的簇类中。跨网络的异质信息用于构建SICLUS。

孤立的聚类法 可以在每个孤立的网络中检测社区：

- NCUT：NCUT是文献 [29] 中提出的基于归一化切割的聚类方法。NCUT方法仅根据实验中每个社交网络中的社交关系，就可以检测出每个社交网络中的社区。
- KMEANS：KMEANS是一种传统的聚类方法，它只能基于实验中的社交联系来检测社交网络中的社区 [27]。

应用的评价指标可以分为两类：质量指标和一致性指标。

质量指标: 4 种广泛常用的质量指标用于衡量每个网络的聚类结果，如 $\mathtt{C} = \{U_i\}_{i=1}^{K}$。

- **normalized-dbi** [38]：

$$ndbi(\mathtt{C}) = \frac{1}{K}\sum_{i}\min_{j\neq i}\frac{d(c_i,c_j)+d(c_j,c_i)}{\sigma_i+\sigma_j+d(c_i,c_j)+d(c_j,c_i)} \tag{6.23}$$

  其中 c_i 是社区 $U_i \in \mathtt{C}$ 的中心，$d(c_i,c_j)$ 表示中心 c_i 和 c_j 之间的距离，σ_i 表示 U_i 和中心 c_i 中元素之间的平均距离。(更高的 ndbi 对应于更好的性能)。

- **熵** [38]：$H(\mathtt{C}) = -\sum_{i=1}^{K} P(i)\log P(i)$, 其中 $P(i) = \dfrac{|U_i|}{\sum_{i=1}^{K}|U_i|}$。(较低的熵对应于更好的性能)
- **密度**[38]：$dens(\mathtt{C}) = \sum_{i=1}^{K}\dfrac{|E_i|}{|E|}$, 其中 E 和 E_i 是网络和 U_i 中的边集。(更高的密度对应于更好的性能)
- **轮廓** [19]：

$$sil(\mathtt{C}) = \frac{1}{K}\sum_{i=1}^{K}\left(\frac{1}{|U_i|}\sum_{u\in U_i}\frac{b(u)-a(u)}{\max\{a(u),b(u)\}}\right) \tag{6.24}$$

  其中$a(u) = \dfrac{1}{|U_i|-1}\sum_{v\in U_i,u\neq v} d(u,v)$, $b(u) = \min_{j,j\neq i}\left(\dfrac{1}{|U_j|}\sum_{v\in U_j} d(u,v)\right)$。(更高的轮廓对应更好的性能)

一致性指标: 给定聚类结果 $\mathtt{C}^{(1)} = \{U_i^{(1)}\}_{i=1}^{K^{(1)}}$ 和 $\mathtt{C}^{(2)} = \{U_i^{(2)}\}_{i=1}^{K^{(2)}}$，聚类在 $\mathtt{C}^{(1)}$ 和 $\mathtt{C}^{(2)}$ 中的锚用户相似或不相似的一致性指标包括：

- **rand** [26]：$rand(\mathtt{C}^{(1)},\mathtt{C}^{(2)}) = \dfrac{N_{01}+N_{10}}{N_{00}+N_{01}+N_{10}+N_{11}}$，其中 $N_{11}(N_{00})$ 是在 $\mathtt{C}^{(1)}$

和 $\mathtt{C}^{(2)}$ 中聚集在同一社区（不同社区）的成对锚用户的数量，$N_{01}\,(N_{10})$ 是在 $\mathtt{C}^{(1)}$ 中聚集在同一社区（不同社区）但在 $\mathtt{C}^{(2)}$ 中聚集在不同的社区（同一社区）的锚用户的数量。（较低的 rand 对应于更好的性能）。

- **信息差异指标** (vi)[26]：$vi(\mathtt{C}^{(1)},\mathtt{C}^{(2)}) = H(\mathtt{C}^{(1)}) + H(\mathtt{C}^{(2)}) - 2mi(\mathtt{C}^{(1)},\mathtt{C}^{(2)})$.（较低的 vi 表示更好的性能）。
- **互信息** [26]：$mi(\mathtt{C}^{(1)},\mathtt{C}^{(2)}) = \sum_{i=1}^{K^{(1)}}\sum_{j=1}^{K^{(2)}} P(i,j)\log\dfrac{P(i,j)}{P(i)P(j)}$，其中 $P(i,j) = \dfrac{|U_i^{(1)} \cap_{\mathtt{A}} U_j^{(2)}|}{|\mathtt{A}|}$ 和 $|U_i^{(1)} \cap_{\mathtt{A}} U_j^{(2)}| = \left|\{u|u \in U_i^{(1)}, \exists v \in U_i^{(2)}, (u,v) \in \mathtt{A}\}\right|^{[12]}$。（较高的 mi 表示更好的性能）
- **标准化互信息** [26]：$nmi(\mathtt{C}^{(1)},\mathtt{C}^{(2)}) = \dfrac{mi(\mathtt{C}^{(1)},\mathtt{C}^{(2)})}{\sqrt{H(\mathtt{C}^{(1)})H(\mathtt{C}^{(2)})}}$.（较高的 nmi 表示更好的性能）

实验结果见表 6.7～表 6.8。为了说明锚链接的影响，我们使用相同的网络，但随机从网络中抽取一定比例的锚链接，其数目由 $\sigma \in \{0.1, 0.2, \cdots, 1.0\}$ 控制，其中 $\sigma = 0.1$ 表示保留所有锚链接的 10%，$\sigma = 1.0$ 表示保留所有锚链接。

表 6.7 质量指标下 Foursquare 和 Twitter 的社区检测结果评估

			剩余锚链接率 σ									
网络	度量	方法	0.1	0.2	0.3	0.4	0.5	0.6	0.7	0.8	0.9	1.0
Foursquare	ndbi	MCD	**0.927**	**0.924**	**0.95**	**0.969**	**0.966**	**0.961**	**0.958**	**0.954**	**0.971**	**0.958**
		SIClus	0.891	0.889	0.88	0.877	0.894	0.883	0.89	0.88	0.887	0.893
		NCut	0.863	0.863	0.863	0.863	0.863	0.863	0.863	0.863	0.863	0.863
		KMeans	0.835	0.835	0.835	0.835	0.835	0.835	0.835	0.835	0.835	0.835
	entropy	MCD	**1.551**	**1.607**	**1.379**	**1.382**	**1.396**	**1.382**	**1.283**	**1.552**	**1.308**	**1.497**
		SIClus	4.332	4.356	4.798	4.339	4.474	4.799	4.446	4.658	4.335	4.459
		NCut	2.768	2.768	2.768	2.768	2.768	2.768	2.768	2.768	2.768	2.768
		KMeans	2.369	2.369	2.369	2.369	2.369	2.369	2.369	2.369	2.369	2.369
	density	MCD	**0.216**	**0.205**	**0.196**	0.163	**0.239**	**0.192**	**0.303**	**0.198**	0.170	**0.311**
		SIClus	0.116	0.121	0.13	0.095	0.143	0.11	0.13	0.12	0.143	0.103
		NCut	0.154	0.154	0.154	0.154	0.154	0.154	0.154	0.154	0.154	0.154
		KMeans	0.182	0.182	0.182	**0.182**	0.182	0.182	0.182	0.182	**0.182**	0.182
	silhouette	MCD	**−0.137**	**−0.114**	**−0.148**	**−0.156**	**−0.117**	**−0.11**	**−0.035**	**−0.125**	**−0.148**	**−0.044**
		SIClus	−0.168	−0.198	−0.173	−0.189	−0.178	−0.181	−0.21	−0.195	−0.167	−0.18
		NCut	−0.34	−0.34	−0.34	−0.34	−0.34	−0.34	−0.34	−0.34	−0.34	−0.34
		KMeans	−0.297	−0.297	−0.297	−0.297	−0.297	−0.297	−0.297	−0.297	−0.297	−0.297

（续）

			剩余锚链接率 σ									
网络	度量	方法	0.1	0.2	0.3	0.4	0.5	0.6	0.7	0.8	0.9	1.0
Twitter	ndbi	MCD	**0.962**	**0.969**	**0.955**	**0.969**	**0.97**	**0.958**	**0.952**	**0.96**	**0.946**	**0.953**
		SIclus	0.815	0.843	0.807	0.83	0.826	0.832	0.835	0.808	0.812	0.836
		Ncut	0.759	0.759	0.759	0.759	0.759	0.759	0.759	0.759	0.759	0.759
		Kmeans	0.761	0.761	0.761	0.761	0.761	0.761	0.761	0.761	0.761	0.761
	entropy	MCD	**2.27**	**2.667**	**2.48**	**2.381**	**2.43**	**2.372**	**2.452**	**2.459**	**2.564**	**2.191**
		SIclus	4.780	5.114	5.066	4.961	4.904	4.866	5.121	4.629	4.872	5.000
		Ncut	3.099	3.099	3.099	3.099	3.099	3.099	3.099	3.099	3.099	3.099
		Kmeans	3.245	3.245	3.245	3.245	3.245	3.245	3.245	3.245	3.245	3.245
	density	MCD	**0.14**	0.097	**0.142**	0.109	**0.15**	**0.158**	**0.126**	**0.149**	**0.147**	**0.164**
		SIclus	0.055	0.017	0.044	0.026	0.04	0.062	0.016	0.044	0.045	0.02
		Ncut	0.107	0.107	0.107	0.107	0.107	0.107	0.107	0.107	0.107	0.107
		Kmeans	0.119	**0.119**	0.119	**0.119**	0.119	0.119	0.119	0.119	0.119	0.119
	silhouette	MCD	**−0.137**	**−0.179**	**−0.282**	**−0.175**	**−0.275**	**−0.273**	**−0.248**	**−0.269**	**−0.266**	**−0.286**
		SIclus	−0.356	−0.322	−0.311	−0.347	−0.346	−0.349	−0.323	−0.363	−0.345	−0.352
		Ncut	−0.424	−0.424	−0.424	−0.424	−0.424	−0.424	−0.424	−0.424	−0.424	−0.424
		Kmeans	−0.406	−0.406	−0.406	−0.406	−0.406	−0.406	−0.406	−0.406	−0.406	−0.406

表 6.7 分别显示了 Foursquare 和 Twitter 中不同方法在 ndbi、熵、密度和轮廓评估下的聚类结果。如两个表格所示，MCD可以在 Foursquare 和 Twitter 上对于不同锚链接采样率一致获得最高的 ndbi 得分。在所有比较方法中，MCD 得到的聚类结果的熵最低，比SIclus 低 70%，比 Foursquare 和 Twitter 中的Ncut 和Kmeans 低 40%。在MCD检测到的每个社区中，社交联系比SIclus、Ncut和Kmeans 密集。对于轮廓指标也可以得到类似的结果，MCD得到的轮廓评分是所有比较方法中最高的。因此，在质量指标的评价下，MCD方法比改进的多视图和孤立的聚类方法能得到更好的结果。

表 6.8 显示了在一致性指标（包括 rand、vi、nmi 和 mi）评估下对齐网络的聚类结果。如表 6.8 所示，在一致性指标的评估下，MCD可以在所有比较方法中表现最好。例如，MCD的 rand 得分在其他所有方法中最低，当 σ=0.5 时，MCD 的 rand 得分比SIclus低 20%，比Ncut和Kmeans低 72%。其他评价指标也可以得到类似的结果，如当 σ=0.5 时，MCD的 vi 评分约为SIclus评分的一半，MCD 的 nmi 和 mi 评分是Kmeans 评分的三倍。结果表明，在一致性指标的评价下，MCD比改进的多视图聚类方法和孤立聚类方法具有更好的性能。

表 6.8 一致性指标下对 Foursquare 和 Twitter 的社区检测结果的评估

		剩余锚链接率 σ									
度量	方法	0.1	0.2	0.3	0.4	0.5	0.6	0.7	0.8	0.9	1.0
rand	MCD	**0.095**	**0.099**	**0.107**	**0.138**	**0.116**	**0.121**	**0.132**	**0.106**	**0.089**	0.159
	SIclus	0.135	0.139	0.144	0.148	0.142	0.14	**0.132**	0.132	0.144	**0.141**
	Ncut	0.399	0.377	0.372	0.4	0.416	0.423	0.362	0.385	0.362	0.341
	Kmeans	0.436	0.387	0.4	0.358	0.403	0.363	0.408	0.365	0.35	0.363
vi	MCD	**3.309**	**4.052**	**4.058**	**3.902**	**4.038**	**4.348**	**3.973**	**3.944**	**4.078**	**2.911**
	SIclus	7.56	8.324	8.414	8.713	8.756	8.836	8.832	8.621	8.427	8.02
	Ncut	5.384	5.268	5.221	4.855	5.145	5.541	5.909	5.32	5.085	5.246
	Kmeans	5.427	5.117	5.355	5.326	5.679	5.944	5.452	5.567	5.513	4.686
nmi	MCD	0.152	**0.152**	**0.149**	**0.141**	**0.149**	**0.156**	**0.142**	**0.158**	**0.147**	0.146
	SIclus	**0.172**	0.097	0.081	0.06	0.056	0.069	0.078	0.093	0.105	**0.149**
	Ncut	0.075	0.074	0.111	0.108	0.109	0.099	0.05	0.036	0.042	0.106
	Kmeans	0.008	0.047	0.048	0.054	0.048	0.028	0.047	0.014	0.067	0.119
mi	MCD	0.756	**0.611**	**0.4**	0.258	**0.394**	**0.431**	**0.381**	**0.533**	**0.697**	0.689
	SIclus	**0.780**	0.446	0.367	**0.277**	0.258	0.325	0.374	0.44	0.489	**0.698**
	Ncut	0.188	0.181	0.261	0.232	0.252	0.243	0.138	0.092	0.111	0.31
	Kmeans	0.02	0.112	0.119	0.135	0.127	0.078	0.119	0.038	0.194	0.314

根据表 6.7~表 6.8 所示的结果，我们观察到MCD的性能并没有随着 σ 变化而变化。其原因可能是在MCD方法中，采用了标准化聚类差异来推断聚类置信度矩阵。随着实验中 σ 的增加，网络之间增加了更多的锚链接，其中一部分效应会被聚类差异的标准化所抵消，对MCD 的性能影响不大。

2. 收敛性分析

MCD可以用曲线搜索法求解优化函数，该方法可以交替更新矩阵 $\boldsymbol{X}^{(1)}$ 和 $\boldsymbol{X}^{(2)}$。这个过程将继续下去，直到收敛为止。为了检验这个过程是否可以停止，在这一部分，我们将分析 $\boldsymbol{X}^{(1)}$ 和 $\boldsymbol{X}^{(2)}$ 的收敛性。在图 6.7 中, 我们展示了在每次迭代的更新算法中矩阵 $\boldsymbol{X}^{(1)}$ 和 $\boldsymbol{X}^{(2)}$ 的 L^1 范数，$\left\|\boldsymbol{X}^{(1)}\right\|_1$ 和 $\left\|\boldsymbol{X}^{(2)}\right\|_1$，其中矩阵 $\boldsymbol{X}$ 的 L^p 范数为 $\|\boldsymbol{X}\|_p = (\sum_i \sum_i X_{ij}{}^p)^{\frac{1}{p}}$。如图 6.7 所示，$\left\|\boldsymbol{X}^{(1)}\right\|_1$ 和 $\left\|\boldsymbol{X}^{(2)}\right\|_1$ 都能在不到 200 次迭代中收敛。

3. 参数分析

在MCD方法中，我们有三个参数: $k^{(1)}$, $k^{(2)}$ 和 θ，其中 $k^{(1)}$ 和 $k^{(2)}$ 分别是 Foursquare

和 Twitter 网络中的聚类个数，而 θ 是目标函数中标准差异项的权重。在前面的实验中，我们设置 $k^{(1)}=50$, $k^{(2)}=50$ 和 $\theta=1.0$。在这里，我们将详细分析这些参数的敏感性。

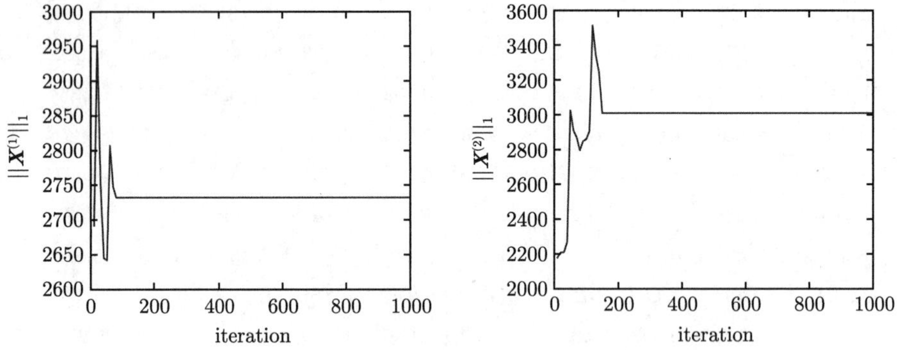

a) $||\boldsymbol{X}^{(1)}||_1$　　b) $||\boldsymbol{X}^{(2)}||_1$

图 6.7 $\left\|\boldsymbol{X}^{(1)}\right\|_1$ 和 $\left\|\boldsymbol{X}^{(2)}\right\|_1$ 在每轮迭代中的变化

为了分析 $k^{(1)}$，我们固定 $k^{(2)}=50$ 和 $\theta=1.0$，但是将 $k^{(1)}$ 赋值为 {10, 20, 30, 40, 50, 60, 70, 80, 90, 100}。图 6.8a~c 给出了不同 $k^{(1)}$ 用 *ndbi* 和 *rand* 评价的MCD的聚类结果。如图所示，Foursquare 和 Twitter 在 ndbi 评估下，当 $k^{(1)}$ 在范围 $[40,100]$ 时，MCD的结果是非常稳定的。在图 6.8c 中也可以得到类似的结果，在 rand 对二者的评估下，MCD 在对齐网络上的性能对于 $[40,100]$ 中 $k^{(1)}$ 的选择不敏感。以类似的方式，我们可以研究参数 $k^{(2)}$ 的灵敏度，其结果如图 6.8d~f 所示。

为了分析参数 θ，我们将 $k^{(1)}$，$k^{(2)}$ 都设置为 50，但是将 θ 赋值为 {0.001, 0.01, 0.1, 1.0, 10.0, 100.0, 1000.0}。结果显示在图 6.9 中，其中当 θ 较小，例如 0.001 时，MCD在

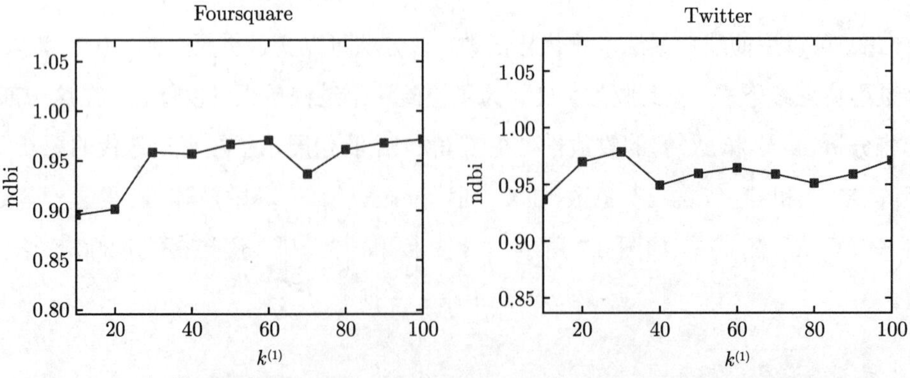

a) $k^{(1)}$-ndbi (Foursquare)　　b) $k^{(1)}$-ndbi (Twitter)

图 6.8 $k^{(1)}$ 和 $k^{(2)}$ 的参数分析

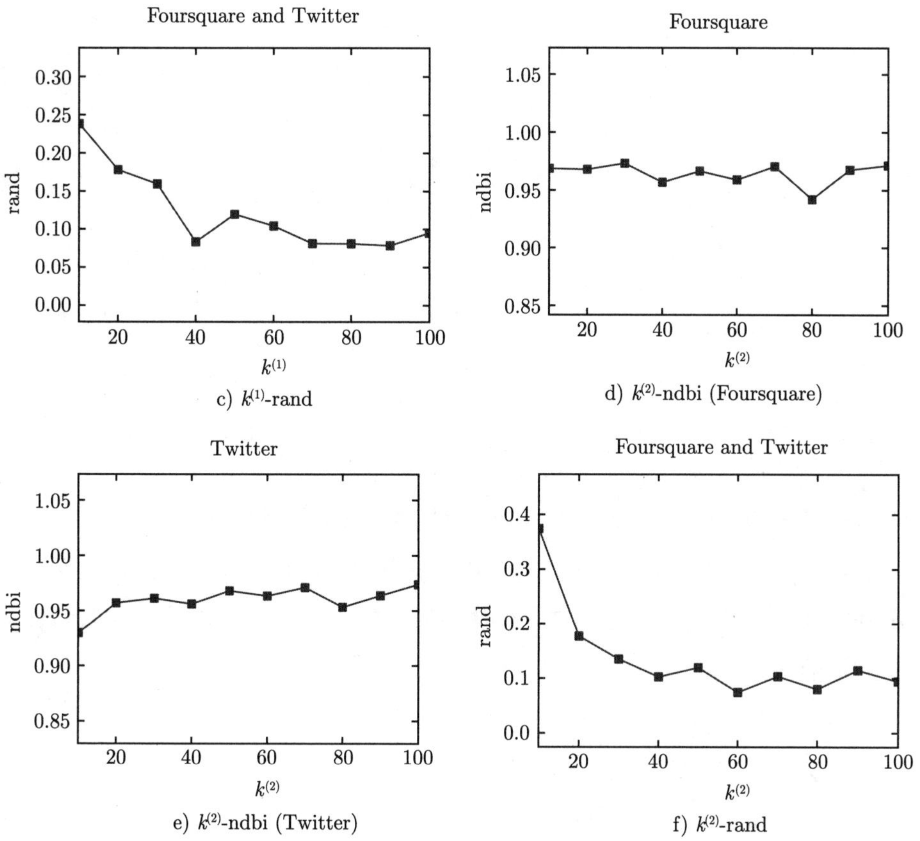

图 6.8　（续）

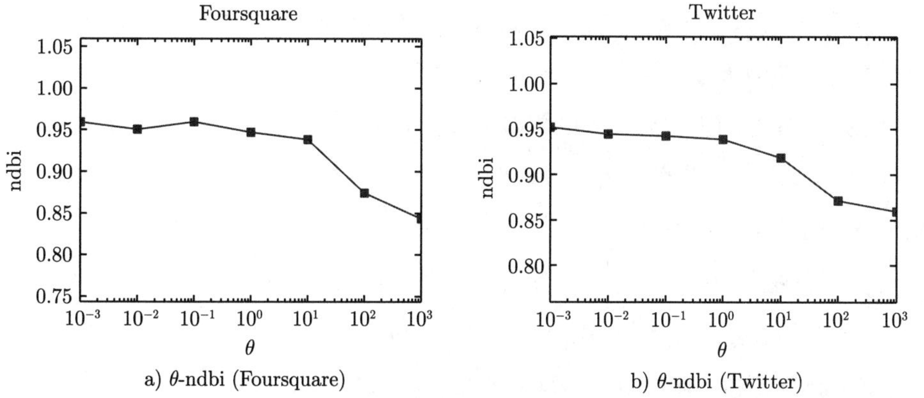

图 6.9　θ 的参数分析

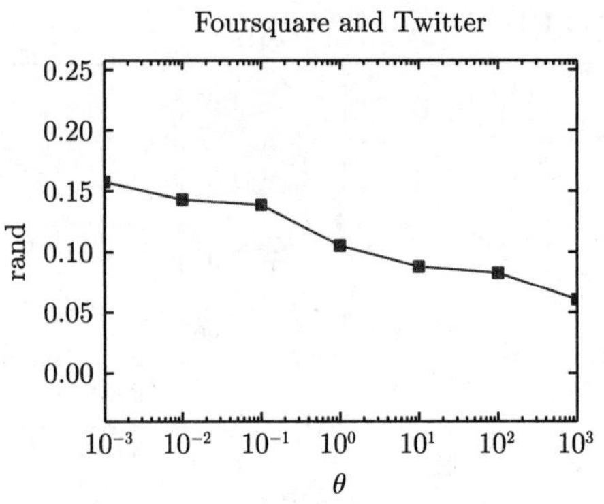

c) θ-rand

图 6.9 （续）

Foursquare 和 Twitter 中获得的 *ndbi* 得分较高，但 rand 得分不好（rand 成反比）。另一方面，在 Foursquare 和 Twitter 中，大的 θ 可以得到良好的 rand 分数，但会使得 ndbi 分数不好。因此，(1) 大的 θ 更偏向一致的结果，(2) 小的 θ 可以保留网络特征并且更偏向高质量的结果。

6.4　结论

在这一章中，我们介绍了跨多个对齐社交网络的一些研究工作，包括网络对齐问题、链接传输问题和社区检测问题。本章介绍的问题对于许多具体的实际社交网络应用和服务都是非常重要的。针对这些问题，我们分别提出了几种重要算法，并用几个真实数据集对其性能进行了评估。

除了本章介绍的工作之外，许多其他的研究问题也已经在对齐的社交网络中被研究过，比如网络嵌入、信息传播、病毒式营销和给小费用户检测。在社交网络融合学习研究领域还有几个有趣的深入研究方向：

- **多对齐社交网站**：现有的对齐网络研究主要集中于研究两个对齐网络。与此同时，当涉及多个对齐的网络（超过两个）时，许多研究的问题将遇到许多新的挑战，例如来自不同站点的信息的平衡，多个来源引入的约束（例如锚链接）。
- **大规模网络**：大多数介绍的方法和模型对于小规模的社交网络非常有效，但是在涉及大规模网络时，它们会遭受高时间复杂性的问题。将现有的模型扩展和推广为适应于大规模网络将是一个有趣的方向。
- **领域差异问题**：许多现有的跨网络研究以非常简单的方式解决领域差异问题，例如，链接预测中的元路径选择，社区检测和信息扩散中的元路径加权。一种更普遍、更有效的处理领域差异问题的方法至今仍是一个有待解决的问题。

参考文献

1. Al Hasan, M., Chaoji, V., Salem, S., Zaki, M.: Link prediction using supervised learning. In: SDM (2006)
2. Bickel, S., Scheffer, T.: Multi-view clustering. In: ICDM, pp. 19–26 (2004)
3. Cai, X., Nie, F., Huang, H.: Multi-view k-means clustering on big data. In: IJCAI, pp. 2598–2604 (2013)
4. Chang, C.C., Lin, C.J.: Libsvm: a library for support vector machines. ACM Trans. Intell. Syst. Technol. **2**(3), 389–396 (2011)
5. Dong, Y., Tang, J., Wu, S., Tian, J.: Link prediction and recommendation across heterogeneous social networks. In: ICDM, pp. 181–190 (2012)
6. Elkan, C., Noto, K.: Learning classifiers from only positive and unlabeled data. In: KDD, pp. 213–220 (2008)
7. Getoor, L., Diehl, C.P.: Link mining: a survey. ACM Sigkdd Explor. Newsl. **7**(2), 3–12 (2005)
8. Hasan, M.A., Zaki, M.J.: A survey of link prediction in social networks. In: Aggarwal, C.C. (ed.) Social Network Data Analytics, pp. 243–275. Springer, Berlin (2011)
9. Jin, S., Zhang, J., Yu, P.S., Yang, S.: Synergistic partitioning in multiple large scale social networks. In: IEEE BigData, pp. 281–290 (2014)
10. Klau, G.W.: A new graph-based method for pairwise global network alignment. BMC Bioinform. **10**(1), 135–135 (2009)
11. Kong, X., Yu, P.S., Ding, Y., Wild, D.J.: Meta path-based collective classification in heterogeneous information networks. In: CIKM, pp. 1567–1571 (2012)
12. Kong, X., Zhang, J., Yu, P.S.: Inferring anchor links across multiple heterogeneous social networks. In: CIKM, pp. 179–188 (2013)
13. Koutra, D., Tong, H., Lubensky, D.: Big-align: Fast bipartite graph alignment. In: ICDM, pp. 389–398 (2013)
14. Kuchaiev, O., Milenković, T., Memišević, V., Hayes, W., Pržulj, N.: Topological network alignment uncovers biological function and phylogeny. J. R. Soc. Interface **7**(50), 1341–1354 (2009)
15. Kumar, A.: A co-training approach for multi-view spectral clustering. In: ICML, pp. 393–400 (2011)
16. Li, Y., Shi, C., Philip, S.Y., Chen, Q.: Hrank: a path based ranking method in heterogeneous information network. In: Web-Age Information Management, pp. 553–565 (2014)
17. Liao, C.S., Lu, K., Baym, M., Singh, R., Berger, B.: Isorankn: spectral methods for global alignment of multiple protein networks. Bioinformatics **25**(12), 253–8 (2009)
18. Liben-Nowell, D., Kleinberg, J.: The link prediction problem for social networks. In: CIKM, p. 13451347 (2003)
19. Liu, Y., Li, Z., Xiong, H., Gao, X., Wu, J.: Understanding of internal clustering validation measures. In: ICDM, pp. 911–916 (2010)
20. Lock, E.F., Dunson, D.B.: Bayesian consensus clustering. Bioinformatics **29**(20), 2610–2616 (2013)
21. Lourenço, A., Bulò, S.R., Rebagliati, N., Fred, A.L., Figueiredo, M.A., Pelillo, M.: Probabilistic consensus clustering using evidence accumulation. Mach. Learn. **98**(1), 331–357 (2015)
22. Lu, C.T., Shuai, H.H., Yu, P.S.: Identifying your customers in social networks. In: Conference on Information and Knowledge Management, pp. 391–400 (2014)
23. Luxburg, U.: A tutorial on spectral clustering. Stat. Comput. **17**(4), 395–416 (2007)
24. Malliaros, F.D., Vazirgiannis, M.: Clustering and community detection in directed networks: a survey. Phys. Rep. **533**(4), 95–142 (2013)

25. Newman, M.E., Girvan, M.: Finding and evaluating community structure in networks. Phys. Rev. E **69**(2), 026,113–026,113 (2004)
26. Nguyen, N., Caruana, R.: Consensus clusterings. In: ICDM, pp. 607–612 (2007)
27. Qi, G.J., Aggarwal, C.C., Huang, T.: Community detection with edge content in social media networks. In: 2012 IEEE 28th International Conference on Data Engineering, pp. 534–545 (2012)
28. Shao, W., Zhang, J., He, L., Yu, P.S.: Multi-source multi-view clustering via discrepancy penalty. CoRR abs/1604.04029 (2016)
29. Shi, J., Malik, J.: Normalized cuts and image segmentation. TPAMI **22**(8), 888–905 (2000)
30. Singh, R., Xu, J., Berger, B.: Pairwise global alignment of protein interaction networks by matching neighborhood topology. In: RECOMB, pp. 16–31 (2007)
31. Sun, Y., Barber, R., Gupta, M., Aggarwal, C.C., Han, J.: Co-author relationship prediction in heterogeneous bibliographic networks. In: ASONAM, pp. 121–128 (2011)
32. Sun, Y., Han, J., Yan, X., Yu, P.S., Wu, T.: Pathsim: meta path-based top-k similarity search in heterogeneous information networks. Proc. VLDB Endow. **4**(11), 992–1003 (2011)
33. Sun, Y., Aggarwal, C.C., Han, J.: Relation strength-aware clustering of heterogeneous information networks with incomplete attributes. Comput. Sci. **5**(5), 394–405 (2012)
34. Sun, Y., Han, J., Aggarwal, C.C., Chawla, N.V.: When will it happen?: relationship prediction in heterogeneous information networks. In: WSDM, pp. 663–672 (2012)
35. Yin, X., Han, J., Yu, P.S.: Crossclus: user-guided multi-relational clustering. Data Min. Knowl. Disc. **15**(3), 321–348 (2007)
36. Yu, P.S., Zhang, J.: Mcd: mutual clustering across multiple social networks. In: IEEE BigData, pp. 762–771 (2015)
37. Yu, X., Sun, Y., Norick, B., Mao, T., Han, J.: User guided entity similarity search using meta-path selection in heterogeneous information networks. In: CIKM, pp. 2025–2029 (2012)
38. Zafarani, R., Liu, H.: Connecting users across social media sites: a behavioral-modeling approach. In: KDD, pp. 41–49 (2013)
39. Zhan, Q., Zhang, J., Wang, S., Philip, S.Y., Xie, J.: Influence maximization across partially aligned heterogenous social networks. In: PAKDD, pp. 58–69 (2015)
40. Zhan, Q., Zhang, J., Yu, P.S., Emery, S., Xie, J.: Discover tipping users for cross network influencing. In: IRI, pp. 67–76 (2016)
41. Zhang, J., Chen, J., Zhu, J., Chang, Y., Yu, P.S.: Link prediction with cardinality constraint. In: WSDM (2017)
42. Zhang, J., Kong, X., Yu, P.S.: Predicting social links for new users across aligned heterogeneous social networks. In: ICDM, pp. 1289–1294 (2013)
43. Zhang, J., Kong, X., Yu, P.S.: Transferring heterogeneous links across location-based social networks. In: ICDM, pp. 303–312 (2014)
44. Zhang, J., Philip, S.Y.: Integrated anchor and social link predictions across social networks. In: Proceedings of the 24th International Conference on Artificial Intelligence, pp. 2125–2131 (2015)
45. Zhang, J., Shao, W., Wang, S., Kong, X., Yu, P.S.: PNA: partial network alignment with generic stable matching. In: IRI, pp. 166–173 (2015)
46. Zhang, J., Yu, P.: Multiple anonymized social networks alignment. In: ICDM, pp. 599–608 (2015)
47. Zhang, J., Yu, P.: Pct: partial co-alignment of social networks. In: WWW, pp. 749–759 (2016)
48. Zhang, J., Yu, P.S.: Community detection for emerging networks. In: SDM, pp. 127–135 (2015)
49. Zhang, J., Yu, P.S., Lv, Y.: Organizational chart inference. In: KDD, pp. 1435–1444 (2015)
50. Zhang, J., Yu, P.S., Zhou, Z.H.: Meta-path based multi-network collective link prediction. In: KDD, pp. 1286–1295 (2014)

第 7 章 模式丰富的异质网络挖掘

摘要 传统的异质信息网络通常具有简单的网络模式，其中节点和链接类型较少，且元路径易于枚举。然而，在许多实际应用中，一些异质信息网络的节点和链接种类繁多，并且它们的网络模式很难描述。我们把这种网络称为模式丰富的异质信息网络。例如，用 < 对象，关系，对象 > 元组构造的知识图谱可以认为是模式丰富的异质网络，其中通常有成千上万种节点和关系。在本章中，我们介绍两个模式丰富的异质网络中的数据挖掘任务：链接预测和实体集合扩展。通过这两个任务，我们阐明挖掘这类更复杂更流行的异质网络所面临的挑战和潜在的解决方案。

7.1 模式丰富的异质网络中的链接预测

7.1.1 概述

链接预测是一个基本的数据挖掘问题，它试图根据观察到的链接和节点的属性来估计两个节点之间存在链接的可能性。链接预测是许多数据挖掘任务的基础，例如数据清洗以及推荐。在异质信息网络中已经有一些链接预测的工作。元路径 [24] 是连接两个节点的关系序列，作为 HIN 的独特语义特征，它被广泛用于链接预测。这些工作为了有效利用元路径，通常采用一个两步的过程来解决 HIN 中的链接预测问题。第一步是提取基于元路径的特征向量，第二步是训练回归或分类模型来计算一个链接的存在概率 [4, 21, 23, 28]。例如，Sun 等人 [21] 提出了 PathPredict 方法来解决共同作者关系预测的问题，Cao 等人 [4] 提出了一个迭代框架来同时预测异质信息网络中的多种类型的链接，还有 Sun 等人 [23] 对关系建立时间的分布进行建模，以预测特定关系形成时间。这些工作通常有一个基本假设：元路径可以在简单的 HIN 中预定义或枚举。当 HIN 很简单时，我们可以轻松地手动枚举一些有意义的短的元路径 [24]。例如，[21, 23, 28] 中使用了星形架构的文献网络，其中仅枚举了几个元路径。

然而，在许多真实的网络数据中，网络结构更复杂且元路径无法枚举。知识图谱是当代搜索引擎的基础 [19]，其资源描述框架（RDF）[25] $<$ 对象，关系，对象 $>$ 自然地构造了一个 HIN。在这样的 HIN 中，节点和关系的类型非常多。例如，DBpedia [2] 这一种知识图谱中，已经记录了超过 3800 万个实体和 30 亿个事实。这种网络很难用简单的模式来描述它们，所以我们称它们为模式丰富的 HIN。图 7.1 显示了从 DBpedia 中提取的 RDF 结构的快照。你可以发现在这样一个小型的网络中有很多类型的对象和链接，例如人、城市和国家。此外，有许多元路径连接两种对象类型。例如，人和国家这两种类型有两种元路径：$Person \xrightarrow{bornin} City \xrightarrow{locatedIn} Country$ 和 $Person \xrightarrow{Diedin} City \xrightarrow{hasCapital^{-1}} Country$。注意到图 7.1 是整个 DBpedia 网络中的一个极小的部分，在真实网络中将存在大量元路径可以连接人和国家。因此，这种模式丰富的 HIN 中，元路径太多而无法枚举，并且很难分析它们。

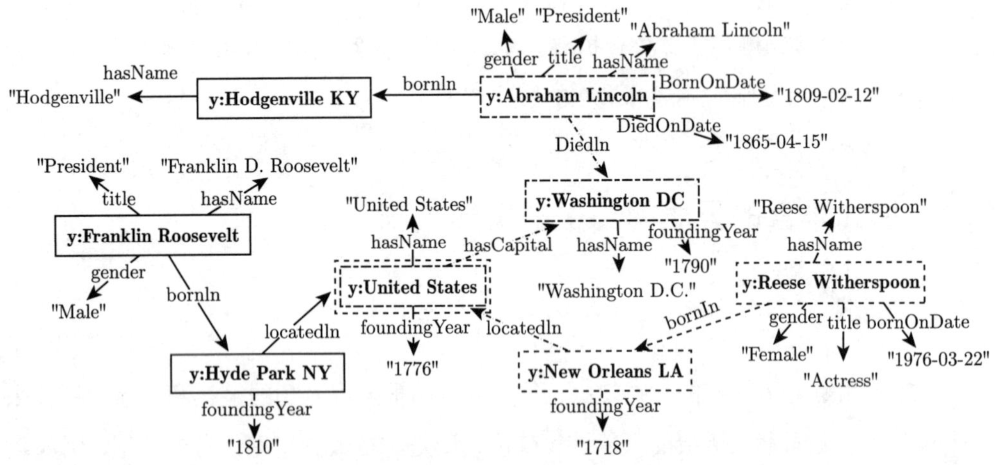

图 7.1　从 DBpedia 中提取的 RDF 结构的快照

具体来说，模式丰富的 HIN 中链接预测的挑战主要来自两个方面。(1) 无法枚举元路径。如上所述，这种模式丰富的异质网络中有成千上万的节点和链接，以及相同的数量级的元路径。枚举两个节点类型之间的元路径是不可能的。(2) 有效地集成这些元路径也不容易。尽管在目标节点之间可以找到大量的元路径，但是其中大多数对于链接预测来说是没有意义的或不重要的。因此，我们需要学习每个元路径的权重，其中权重代表路径对链接预测的重要性。

在本章中，我们研究了模式丰富的 HIN 中的链接预测问题，并提出了使用自动元路径的链接预测（LiPaP）算法。LiPaP 设计了一种新的算法，称为自动元路径生成（AMPG）算法，用于从模式丰富的 HIN 中自动地提取元路径。然后，我们设计了一个带有似然函数的监督方法来学习元路径的权重。在一个真实的知识库 Yago 上，我们进行了大量的实验来验证 LiPaP 的性能。实验表明，LiPaP 可以通过自动提取重要元路径和学习路径权重来有效地解决模式丰富的 HIN 中的链接预测问题。

7.1.2 LiPaP 算法

在本节中，我们首先定义了模式丰富的 HIN 中的链接预测问题，然后提出了一种称为 LiPaP 的新的链接预测方法。这一方法包括两个步骤：首先，我们设计了 AMPG 算法，利用训练数据自动发现有用的元路径。然后，我们使用监督方法来集成元路径，以形成进一步预测的模型。

1. 问题定义

异质信息网络 [10] 是一种包含不同类型节点和链接的信息网络。传统的异质信息网络通常具有简单的网络模式，例如二分 [29] 和星形 [17] 架构。然而，在一些复杂的 HIN 中，有太多类型的节点或链接以至于其网络模式很难描述。我们将具有许多类型的节点和链接的 HIN 称为**模式丰富的异质信息网络**。在简单的 HIN 中，元路径可以很容易地枚举，但是在模式丰富的 HIN 中不可行。模式丰富的 HIN 中的数据挖掘将面临新的挑战。具体来说，我们定义一个新任务如下：

在模式丰富的 HIN 中进行链接预测 给定一个模式丰富的 HIN G 和一组实体节点对的训练集 $\phi=\{(s_i,t_i)|1\leqslant i\leqslant k\}$，搜索一组能准确地描述这些实体对的元路径 $\Upsilon=\{\prod_i|1\leqslant i\leqslant e\}$ 。通过这些元路径，我们设计了一个模型 $\eta(s,t|\Upsilon)$ 来对测试集 $\psi=\{(u_i,v_i)|1\leqslant i\leqslant r\}$ 进行链接预测。

2. 自动元路径生成

为了提取合适且相关的元路径作为链接预测的模型特征，我们来介绍自动元路径生成算法 AMPG，这种算法可以在模式丰富的 HIN 中巧妙地生成有用的元路径。我们将通过图 7.2 中的小例子来说明 AMPG，其中训练实体对为 $\{(1,8),(2,8),(3,9),(4,9)\}$。

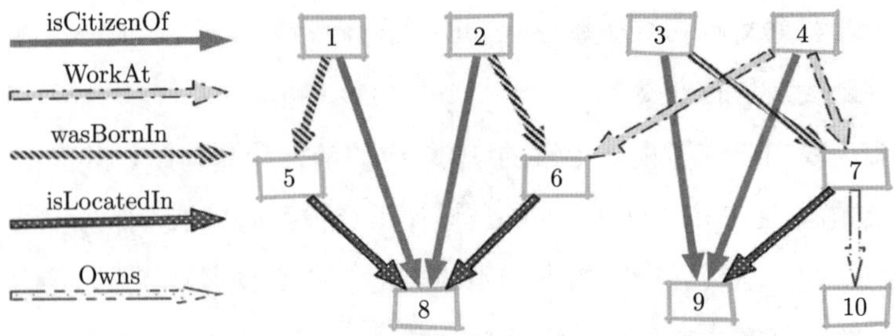

图 7.2 模式丰富的 HIN 的子图示例

在给定训练实体对的情况下，AMPG 的主要目标是找到连接它们的所有有用且相关的元路径。这些被发现的路径应当不仅连接了更多的训练实体，并且与训练集的隐式特征之间的关系也更为密切。例如，$\xrightarrow{isCitizenOf}$ 是方法（如图 7.3 所示）最先找到的元路径，它不仅是最短的关系，而且是连接最多训练实体对的关系。此外，被发现的元路径在候选路径中是最相关的。基本上，我们从源节点开始逐步进行搜索，以便贪婪地找出有用的元路径。每一步，我们选择最相关且可能到达更多目标节点的元路径。然后我们检查路径是否连接了训练实体对。如果是，我们就选出该元路径，否则，继续前进，直到未检查的元路径足够不相关为止。这种算法保证生成的元路径都能很好地描述每个训练实体对之间的关系，并且选择的路径不会太多以至于引入噪声路径。

自动元路径生成算法 AMPG 是一种贪心算法，它在每一步启发式地选择最优路径。为了判断元路径的选择优先级，自动元路径生成算法利用相似性得分 S 作为选择标准。这种标准基于相似性度量的路径约束的随机游走（Path-Constrained Random Walk，PCRW）[11]，其用于计算元路径中给定实体对之间的相关性。相似性得分 S 越高的元路径越有可能被选择。

具体来说，在自动元路径生成算法 AMPG 中，我们使用数据结构来记录每个步骤的情况。该结构记录经过的元路径，到达的一组实体对及其相似性得分 PCRW 值，以及当前结构的相似性得分 S，如图 7.3 所示。此外，我们创建一个候选集来记录要处理的结构。

上述结构的相似性得分 S 用于决定结构的优先级。S 衡量结构中所有到达实体对的相似性。最高的 S 意味着最相关的关系和最有可能的元路径，因此我们在每一步都得到具有最高 S 的结构。相似性得分 S 的定义如下：

$$S = \sum_{s} \frac{1}{T} \sum_{t} \left[\sigma \left(s, t | \prod \right) \bullet r(s) \right] \tag{7.1}$$

其中 s 和 t 分别是在元路径 $\prod$ 上的源实体和到达实体节点，T 是到达实体节点的数量，$\sigma(s,t|\prod)$ 是 PCRW 值。$r(s)=1-\alpha \bullet N$ 是 s 对当前训练对选择平衡结构的贡献，其中 α 是贡献的递减系数，取最优值 0.1，N 是 s 通过其他选择路径到达的目标节点数。这意味着，如果 $\sum_s$ 中之前一个源节点匹配的目标节点更多，则 N 将更大，$r(s)$ 则更小，S 也将更小。因此，具有较少匹配的其他源节点的结构将获得更高的贪婪遍历优先级。

为了去除不重要或匹配实体对少的元路径，我们设置了阈值 l 来判断结构是否被添加到候选集。

$$l=\varepsilon \bullet |A| \tag{7.2}$$

其中 ε 是限制系数，$|A|$ 是结构中实体对的数量。如果 S 不小于 l，则将此结构添加到候选集中，否则将其删除。

此外，我们用一个案例研究来解释自动元路径生成算法，如图 7.3 所示。训练对为 (1，8)、(2，8)、(3，9) 和 (4，9)，源节点为 1、2、3 和 4。案例从创建初始结构 No.1 开始，并将其加入候选集，如图 7.3A 所示。实体对由源节点和其自身组成，这一步中没有元路径生成。我们的算法将迭代地读取候选集，并在每一步中选择具有最高 S 值的结构。对于每个选定的结构，将检查是否有任何训练对匹配。如果没有，我们在异质信息网络中移动一步，如图 7.3B 所示。我们可以经过三种类型的边 $\xrightarrow{isCitizenOf}$，$\xrightarrow{wasBornIn}$ 和 $\xrightarrow{WorkAt}$。对于每一种经过的边类型，我们创建新的结构，如 No.2 和 No.4。然后，我们检查新结构是否符合进一步展开的条件，并将其插入候选集。删除使用过的结构 No.1 并读取下一个结构。否则，如图 7.3C 所示，四对是匹配的，这样就生成了一个新的相关元路径 $\xrightarrow{isCitizenOf}$ 并记录其相似值向量。删除使用过的结构 No.2 并继续读取下一个。当候选集为空时，算法终止。AMPG 的详细过程参考引文 [6]。

3. 元路径的集成

自动元路径生成算法 AMPG 的每条元路径都很重要，但对进一步链接预测有不同的重要性。有必要找到一种衡量每条元路径的重要性并将它们集成到链接预测模型中的解决方案。

链接预测可以认为是一个分类问题。因此我们使用正样本和负样本来训练一个模型，以预测给定实体对之间是否存在链接。正样本是训练对，负样本是通过将训练对的目标节点替换为不具有相同关系的同类型节点生成的。因此，正值是每个正样本对在所有所选元路径的相似性值向量，负值是负样本对的向量。

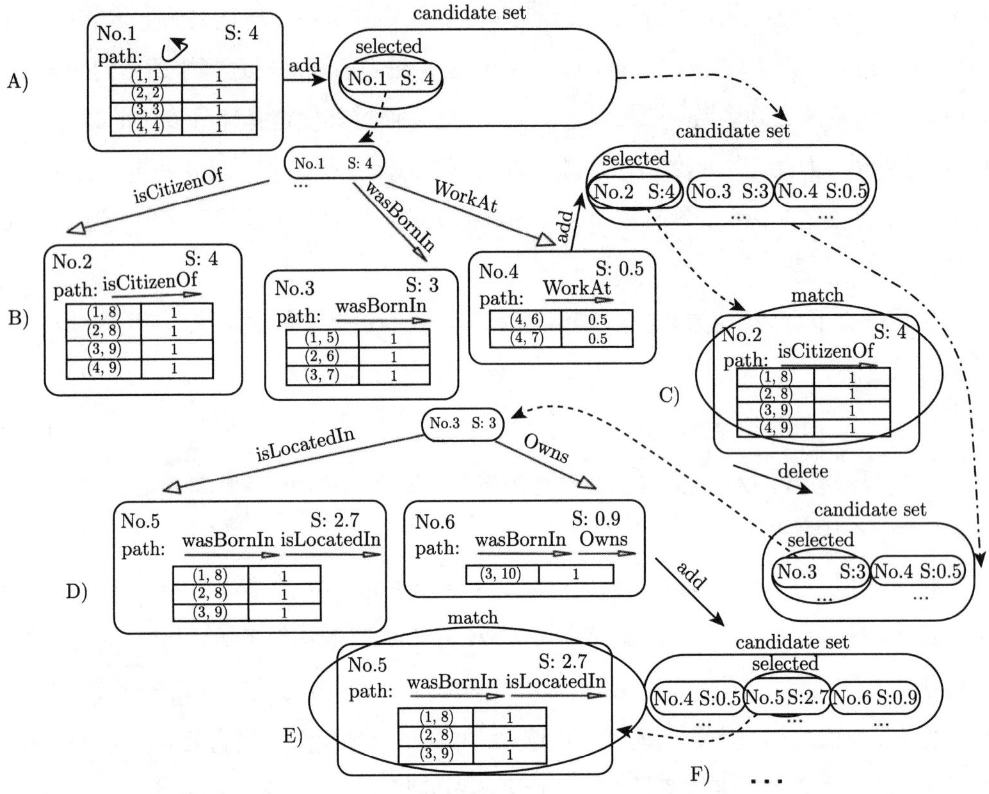

图 7.3　一个元路径自动生成的例子

对于训练模型，我们假设每个元路径 Π_i 的权重为 $\varpi_i(i=1,\cdots,N)$，$\overline{w}_i \geqslant 0$，并且 $\sum_{i=1}^{N}\varpi_i = 1$。为了训练合适的路径权重，我们使用对数似然函数。具体公式如下：

$$\max h = \sum_{x^+\in \boldsymbol{q}^+} \frac{ln(t(\varpi,x^+))}{|\boldsymbol{q}^+|} + \sum_{x^-\in \boldsymbol{q}^-} \frac{ln(1-t(\varpi,x^-))}{|\boldsymbol{q}^-|} - \frac{||\varpi||^2}{2} \tag{7.3}$$

其中 $t(\varpi,x)$ 是 Sigmoid 函数 $\left(\text{即，} t(\varpi,\boldsymbol{x}) = \dfrac{e^{\varpi^T\boldsymbol{x}}}{e^{\varpi^T\boldsymbol{x}}+1}\right)$。$\boldsymbol{x}$ 是所有选定路径中样本对的相似性值向量，x^+ 是正样本，x^- 是负样本。$\boldsymbol{q}^+$ 是由 x^+ 组成的正样本对的相似性矩阵。$\boldsymbol{q}^-$ 是由 x^- 组成的负样本对的相似性矩阵。$\dfrac{||\varpi||^2}{2}$ 是避免过拟合的正则化项。

在学习相关元路径 Υ 的权重之后，我们使用逻辑回归模型来整合元路径用于链接预测。

$$\eta(s,t|\Upsilon) = (1+e^{-(\sum_{x\in\Upsilon}\varpi_x \bullet \sigma(s,t|\Pi_x)+\varpi_0)})^{-1} \tag{7.4}$$

其中 (s,t) 是我们需要进行链接预测的实体对，x 是每个选择的元路径特征，ϖ_x 是我

们学的 x 的权重，且 Υ 是所选元路径的集合。如果 $\eta(s,t|\Upsilon)$ 大于特定值，我们判断它们将由待预测的链接连接。

7.1.3 实验

为了验证我们设计的在模式丰富的异质信息网络中链接预测方法的优越性，我们进行了一系列相关实验，并从四个方面验证了 LiPaP 的有效性。

1. 实验设置

在我们的实验中，我们使用 Yago 进行相关实验，它是一个大规模的知识图谱，源自维基百科，WordNet 和 GeoNames [20]。该数据集包括 1000 多万个实体和由这些实体构成的 1.2 亿个事实。我们只采用该数据集的“核心事实”，其中包含 4 484 914 个事实，35 个关系，以及 3455 个类型的 1 369 931 个实体。事实是三元组：< 实体，关系，实体 >，例如，< 纽约，位于，美国 >。

我们使用 ROC 曲线来评估不同方法的性能。它定义为由真正例率（TPR）作为 y 坐标轴，假正例率（FPR）作为 x 坐标轴的图。真正率是预测的真正样例数与实际正样例数之比，而假正率是预测的假正样例数与实际负例数之比。曲线下面积是指 AUC。面积越大，预测的准确度越高。

2. 有效性实验

本节将验证我们的预测方法 LiPaP 在准确预测实体对中存在链接方面的有效性。由于没有针对这个问题的现有解决方案，因此枚举所有的元路径作为基线方法（称为 PCRW [11]），并且采用与 LiPaP 相同的权重学习方法。由于长度大于 4 的元路径最不相关，因此 PCRW 枚举长度不大于 1、2、3 和 4 的元路径，相应的方法分别称为 PCRW-1、PCRW-2、PCRW-3 和 PCRW-4。基于 Yago 数据集，我们分别从 $\xrightarrow{isLocatedIn}$ 和 $\xrightarrow{isCitizenOf}$ 两个关系中随机选择 200 个实体对。请注意，我们假设这两种类型的链接在预测任务中缺失。在这个实验中，其中的 100 个实体对被用作训练集；其他的被用作测试集。在 LiPaP 中，我们设置等式 7.2 中 ε 为 0.005 并且最大路径长度也限制为 4。

两个链接预测任务的结果如图 7.4 所示。很明显，LiPaP 比所有 PCRW 方法具有更好的性能，这意味着 LiPaP 可以有效地生成有用的元路径。此外，当路径长度较长时，PCRW 可以利用更有用的元路径，因此通常具有更好的性能。但是搜索更多的元路径将花费更多的成本，其中大多数是不相关的。例如，PCRW-3 生成 80 多条路径，PCRW-4 找到 600 多条路径，其中有许多不相关的路径。相反，LiPaP 只为 $\xrightarrow{isCitizenOf}$ 任务生成 30 条元路径。

为了直观地观察发现的元路径的有效性，表 7.1 显示了前四个生成的元路径以及 $\xrightarrow{isCitizenOf}$ 任务的相应训练权重。很明显，四条元路径都与链接 $\xrightarrow{isCitizenOf}$ 相关。最相关的是第一条元路径，它表明一个人出生于一个城市，而一个城市位于一个国家的事实。它实际上描述了公民关系。最后一个长度为 4 的似乎并不接近，但实际上与链接 $\xrightarrow{isCitizenOf}$ 有一定的逻辑关系。然而，如果元路径的最大长度被限制得太短，像 PCRW 那样，那么这些长而重要的元路径可能会被遗漏。而我们的方法可以自动找到这些路径并分配给它们较高的权重。

表 7.1　*isCitizenOf* 最相关的四条元路径

元路径	权重
Person $\xrightarrow{wasBornIn}$ City $\xrightarrow{islocatedIn}$ County	0.1425
Person $\xrightarrow{livesIn}$ County	0.0819
Person $\xrightarrow{livesIn}$ City $\xrightarrow{islocatedIn}$ County	0.0744
Person $\xrightarrow{wasBornIn}$ City $\xleftarrow{isLeaderOf}$ Person $\xrightarrow{graduatedFrom}$ university $\xrightarrow{islocatedIn}$ County	0.0609

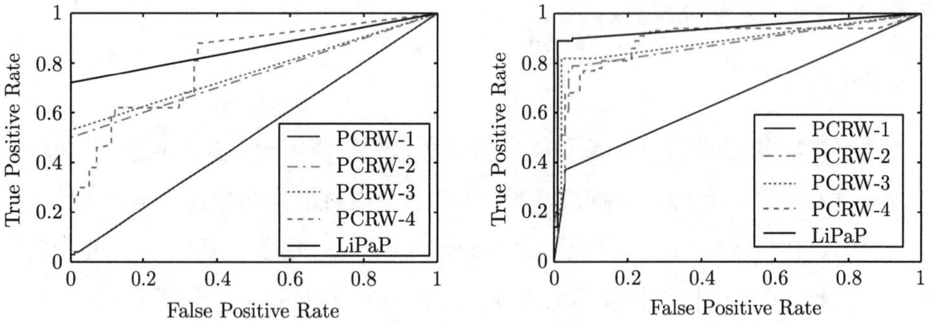

a) IsLocatedIn　　b) IsCitizenOf

图 7.4　不同方法对两种链接预测任务的预测精度

3. 训练集大小的影响

在本节中，我们将评估训练集的大小对预测性能的影响。训练集的大小设置为 $\{2, 6, 10, 20, 40, 60, 80, 100\}$。除了我们的 LiPaP 之外，我们选择 PCRW-2 作为基线，因为与其他 PCRW 方法相比，它可以生成大多数有用的元路径并获得良好的性能。如图 7.5 所示，当训练对的数量小于 10 时，两种方法的性能都随着训练对的数量的增大而迅速提高。但是当训练集的大小大于 10 时，训练集的大小对两种方法的性能影响不大。我们认为原因在于，太小的训练集无法发现所有有用的元路径，而太大的训练集可能会引入很多噪声。当数据集中训练集的大小在 10 到 20 之间时，就足以发现所有有用的元路径并且避免很多噪声。此外，它可以节省学习模型的空间和时间，并使我们的方法的性能更好。

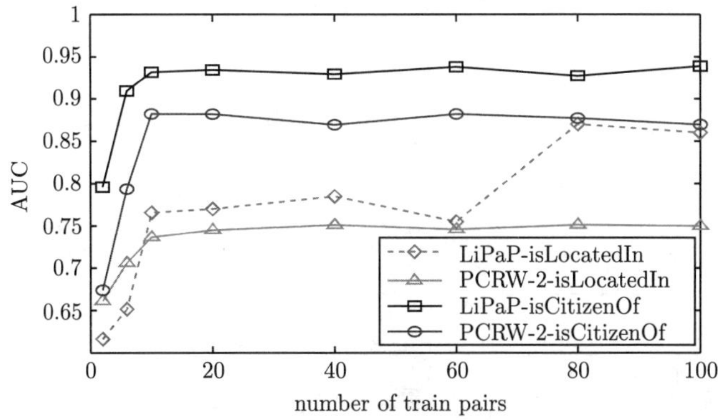

图 7.5 不同大小训练集的影响

4. 权重学习的影响

为了阐述权重学习的好处，我们重做了上面 $\xrightarrow{isCitizenOf}$ 任务中提到的实验。我们使用权重学习或随机权重和平均权重来运行 LiPaP。图 7.6 展示了这些方法的性能。很明显，权重学习可以改善预测性能。随机权重模型的性能较差，其原因是相关路径的权重较低。使用权重学习的模型比使用平均权重的模型具有更好的性能，因为 AMPG 生成的元路径特征都是相关且重要的，最重要的特征在使用平均权重的模型中也没有非常低的权重。所以，尽管不如使用权重学习的模型，平均权重模型的性能也不差。因此，权重学习可以调整不同元路径的重要性，从而很好地集成它们使模型更好。

5. 效率实验

在本节中，我们选择五种不同大小的训练集，即 $\{20, 40, 60, 80, 100\}$，来验证不同方法查找元路径的效率。图 7.7 展示了 $\xrightarrow{isLocatedIn}$ 任务中不同模型的运行时间。很明显，随着训练集大小的增加，这些模型的运行时间近似线性增加。尽管运行时间很短，PCRW-1 和 PCRW-2 发现的短元路径限制了它们的预测性能。我们的 LiPaP 比 PCRW-3 和 PCRW-4 具有更短的运行时间，因为它只发现少量重要的元路径。通过这种方式，LiPaP 可以更好地平衡有效性和效率。

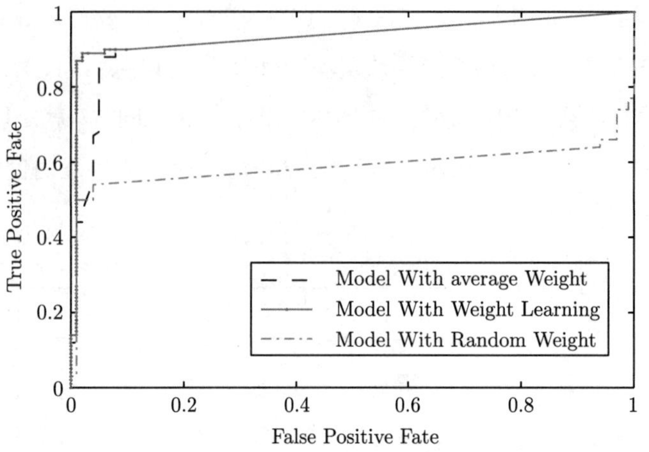

图 7.6 权重学习的有效性

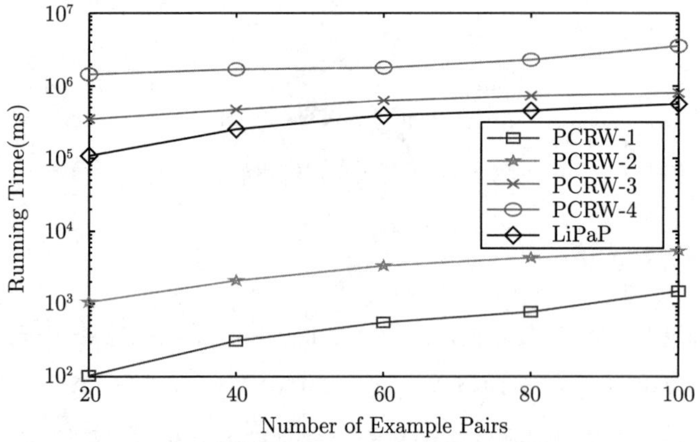

图 7.7 不同方法的运行时间

7.2 知识图谱中基于元路径的实体集扩展

7.2.1 概述

实体集扩展（ESE）是指将具有少量种子实体的小集合扩展为更完整的集合的问题，其中的实体属于一个特定类。例如，已经给定了一些国家类别的种子，如“中国”“美国”“俄罗斯”，实体集扩展将利用数据源（如文本或网络信息）来获取其他国家实体，如日本和韩国。实体集扩展已经在许多应用中使用，例如词典构建 [7]，查询优化 [9] 和查询建议 [5]。

针对实体集扩展已经提出了大量的方法， 其中大多数是基于文本或网络环境

的 [8,12,16,26-27]。这些方法利用种子的分布信息或上下文模式来扩展实体。例如，Wang 和 Cohen [26] 提出了一种新颖的方法，可以应用于任何标记语言和人类语言编写的半结构化文档。最近，知识图谱已经成为用于存储和检索具有图结构的事实信息的流行工具，例如维基百科和 Yago。在这些基于文本或网络的方法中，有些还开始利用知识图谱作为实体集扩展性能改进的辅助手段。例如，Qi 等人 [15] 使用维基百科的语义知识为实体集扩展选择更好的种子。然而，很少有工作仅将知识图谱作为实体集扩展的单独数据源。

在本章中，我们首先研究基于知识图谱的实体集扩展。由于知识图谱通常由元组 < 对象，关系，对象 > 组成，我们可以将其看作是一个异质信息网络（HIN）[18]，其中包含不同类型的对象和关系。基于这个异质信息网络，我们设计了一个基于元路径的实体集扩展方法（称为 MP_ESE）。具体地，MP_ESE 使用元路径 [22]（一个连接实体的关系序列）来捕捉种子实体的隐含共同特征，并设计一个基于种子的元路径生成方法，称为 SMPG，以利用实体之间的潜在关系。此外，采用启发式权重学习方法对元路径的重要性进行赋值。借助加权元路径，MP_ESE 可以自动扩展实体集。基于 Yago 知识图谱，我们生成四种不同类型的实体集扩展任务。在几乎所有的任务中，所提出的方法都优于其他基线方法。

7.2.2　MP_ESE 算法

为了解决基于知识图谱的实体集扩展问题，我们提出了一种叫作 MP_ESE 的新方法。正如我们所说，知识图谱是一种天然的异质信息网络，我们利用异质信息网络中广泛使用的元路径来挖掘种子实体潜在的共同特征。MP_ESE 包含以下三个步骤。首先，我们设计了一种提取候选实体的策略。其次，我们开发了一种叫作 SMPG 的算法，来自动发现种子实体之间重要的元路径。最后，我们通过将元路径与启发式策略相结合来获得排序模型。

1. *作为异质信息网络的知识图谱*

知识图谱（KG）[19] 是一个庞大而复杂的图数据集，它由 < 主题，属性，对象 > 形式的三元组组成，例如图 7.8 所示的 $<StevenSpielberg, directed, War\ Horse(film)>$。Yago[20]，DBpedia [1] 和 Freebase [3] 是知识图谱的主要例子。知识图谱中实体或关系的类型通常组织为概念层次结构，其描述实体类型或关系之间的子类关系。图 7.8b 是一个小例子，我们可以看到演员是人的子类。所有类型都共享一个名为事物的公共根节点。

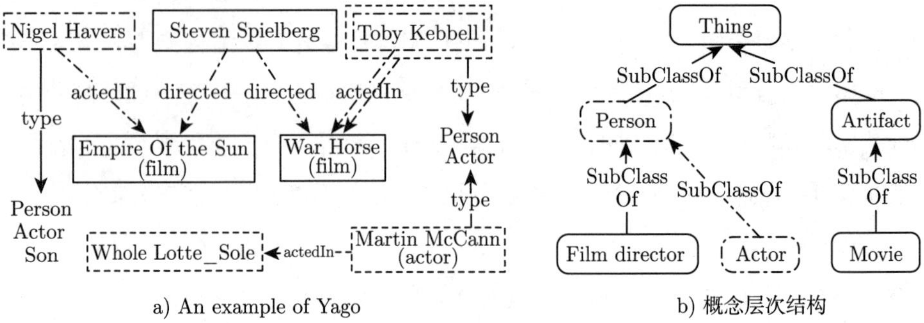

图 7.8 一个具有概念层次结构的 Yago 例子

异质信息网络（HIN）[22] 是一个包含不同类型节点或链接的网络。在异质信息网络中，元路径 [22] 是对象之间关系的序列，被广泛用于捕获丰富的语义。由于知识图谱包含不同类型的对象（即主题和对象）和链接（即属性），知识图谱是一个天然的异质信息网络。在图 7.8 中，*actedIn* 和 *directed* 是两种链接类型并且演员和电影导演是不同的对象类型。$Person \xrightarrow{actedIn} Movie \xrightarrow{directed^{-1}} Person$ 是 Toby Kebbell 和 Steven Spielberg 之间的元路径，并且 $directed^{-1}$ 是 directed 边的相反方向。此外，Toby Kebbell 和 Martin McCann 都属于演员类。Toby Kebbell 和 Nigel Havers 不仅是演员类的实例，还属于出演 Steven Spielberg 执导的电影中的演员。为了区分这两种集合，我们将后者称为细粒度集合，将前者称为粗粒度集合。

2. 候选实体抽取

由于知识图谱中实体的数量非常庞大，计算每个实体与种子的相似性是不切实际且不合理的。为了减少候选实体的数量，我们设计了一种策略，利用上面介绍的概念层次结构，从知识图谱中得到一组合适的候选实体。具体来说，它包括以下四个步骤，如图 7.9 所示。步骤 1 获取每个种子的实体类型。步骤 2 通过交集运算生成初始候选实体类型。步骤 3 使用概念层次结构过滤初始候选实体类型。步骤 4 提取满足最终候选实体类型的候选实体。

为了清楚地说明候选实体提取的过程，我们以图 7.8 为例，选择 Toby Kebbell 和 Nigel Havers 作为种子实体。他们的实体类型集分别是 {人，演员} 和 {男性后裔，人，演员}。其交集是 {人，演员}，称为初始候选实体类型。这些候选实体类型可能有噪声，这使得候选实体的数量很大。因此，我们使用概念层次结构对一些候选实体类型进行过滤，如图 7.8b 所示。我们选择最接近底部的类作为最终候选实体类型。这里，我们选择演员类。根据最终的类型，我们从 Yago 中提取候选实体。

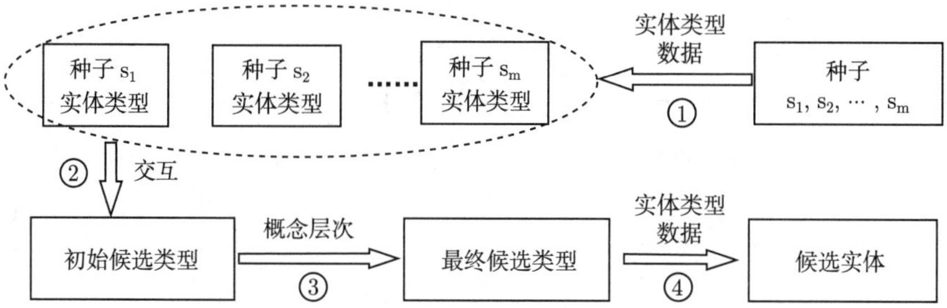

图 7.9　候选实体提取的过程

3. 基于种子实体的元路径生成

为了自动发现种子实体间的元路径，我们设计了基于种子实体的元路径生成（SMPG）算法。基本思想是 SMPG 开始从所有种子实体中搜索知识图谱，找到连接一定数量种子实体对的重要元路径，这些元路径可以揭示种子实体中隐含的共同特征。

元路径生成的过程确实遍历了知识图谱，因此在 SMPG 中引入了树结构。SMPG 通过扩展树结构来工作，图 7.10a 展示了每个树节点的数据结构，其存储了一个元组列表，每个元组包括实体对及其相似性和被访问的实体集合。列表的元组形式是 $\langle(s,t)$，$\sigma(s$，$t|\prod)$，$(s,\cdots,t)\rangle$，其中 (s,t) 表示当前路径 Π 的源节点和目标节点。每条树的边表示实体之间的链接类型。树的根节点包含由每个种子及其自身组成的所有实体对。SMPG 开始逐步从根节点扩展，以发现重要的元路径。在每一步，我们检查树节点的得分 SC 是否大于预定义的阈值 v，这保证了元路径足够重要以揭示种子实体的特征。如果是这样，我们选择相应的元路径，否则向前移动直到树无法进一步扩展。向前移动时，我们选择具有最大不同源节点数以及最小元组数的树节点来扩展，这表明树节点的路径覆盖的种子实体更多并且具有更好的区分性。

具体来说，在 SMPG 中，我们使用树节点中的源实体集来记录元组列表中所有实体对的源节点。为了防止循环，我们记录沿着元组 $\langle(s,t)$，$\sigma(s$，$t|\prod)$，$(s,\cdots,t)\rangle$ 中 $(s,\cdots,t)$ 路径 Π 中被访问的节点。这里，$\sigma(s$，$t|\prod)$ 是表示节点 t 是否在源节点 s 的目标节点集合中的相似性，如果是，则为 1，否则为 0。每个源节点的目标节点集可以在种子实体组合对中找到，如图 7.10b 所示，每个种子实体可以与其他种子实体组合。$\sigma(s$，$t|\prod)$ 也表示是否有元路径连接种子实体对。并且每个元路径连接的种子实体

对也被记录下来。此外，LP 是传输链接路径，树节点的得分 SC 是所有元组相似性的总和，衡量树节点或路径的重要性。

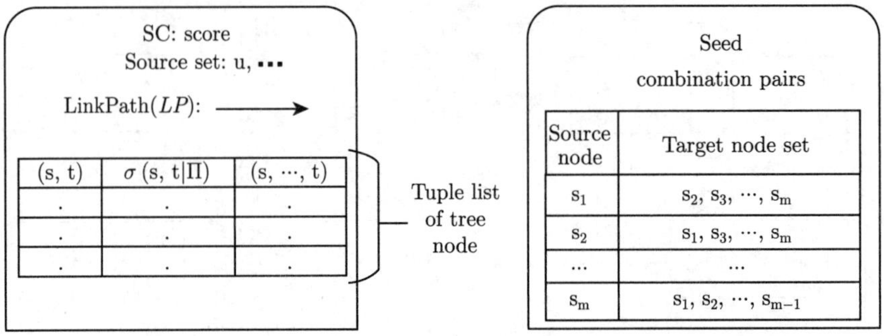

a) 数据结构　　b) 种子实体组合对

图 7.10　数据结构和种子实体组合对的符号

让我们用图 7.11 所示的例子来详细说明这个过程，其中种子实体集合是标记为 {1，2，3} 的 {Toby Kebbell，Nigel Havers，Harrison Ford}。种子实体组合对的集合为如图 7.11 所示的 {[1，(2，3)]，[2，(1，3)]，[3，(1，2)]}。树的根节点包含由每个种子及其自身组成的所有实体对，且 $SC = 0$。第一个扩展通过两种类型的链接：*actedIn* 和 *wasBornIn*，并获得两个新的树节点。对于每个新的树节点，SMPG 记录每个元组，P

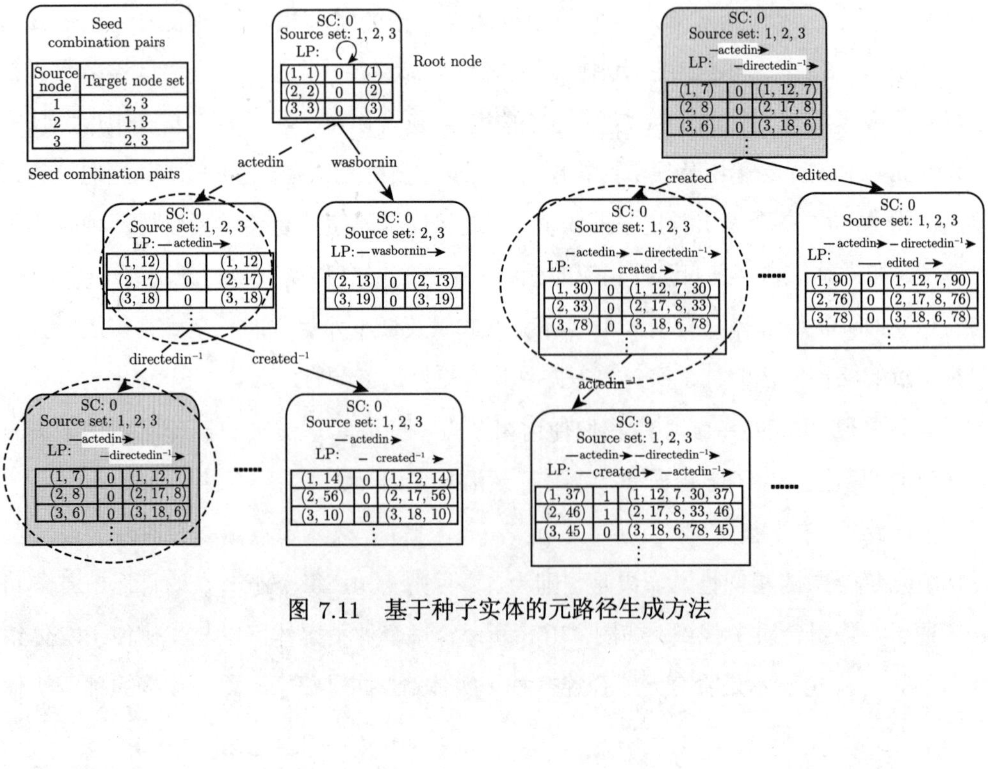

图 7.11　基于种子实体的元路径生成方法

和 SC 以及源实体集。目前，所有的路径都没有连接任何种子实体对，所以我们选择具有最大源实体集和最小元组数的树节点来进行扩展。这里，我们选择具有链接 $actedIn$ 的树节点来进行扩展并得到五个新的树节点。图 7.11 只展示了其中的两个。在第二次扩展之后，仍然没有连接种子实体对的路径。然后我们继续选择具有最大源实体集和最小元组数的树节点来进行扩展，并更新相应的值。几次扩展之后，一个长度为 4 的路径，$Actor \xrightarrow{actedIn} Movie \xrightarrow{directed^{-1}} Person \xrightarrow{created} Movie \xrightarrow{actedIn^{-1}} Actor$ 被发现，如图 7.11 中虚线所示。我们继续重复这个过程直到条件满足或者树不能被进一步扩展。

4. 使用元路径扩展实体

SMPG 发现重要的元路径 P，但是每个元路径的重要性对于进一步的实体集扩展是不同的，并且它与元路径连接的种子实体对的数量有关。直观地说，元路径连接的种子实体对越多，它就越重要。因此，我们认为 SP_k 和 $m*(m-1)$ 之比是元路径 $p_k(p_k \in P)$ 的权重 w'_k，其中 SP_k 是元路径 P_k 连接的种子实体对的数量，$m*(m-1)$ 表示种子实体对的总数，m 是种子实体的数量。为了标准化 w'_k，我们定义最终权重如下:

$$w_k = \frac{w'_k}{\sum_{k=1}^{l} w'_k} \tag{7.5}$$

其中 l 是元路径 P 的数量。

利用 w_k，我们可以结合元路径得到如下排序模型:

$$R(c_i, S) = \frac{1}{m}\sum_{j=1}^{m}\sum_{k=1}^{l} w_k \cdot r\{(c_i, s_j)|p_k\} \qquad s_j \in S,\ i \in \{1, 2, \cdots, n\} \tag{7.6}$$

其中 c_i 表示第 i 个候选实体，n 为候选实体个数。$S = \{s_1, s_2, \cdots, s_m\}$ 是种子实体集，l 为元路径的个数。$r\{(c_i, s_j)|p_k\}$ 表示路径 p_k 是否连接 c_i 和 s_j；如果是则为 1，否则为 0。

我们可以使用等式 7.6 中的排序模型来计算每个候选实体和每个种子实体之间的相关性，然后对所有候选实体进行排序。

7.2.3 实验

1. 实验设置

作为一个典型的知识图谱，Yago [20] 拥有超过 1000 万个实体和 1.2 亿个事实。我们采用此数据集的“yagoFacts”，“yagoSimpleTypes”和“yagoTaxonomy”部分来进行实验，其中包含 35 个关系，3455 个实例类的超过 130 万个实体。表 7.2 是对相关数据的描述。

表 7.2 数据的描述

数据	三元组模板	# 三元组
yagoFacts	< entity relatinship entity >	4 484 914
yagoSimpleTypes	< entity rdf:type wordnet_type >	5 437 179
yagoTaxonomy	< wordnet_type rdfs:subclassof wordnet_type >	69 826

我们选择四个有代表性的扩展任务来评估 MP_ESE 的性能。这些任务中使用的类别总结如下：Steven Spielberg 执导的电影中的演员，位于加州山景城的公司的软件，导演获得国家电影奖的电影，以及位于马萨诸塞州的剑桥市的大学的科学家。四个类写为演员 *、软件 *、电影 * 和科学家 *，这四个类别的实际的实例数分别为 112、98、653 和 202。

我们采用两种常用的评价指标 precision-at-k（即 p@k）和平均精度均值（MAP）来评估我们方法的性能。p@k 是前 k 个结果中属于正确实例的百分比。在这里，我们使用 p@30、p@60 和 p@90。MAP 是 p@30、p@60 和 p@90 的平均精度（AP）的均值。$AP = \frac{\sum_{i=1}^{k} \text{p@}i \times rel_i}{\# \text{正确实例}}$，其中如果第 i 个的结果是正确的实例，则 rel_i 等于 1，否则为 0。

2. 有效性实验

在本节中，我们将验证 MP_ESE 对实体集扩展的有效性。由于知识图谱没有针对 ESE 的直接解决方案，我们设计了以下三种基线方法：

- Link-Based。根据文本或网络环境中基于模式的方法，我们只考虑实体的单跳链接，表示为 Link-Based。
- 最近邻。受 QBEES [13-14] 的启发，我们同时考虑单跳链接和单跳实体，称为最近邻。
- PCRW。基于路径约束的随机游走 [11]，我们只考虑路径长度为 2 的路径，表示为 PCRW。原因是更长的路径需要更多的运行时间。

对于上面介绍的每个类别，我们从实例集中随机抽取三个种子实体进行实验。我们运行算法 30 次并记录平均结果。在 MP_ESE 中，我们将预定义的阈值 v 设置为 $m*(m-1)/2+1$，m 是种子实体的数量，这可以保证路径连接一半或更多的种子实体。

并且路径的最大长度设置为 4，因为长度大于 4 的元路径几乎不相关。为其他基线方法设置了最优参数。

实体集扩展的总体结果如图 7.12。从图 7.12 中，我们可以看到 MP_ESE 方法在几乎所有条件下实现了比其他方法更好的性能，尤其是在演员 * 和电影 * 任务中。所有基线方法在演员 * 和电影 * 中都表现得非常糟糕。我们认为原因是单跳链接或单跳实体不能进一步区分细粒度类的特征，但是 MP_ESE 可以很好地区分它们。在软件 * 任务中，MP_ESE 和 PCRW 具有相近的性能，原因是软件 * 是一个重叠的类，并且拥有另一个由长度为 2 的路径 $Software \xrightarrow{created^{-1}} Company \xrightarrow{created} Software$ 描述的类别标签。它具有很少的语义含义，因此基于链接的性能非常差。总之，MP_ESE 具有最佳性能，因为它采用种子实体之间的重要元路径并且可以捕捉微妙的语义。

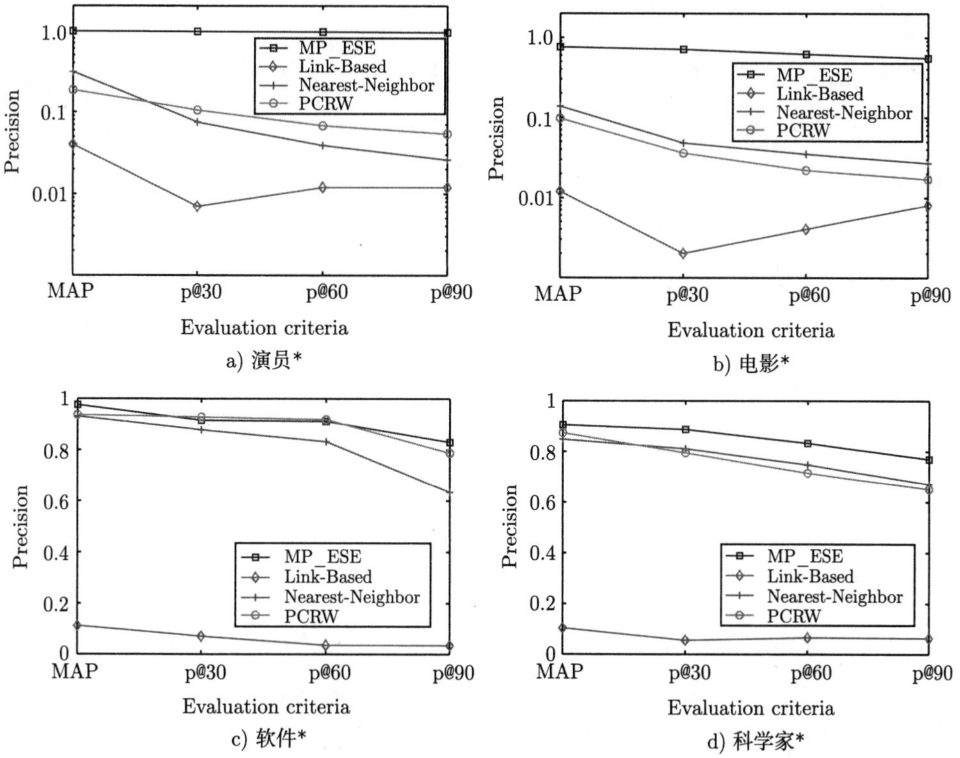

图 7.12　实体集扩展的结果

为了直观地观察发现的元路径的有效性，表 7.3 描述了 SMPG 为演员 * 返回的前三个元路径。我们观察到这些元路径揭示了演员 * 的一些共同特征。第一个元路径表明演员在由同一导演执导的电影中表演，这表明 SMPG 可以有效地挖掘演员 * 最重要的语义含义。第二个和第三个元路径意味着一些演员在由同一个人编辑或创作的电影中表演。通过利用 SMPG 发现的重要元路径，我们可以找到与种子实体属于同一类别的其他实体。

表 7.3 与演员 * 最相关的 3 条元路径

元路径	w
Person $\xrightarrow{actedIn}$ Movie $\xrightarrow{directed^{-1}}$ Person $\xrightarrow{directed}$ Movie $\xrightarrow{actedIn^{-1}}$ Person	0.2180
Person $\xrightarrow{actedIn}$ Movie $\xrightarrow{writeMusicFor^{-1}}$ Person $\xrightarrow{writeMusicFor}$ Movie $\xrightarrow{actedIn^{-1}}$ Person	0.1495
Person $\xrightarrow{actedIn}$ Movie $\xrightarrow{edited^{-1}}$ Person $\xrightarrow{edited}$ Movie $\xrightarrow{actedIn^{-1}}$ Person	0.1476

7.3 结论

在本章中，我们将传统的异质网络扩展到模式丰富的异质网络，其中存在大量类型的节点和链接，例如知识图谱。在这种网络中，难以描绘网络模式并且不可能枚举潜在的元路径。我们学习了模式丰富的异质网络中的两种数据挖掘任务。在链接预测任务中，我们设计了 LiPaP 来预测节点间潜在的链接，并提出了利用知识图谱自动扩展实体集的 MP_ESE 算法。在这些方法中，有效和高效地发现元路径并学习它们的权重是至关重要的。由于知识图谱在文本分析和搜索引擎中得到广泛应用，当我们将知识图谱视为异质网络时，它将极大地扩展异质网络的研究。同时，它也为知识图谱的挖掘提供了一种新的方法。

参考文献

1. Auer, S., Bizer, C., Kobilarov, G., Lehmann, J., Cyganiak, R., Ives, Z.: DBpedia: A Nucleus for a Web of Open Data. Springer, Berlin (2007)
2. Bizer, C., Lehmann, J., Kobilarov, G., Auer, S., Becker, C., Cyganiak, R., Hellmann, S.: Dbpedia-a crystallization point for the web of data. Web Semant.: Sci. Serv. Agents World Wide Web **7**(3), 154–165 (2009)
3. Bollacker, K., Evans, C., Paritosh, P., Sturge, T., Taylor, J.: Freebase: a collaboratively created graph database for structuring human knowledge. In: SIGMOD, pp. 1247–1250 (2008)
4. Cao, B., Kong, X., Yu, P.S.: Collective prediction of multiple types of links in heterogeneous information networks. In: ICDM, pp. 50–59 (2014)
5. Cao, H., Jiang, D., Pei, J., He, Q., Liao, Z., Chen, E., Li, H.: Context-aware query suggestion by mining click-through and session data. In: KDD, pp. 875–883 (2008)
6. Cao, X., Zheng, Y., Shi, C., Li, J., Wu, B.: Link prediction in schema-rich heterogeneous information network. In: PAKDD, pp. 449–460 (2016)

7. Cohen, W.W., Sarawagi, S.: Exploiting dictionaries in named entity extraction: combining semi-markov extraction processes and data integration methods. In: KDD, pp. 89–98 (2004)
8. He, Y., Xin, D.: Seisa: set expansion by iterative similarity aggregation. In: WWW, pp. 427–436 (2011)
9. Hu, J., Wang, G., Lochovsky, F., Sun, J.t., Chen, Z.: Understanding user's query intent with wikipedia. In: WWW, pp. 471–480 (2009)
10. Jaiwei, H.: Mining heterogeneous information networks: the next frontier. In: SIGKDD, pp. 2–3 (2012)
11. Lao, N., Cohen, W.W.: Relational retrieval using a combination of path-constrained random walks. Mach. Learn. **81**(1), 53–67 (2010)
12. Li, X.L., Zhang, L., Liu, B., Ng, S.K.: Distributional similarity vs. pu learning for entity set expansion. In: ACL, pp. 359–364 (2010)
13. Metzger, S., Schenkel, R., Sydow, M.: Qbees: query by entity examples. In: CIKM, pp. 1829–1832 (2013)
14. Metzger, S., Schenkel, R., Sydow, M.: Aspect-based similar entity search in semantic knowledge graphs with diversity-awareness and relaxation. In: IJCWI, pp. 60–69 (2014)
15. Qi, Z., Liu, K., Zhao, J.: Choosing better seeds for entity set expansion by leveraging wikipedia semantic knowledge. In: CCPR, pp. 655–662 (2012)
16. Sarmento, L., Jijkuon, V., de Rijke, M., Oliveira, E.: More like these: growing entity classes from seeds. In: CIKM, pp. 959–962 (2007)
17. Shi, C., Kong, X., Yu, P.S., Xie, S., Wu, B.: Relevance search in heterogeneous networks. In: EDBT, pp. 180–191 (2012)
18. Shi, C., Li, Y., Zhang, J., Sun, Y., Yu, P.S.: A survey of heterogeneous information network analysis. Comput. Sci. **134**(12), 87–99 (2015)
19. Singhal, A.: Introducing the knowledge graph: things, not strings. Official google blog (2012)
20. Suchanek, F.M., Kasneci, G., Weikum, G.: Yago: a core of semantic knowledge. In: WWW, pp. 697–706 (2007)
21. Sun, Y., Barber, R., Gupta, M., Aggarwal, C.C., Han, J.: Co-author relationship prediction in heterogeneous bibliographic networks. In: ASONAM, pp. 121–128 (2011)
22. Sun, Y., Han, J., Yan, X., Yu, P.S., Wu, T.: Pathsim: Meta path-based top-k similarity search in heterogeneous information networks. VLDB **4**(11), 992–1003 (2011)
23. Sun, Y., Han, J., Aggarwal, C.C., Chawla, N.V.: When will it happen?: relationship prediction in heterogeneous information networks. In: WSDM, pp. 663–672 (2012)
24. Sun, Y., Norick, B., Han, J., Yan, X., Yu, P.S., Yu, X.: Integrating meta-path selection with user-guided object clustering in heterogeneous information networks. In: KDD, pp. 1348–1356 (2012)
25. W3C: Rdf current status. http://www.w3.org/standards/techs/rdf#w3c_all
26. Wang, R.C., Cohen, W.W.: Language-independent set expansion of named entities using the web. In: ICDM, pp. 342–350 (2007)
27. Wang, R.C., Cohen, W.W.: Iterative set expansion of named entities using the web. In: ICDM, pp. 1091–1096 (2008)
28. Yu, X., Gu, Q., Zhou, M., Han, J.: Citation prediction in heterogeneous bibliographic networks. In: SDM, pp. 1119–1130 (2012)
29. Zha, H., He, X., Ding, C.H.Q., Gu, M., Simon, H.D.: Bipartite graph partitioning and data clustering. CoRR cs.IR/0108018 (2001)

第 8 章

基于异质网络的原型系统

摘要 异质信息网络由于具有巨大优势而被广泛应用于网络数据建模及多种数据挖掘任务中。除此之外，无数原型系统甚至现实中的系统，都基于异质网络而构建。在这些系统中，异质网络基于真实的网络数据建立、存储并运行，而许多新颖的应用也基于异质网络进行设计。在本章中，我们会介绍两个推荐系统的原型，并在后文简略地介绍其他基于异质网络的系统。

8.1 语义推荐系统

8.1.1 概述

目前提出的推荐方法大致可以分为两类：基于内容的过滤方法（CB）和协同过滤方法（CF）。CB 用于分析物品内容与用户的偏好之间的关联性 [1]，而 CF 则用于分析用户或物品的相似性 [2]。虽然这些方法已经广泛地应用于推荐系统中，而且取得了巨大的成功，但是它们仍然存在以下缺点：

- 通常来说，传统的推荐系统在给用户推荐相似的物品时，并不会去探索不同相似性度量的语义。然而，相似的物品经常会由于相似性语义的区别而不同。例如在电影推荐系统中，基于相同演员的相似电影与基于相同导演的相似电影是不一样的，但传统系统在给出推荐时一般不考虑这些相似性语义的细微影响。我们所提出的系统提供了语义推荐的功能，当用户知道自己想要什么时，系统会给出更为精准的推荐，这个功能使我们的系统更具有吸引力。

- 传统的推荐系统只会推荐同类对象，但是，如果一个系统能够在不同语义下同一时间推荐更多有关联的对象，那么它可能会更有用。例如，当用户选择一部电影时，系统不仅可以推荐相似的电影，还能推荐一些相关的演员和导演（并不仅仅局限于这一部电影）。在此时，用户可能会找到一些自己感兴趣的演员，并因此搜索与这些演员相关的电影。这些相关的推荐将为用户提供更加丰富的信息，并且优化用户的体验。

现在，涵盖了不同种类信息的社交网络变得越来越受欢迎。特别地，异质信息网络（HIN）[4] 的出现为推荐系统的设计提供了一个新的视角。异质信息网络是一种涉及多类型对象和表示不同关系的多类型链接的逻辑网络。显然，异质信息网络无处不在，它已经是现代信息基础 [4] 的一个重要组成部分。虽然二分网络 [8] 早已是组成推荐系统的部件，但异质信息网络却是一个在对象中包含更多广泛关系的、具有更丰富语义信息的通用模型。图 8.1a 展示了一个在电影推荐数据方面的异质信息网络示例。这个网络包含了更加丰富的对象（例如：电影、演员、导演）以及它们之间的关系。这个网络结构可以表示为图 8.1b 的星形模式。异质信息网络有着更为独特的性质 [10,14]：连接两个对象之间的不同路径有着不一样的含义。例如，在图 8.1b 中，电影之间可以通过电影–演员–电影（MAM）路径，或者通过电影–类型–电影（MTM）路径来连接，等等。显然，在这些不同路径下的语义是不一样的。MAM 路径意思是电影之间有着相同的演员，而 MTM 路径则是说电影之间的类型相同。在这里，连接两种类型对象的元路径定义为相关路径 [10]。显然，在不同相关路径下的独特语义会导致不同的相关性和推荐。

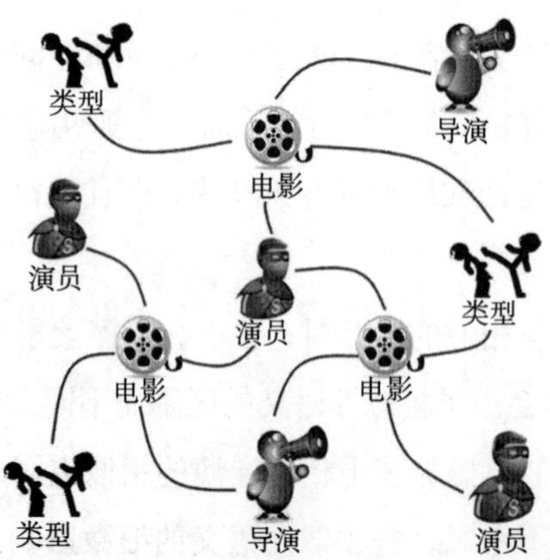

a) 电影数据的异质网络

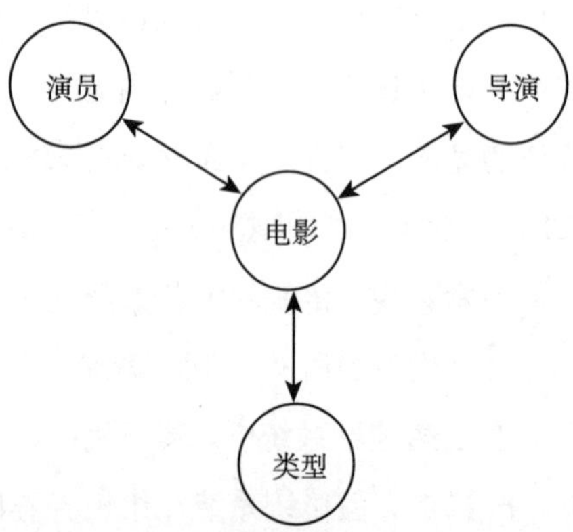

b) 网络模式

图 8.1 异质信息网络及其网络模式的例子

本章着重于介绍非个性化推荐，展示了一个名为“HeteRecom”的语义推荐系统。不同于传统推荐系统，它基于的是异质信息网络。通常来说，HeteRecom 有以下几个特点：(1) 语义推荐：这个系统可以根据用户指定的相关路径来推荐指定类型的对象。(2) 相关性推荐：这个系统除了推荐相同类型的对象外，还可以推荐其他类型的相关对象。

实现 HeteRecom 需要应对以下这些挑战：(1) 异质对象的相关性度量：为了推荐不同种类的对象，系统需要度量不同类型对象之间的相关性。(2) 权重学习方法：对于自动确定不同相关路径权重的综合推荐来说，这是一个关键问题。(3) 有效的计算策略：为了提供在线服务，这个推荐系统需要有效地计算相关性度量。为了解决这些挑战，HeteRecom 系统首先运用一个基于路径的相关性度量，这不仅可以有效地度量任意类型对象之间的相关度，而且可以巧妙地捕捉包含在相关路径下的语义。另外，启发式的权重学习方法可以自动确定不同路径的权重。此外，许多计算策略被用在处理巨大的图数据上。本节通过提供在线语义和相关性推荐服务，展示了 HeteRecom 在真实电影数据下的有效性。

8.1.2 系统结构

图 8.2 展示了 HeteRecom 的体系结构，它主要由四个部件组成：

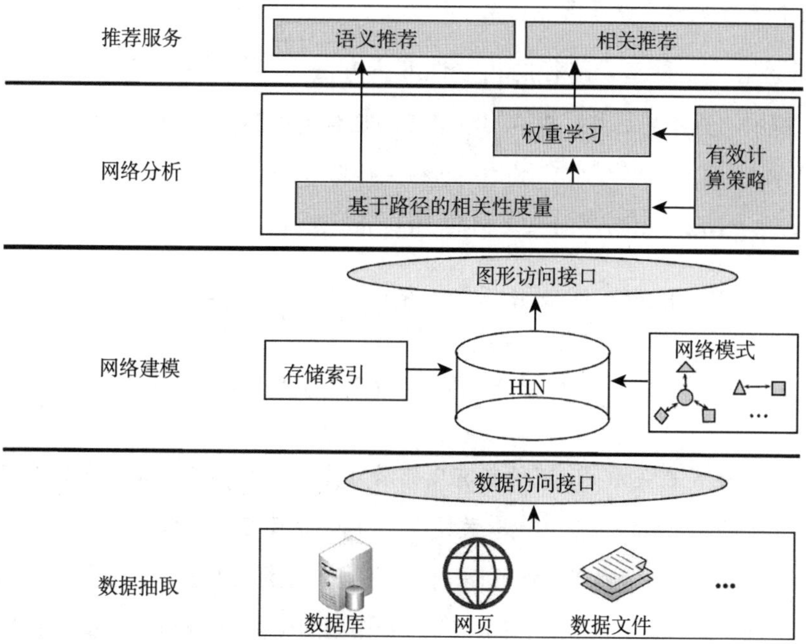

图 8.2 HeteRecom系统的结构

- 数据抽取：从不同的数据源（例如，数据库和 Web）中抽取数据以构建网络。
- 网络建模：用指定的网络模式构建异质信息网络。根据数据的结构，用户可以指定网络模式（如二分、星形或任意模式）来构建异质信息网络数据库。这个数据库提供异质信息网络中节点表和边表的存储和索引功能。
- 网络分析：用于分析异质信息网络并提供推荐服务。该方法首先通过基于路径的相关性度量来计算对象对的相关性矩阵，并将矩阵存储下来。在相关性矩阵和高效计算策略的基础上，系统可以提供在线的语义推荐服务。通过权重学习方法，这个系统可以结合来自不同语义路径的相关信息，并提供在线的相关推荐服务。
- 推荐服务：为推荐服务提供简洁而友好的界面。

8.1.3 系统实现

这些部件的实现在很多方面具有挑战性。首先，我们很难在异质信息网络中衡量任意类型对象之间的相关性。其次，在不同语义路径下结合这些推荐信息并非那么简单。最后，计算和存储巨大的相关性矩阵有许多挑战。在接下来的部分中，我们将介绍这些挑战的解决方案。

1. *基于路径的相关性度量方法*

我们运用了一种基于路径的相关性度量方法——HeteSim[10] 来做语义推荐。HeteSim 背后的基本思想是：相似的对象之间是有关系的。HeteSim 的定义如下：

定义 8.1（HeteSim[10]） *给出一个相关性路径* $P = R_1 \circ R_2 \circ \cdots \circ R_l$，*在* s *和* $t\,(s \in R_1.S, t \in R_l.T)$ *这两个对象之间的 HeteSim 是：*

$$\begin{aligned}\text{HeteSim}(s,t|R_1 \circ R_2 \circ \cdots \circ R_l) &= \frac{1}{|O(s|R_1)||I(t|R_l)|} \\ &\sum_{i=1}^{|O(s|R_1)|}\sum_{j=1}^{|I(t|R_l)|} \text{HeteSim}(O_i(s|R_1), I_j(t|R_l)|R_2 \circ \cdots \circ R_{l-1})\end{aligned} \tag{8.1}$$

其中 $O(s|R_1)$ *是* s *在关系* R_1 *下的所有出邻居节点，*$I(t|R_l)$ *则是基于关系* R_l *下的所有入邻居节点。而* $R.S(R.T)$ *分别代表关系* R *下的源（目标）对象。*

本质上，HeteSim$(s,t|P)$ 是一种基于成对随机游走的度量，它估算当 s 沿着路径行进，而 t 逆着路径时，s 和 t 在同一节点处相遇的可能性。路径蕴含了语义信息，而 HeteSim 根据给定路径估算任意类型对象对的相关性。HeteSim 度量已经展示了其在用

户画像、专家发现和相关性搜索方面的潜力，详情可以参考 [10]。

由于相关路径包含了不同的语义，用户可以根据自己的目的来指定路径。语义推荐系统用 HeteSim 计算出相关性矩阵并推荐前 k 个对象。

2. 权重学习方法

连接查询对象和相关对象的关联路径有很多，因此相关性推荐应该综合考虑基于所有相关路径的相关性度量。它可以描述如下：

$$Sim(A,B)=\sum_{i=1}^{N}w_i*\mathrm{HeteSim}(A,B|P_i) \tag{8.2}$$

其中 N 是相关路径的数量，P_i 是连接对象类型 A 和 B 的相关路径，w_i 是路径 P_i 的权重。虽然两个对象之间可能会有无限多个相关路径，但我们只考虑那些短路径，因为长路径通常不是很重要 [14]。

接下来的问题是如何确定权重 w_i。虽然监督学习 [7] 可以用于估计这些参数，但这对于在线系统来说是不切实际的：（1）在在线系统上学习这些参数非常耗费时间，这是不切实际的；（2）标记这些学习实例是一项非常耗费人力且过于主观的工作。在这里，我们提出一种启发式权重学习方法。

路径 $P=R_1\circ R_2\circ\cdots\circ R_l$ 的重要性 (I) 由其强度 (S) 和长度 (l) 决定。显然，路径强度由构成路径的关系强度来决定，可以定义如下：

$$S(P)=\prod_{i=1}^{l}S(R_i) \tag{8.3}$$

关系 $A\xrightarrow{R}B$ 的强度与基于 R 的 A 和 B 的度有关。直观地说，如果 A 与 B 之间的相互联系（mutual connective link）越小，它们彼此就更为重要，因为它们之间的关系强度更大。例如，电影与导演（MD）之间的关系强度大于电影与类型（MT）之间的关系强度。所以，我们可以定义关系强度如下：

$$S(R)=(O(A|R)I(B|R))^{-\alpha}(\alpha\in[0,1]) \tag{8.4}$$

其中 $O(A|R)$、$I(B|R)$ 分别表示关系 R 下类型 A 的平均出度和类型 B 的平均入度。

路径 P 的重要性 (I) 与路径强度 (S) 正相关且与路径长度 (l) 负相关。在这里，我们将其定义如下：

$$I(P)=f(S,l)=e^{S-l} \tag{8.5}$$

对于多个路径 $(P_1, P_2, \cdots, P_N)$，路径 P_i 的权重 w_i 是：

$$w_i = \frac{I_i}{\sum_{i=1}^{N} I_i} \tag{8.6}$$

在 HeteRecom 中，我们考虑长度小于阈值 Len 的所有相关路径。相关性推荐将所有路径的相关性度量结果和权重学习方法相结合，并进行综合推荐。

3. 高效的计算策略

作为在线推荐系统，HeteRecom需要做出用于用户查询的实时推荐。但是，异质信息网络通常非常巨大，而且 HeteSim 的计算也非常耗时。因此，系统采用了许多高效的计算策略。三个基本的计算策略如下：

- **离线计算**：主要的策略是离线计算相关性矩阵并在线给出推荐。对于使用频率高的相关路径，相关性矩阵 HeteSim$(A, B|P)$ 可以提前计算。在 HeteSim$(a, B|P)$ 上，在线推荐会变得非常快，因为它只需要定位在矩阵中的位置。
- **快速矩阵乘法**：系统中最耗时的部分是在 HeteSim 中的矩阵乘法。相关路径中有许多频繁模式。由于矩阵乘法满足结合律，我们可以先迭代计算频繁模式的乘积，而那些频繁模式只需要计算一次。例如，我们只需要为对称路径 $AMAMA$ 计算一次频繁模式 AMA。由于短模式的出现更加频繁，我们只需在每次迭代中找到出现最频繁的关系对即可。
- **矩阵稀疏化**：相关性矩阵在乘法运算之后经常会变得更加稠密 [7]。稠密矩阵会导致两个困难点：(1) 矩阵乘法会耗费大量的时间和空间；(2) 加载和搜索这些稠密相关矩阵会耗费大量的时间和内存。因此，我们需要在不损失很多精度的前提下，根据矩阵乘法对可达概率矩阵进行稀疏化。基本思想是截断那些相关值小于阈值 ε 的不太重要的节点。静态阈值 [7] 在这里并不合适，因为它可能会截断一些具有较小相关值的重要节点，并保留那些有较大相关值的非重要节点。由于我们通常想要密切关注前 k 个推荐，我们将阈值 ε 设为矩阵中的前 k 个相关值，k 动态调整如下：

$$k = \begin{cases} L & L \leqslant W \\ \lfloor (L-W)^{\beta} \rfloor + W (\beta \in [0,1]) & \text{其他} \end{cases}$$

其中，L 是向量的长度，W 是决定非零元素多少的阈值。越大的 W 或 β 会让稠密矩阵的损失越少。为了快速确定前 k 个相关值，我们近似计算来自原始矩阵的样本数据。

8.1.4 系统演示

我们以 IMDB 电影数据为例，展示 HeteRecom 原型系统的应用。IMDB 电影数据是从网络电影数据库（www.imdb.com）下载的。IMDB 电影数据收集了 2010 年之前的 1591 部电影，其中的相关对象包括演员、导演和类型，它们构建为星形模型，如图 8.1b 所示。

图 8.3 演示了用 Java 写的 HeteRecom 系统界面。界面的左侧显示数据集的基本信息，右侧部分则显示推荐结果。在语义推荐中，用户指定关键词和语义路径，推荐结果将会在框中显示。图 8.3a 展示了指定“*MAM*”路径下与“Iron Man”有相同演员的电影。HeteRecom可以做出很多传统推荐系统无法做到的推荐。例如，推荐与“Arnold Schwarzenegger”的电影风格相同的电影可以通过*AMTM*。在相关推荐中，系统可以同时推荐不同类型的对象。图 8.3b 展示了电影“Iron Man”的推荐结果，它包含了相似电影、相关演员、导演和类型。在 HeteRecom 上，我们可以给出许多有意思的推荐。例如，如果我们搜索“action”，系统将会推荐相关的动作片、演员和导演。

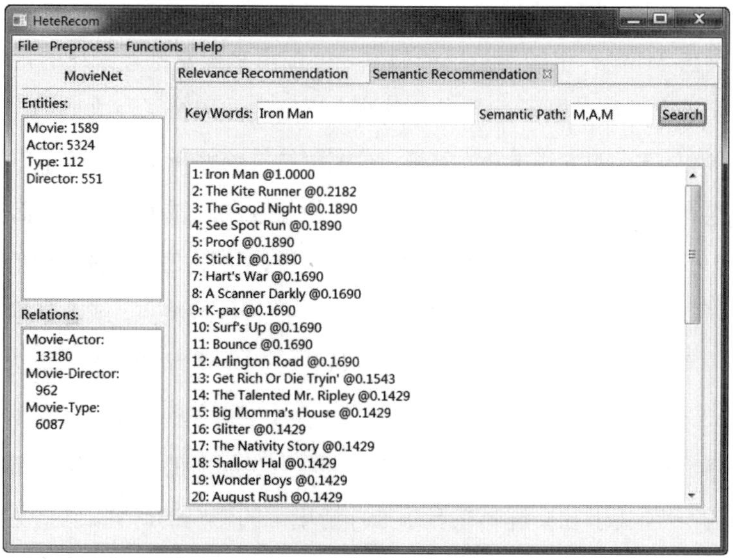

a) 基于 *MAM* 路径的语义推荐

图 8.3 HeteRecom 原型系统

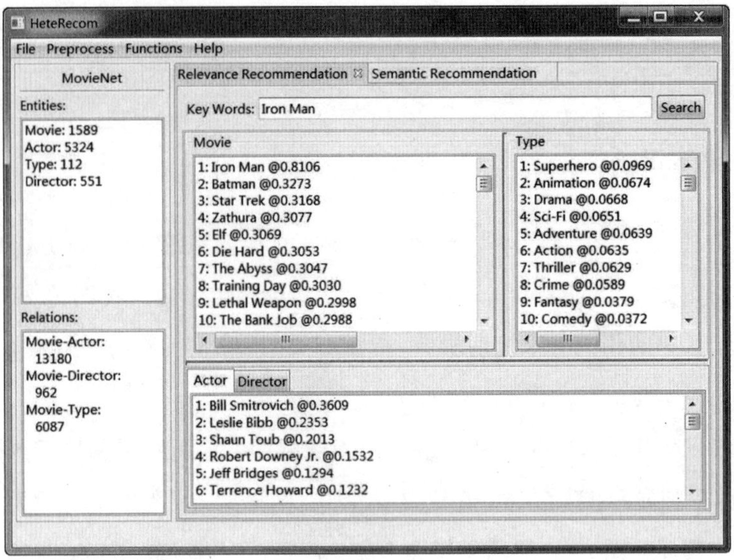

b) 相关推荐

图 8.3 （续）

8.2 可解释的推荐系统

8.2.1 概述

为了解决在 WWW 上的信息过载问题，许多用来构建推荐系统的推荐技术被提出。这些推荐系统已经在电子商务公司中被广泛应用并取得了巨大成功。例如亚马逊的书籍推荐和 Netflix 的电影推荐。但是，对推荐结果的解释是一个非常重要但却很少利用到的问题。好的解释可以帮助激发用户的信任度和忠诚度，并且提高他们的满意度。推荐解释可以让用户更快、更轻松地找到他们想要的内容，并说服他们尝试或购买推荐的物品 [20]。现在对推荐的解释通常使用用户的特征或特点，或者是推荐的物品作为中间实体。例如，MoviExplain 系统用电影特征来判定推荐 [15]，Vig 等人 [21] 设计了 Tagsplanations 来提供基于社区标签的解释。随着社交推荐的激增，出现了一些关于社会解释的研究。Wang 等人 [22] 提出了一种产生最有说服力的社会解释的算法；Sharma 等人 [9] 提出了一项关于社会解释在音乐推荐情境下的影响的研究。这些方法通过使用一种信息（如特征或社交关系）来解释推荐，但是推荐结果可能是源于复杂的异质信息和各种因素。推荐系统需要更加清晰地解释这些因素。

在本章中，我们提出了一个带有**解释**的**推荐**系统（称为 RecExp）。受最近激增的异质信息网络研究[11]的影响，我们将推荐系统中的对象和关系构建为异质信息网络。图8.4展示了电影推荐中的一个例子。在电影推荐中，异质信息网络不仅包含了不同类型的对象（如用户和电影），而且给出了对象之间的各种关系，如观看信息、社交关系和属性信息。此外，异质信息网络中的两个对象可以通过不同的路径连接，这个路径称为元路径。不同的元路径具有不同的含义。因此，我们可以通过连接两个用户的不同元路径找到一个用户的相似用户，然后在不同的源路径下组合不同的相似用户的推荐结果。基于这个想法，我们设计了附有解释的语义推荐系统 RecExp，它具有以下两个重要特征：

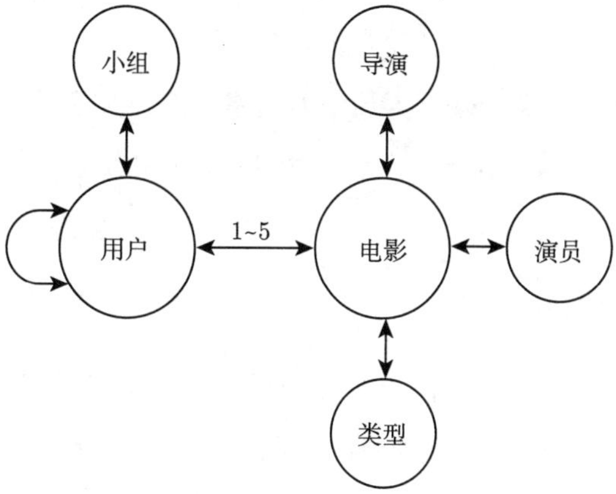

图 8.4　豆瓣电影推荐构成的 HIN 网络模式

- 语义推荐：利用不同的元路径，RecExp 可以找到不同的相似用户，从而根据这些相似用户生成不同的推荐结果。而且，这些元路径对应不同的推荐模型，因此 RecExp 可以通过选择合适的元路径来实现语义推荐。
- 推荐解释：RecExp 利用元路径的语义和权重来呈现个性化推荐解释，这可以显示用户的偏好并使解释更具说服力。

8.2.2　基于异质网络的推荐

在本节中，我们将会简要介绍 RecExp 中用到的基本概念和方法。异质信息网络[11]是一种特殊类型的信息网络，其数据结构是有向图，它包含了多种类型的对象或多种类型的连接。推荐系统中的对象及其关系构成了异质信息网络。图8.4显示了中国著名社交媒体豆瓣网的电影推荐系统的网络架构。该电影网络包括来自六种类型的实体对象（例如：用户、电影、小组、演员）以及它们之间的关系。对象之间的连接代表了不同的语义。例如，用户与用户之间存在连接表示友谊关系，而在用户与电影之间则表示评分与被评分关系。

1. 基于异质网络的推荐系统

对于一个目标用户，推荐系统通常根据与他/她相似的用户来推荐物品。异质信息网络存在许多连接用户的元路径 [13]，例如“用户–用户”（UU）和“用户–电影–用户”（UMU）。基于这些路径，用户具有了不同类型相似性。在获得用户基于路径的相似性后，我们可以根据相似用户给目标用户推荐物品。更重要的是，连接用户的不同元路径具有不同的语义，这可以表示不同的推荐模型。如图 8.4 的示例，UMU 路径表示与目标用户一起看过相同电影的用户。它将会给目标用户推荐观看记录相似的用户所看过的电影，它本质上是协同推荐。基于异质信息网络框架，我们可以通过正确设置元路径来灵活表示不同的推荐模型。在下一节中，我们将具体介绍语义推荐方法，其中的技术细节可以参考 [12]。

2. 单一路径的语义推荐

基于路径基础上的用户相似性，我们在给定路径下找到目标用户的相似用户，然后根据相似用户对某物品的评分来推断出目标用户对该物品的评分。假设评分的范围是 1 到 N（如 5）；P 是元路径的集合；$\boldsymbol{R} \in \mathbf{R}^{|U|\times|I|}$ 是评分矩阵，其中 $R_{u,i}$ 表示用户 u 对物品 i 的评分；$\boldsymbol{S} \in \mathbf{R}^{|U|\times|U|}$ 是基于路径的用户相似性矩阵，其中 $S_{u,v}^{(l)}$ 是用户 u 和 v 在路径 P_l 下的相似性。需要注意的是，相似性矩阵可以通过一些基于路径的相似性度量方法来离线计算出 [13]。在元路径 P_l 下，用户 u 对物品 i 的预测评分 $\hat{R}_{u,i}^{(l)}$ 表示为：

$$\hat{R}_{u,i}^{(l)} = \frac{\sum_{v=1}^{|U|} S_{u,v}^{(l)} \times R_{v,i}}{\sum_{v=1}^{|U|} S_{u,v}^{(l)}} \tag{8.7}$$

根据等式 8.7，我们可以预测出在给定路径下用户给某一物品的评分，并为目标用户推荐高分的物品。

3. 多路径混合推荐

不同的元路径下存在着不同的预测评分。为了计算综合得分，我们采用了带有权重正则化的个性化权重学习方法 [12]。众所周知，许多用户都有着类似的兴趣偏好，也就是说，我们假设两个相似的用户在元路径上有着一致的权重偏好。对于只有很少评分信息的用户，可以从他们的相似用户中学习路径权重，因为用户的相似性信息在元路径上变得更加有用。因此，我们设计了一个权重正则化项，它强制用户的权重与其相

似用户的权重平均值保持一致。权重矩阵表示为 $\boldsymbol{W} \in \mathbf{R}^{|U|\times|P|}$，其中每个输入表示为 $W_u^{(l)}$，意思是用户 u 在路径 P_l 下的偏好权重。

列向量 $\boldsymbol{W}^l \in \mathbf{R}^{|U|\times 1}$ 表示所有用户在路径 P_l 上的权重向量。以下的优化函数用来学习用户的偏好权重 W：

$$\begin{aligned}\min_{\boldsymbol{W}} \mathtt{L}(\boldsymbol{W}) &= \frac{1}{2}||\boldsymbol{I} \odot \left(\boldsymbol{R} - \sum_{l=1}^{|P|} diag(\boldsymbol{W}^{(l)})\hat{R}^{(l)}\right)||_2^2 \\ &+ \frac{\lambda_1}{2}\sum_{l=1}^{|P|}||\boldsymbol{W}^{(l)} - \bar{S}^{(l)}\boldsymbol{W}^{(l)}||_2^2 + \frac{\lambda_0}{2}||\boldsymbol{W}||_2^2 \\ s.t. \qquad & \boldsymbol{W} \geqslant 0\end{aligned} \tag{8.8}$$

其中 $\bar{S}_{u,v}^{(l)} = \dfrac{S_{u,v}^{(l)}}{\sum_v S_{u,v}^{(l)}}$ 是标准化的基于路径 P_l 的用户相似性，$\boldsymbol{I}$ 是指标矩阵，当用户 u 给物品 i 评分时，$I_{u,i} = 1$，否则 $I_{u,i} = 0$，符号 $\odot$ 是矩阵的 Hadamard 乘积，而 $\operatorname{diag}\left(\boldsymbol{W}^{(l)}\right)$ 表示从向量 $\boldsymbol{W}^{(l)}$ 变换的对角矩阵。

因此，用户 u 对物品 i 在所有路径下的预测评分 $\hat{R}_{u,i}$ 如下:

$$\hat{R}_{u,i} = \sum_{l=1}^{|P|} W_u^{(l)} \times \hat{R}_{u,i}^{(l)} \tag{8.9}$$

混合推荐的结果组合来自多个元路径的推荐，权重矩阵 $\boldsymbol{W}$ 则在这些路径上记录用户的偏好。因此，我们可以根据用户路径偏好和包含在每个路径中的语义来解释推荐结果。

8.2.3 系统框架

根据上面介绍基于异质信息网络的推荐方法，我们设计了 RecExp 系统。图 8.5 展示了系统架构，三个主要部件的详述如下:

- 数据层: 从不同的数据源（如数据库和 Web）提取数据以构建异质信息网络。图 8.4 展示了我们的示例电影推荐系统中的异质信息网络架构。
- 网络分析层: 分析异质信息网络并提供推荐服务。正如我们在上一节中所说明的，它先计算出用户在不同元路径下的相似性，如“用户–电影–用户”（UMU）。然后基于用户的相似性，我们通过给定路径找到目标用户的相似用户，然后目标用户的预测评分可以从这些相似用户对这部电影的评分推断出。不同的元路径下有着不同的预测分数。通过权重学习方法，我们为每个用户分配每条元路径下的偏好权重，且所有元路径下的最终预测评分可以是每个元路径下的预测评分的加权平均。

- 推荐服务层：为推荐服务提供了简洁友好的 Web 界面。推荐服务包含了通过设定不同的元路径得到的五种语义推荐、带有解释的混合推荐和进行过搜索的用户查看记录。

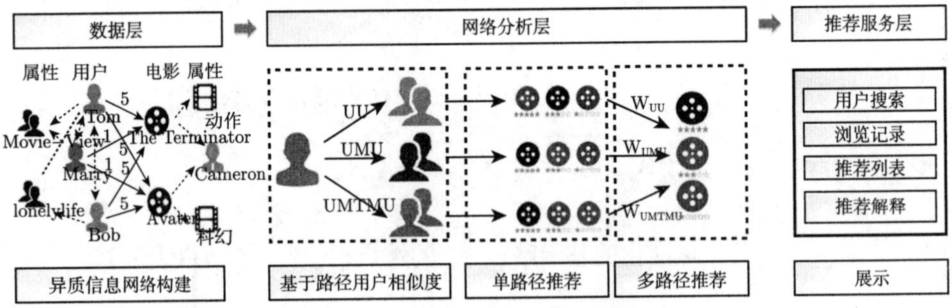

图 8.5 RecExp 的系统架构

8.2.4 系统演示

图 8.6 展示了 RecExp 系统的界面。它包含了 5 个主要部件：

- **搜索框**：用户可以往搜索框中输入某个用户的 ID。
- **推荐功能**：这里有六个推荐功能按钮。每个功能按钮通过选择元路径来表示典型的推荐模型。例如，协同过滤对应于 UMU 路径，社交推荐对应于 UU 路径。所选推荐模型的详细说明在按钮框下。例如，如果按下“混合推荐”的按钮，下面的面板将会显示“基于混合信息的推荐，如电影内容和社交关系”。
- **推荐清单**：其展示了你所选择推荐方法的前十个结果。
- **推荐解释**：选择“混合推荐”时会调用该功能。由于混合推荐通过多重元路径生成结果，因此扇形图显示了每个元路径下的权重，权重表示了在这些路径上的用户偏好。权重越大，用户就越喜欢从相应的元路径获得推荐。在扇形图的右侧，它显示三个最重要的元路径和相应的解释。在每个解释中，我们基于相应的元路径显示三个与目标用户最相似的用户。
- **浏览记录**：其展示了某个用户的浏览记录。

我们以豆瓣电影数据为例，展示了 RecExp 原型系统。豆瓣电影数据是从豆瓣网[⊖]上下载的。该数据集包含了 13 367 个用户，12 677 部电影和评分从 1 到 5 的 1 068 278

⊖ www.douban.com/。

个电影评分，其构建成图 8.4 的星形模式异质信息网络。数据集包括用户之间的社会关系以及用户和电影的属性信息。通过该数据集，我们将说明两个主要功能：语义推荐和带有解释的混合推荐。

在语义推荐中，用户可以指定用户 ID 和推荐模型（如协同推荐），推荐结果如图 8.6 所示。例如，我们指定 25 号用户并选择 5 种不同的推荐功能，结果在表 8.1 中展

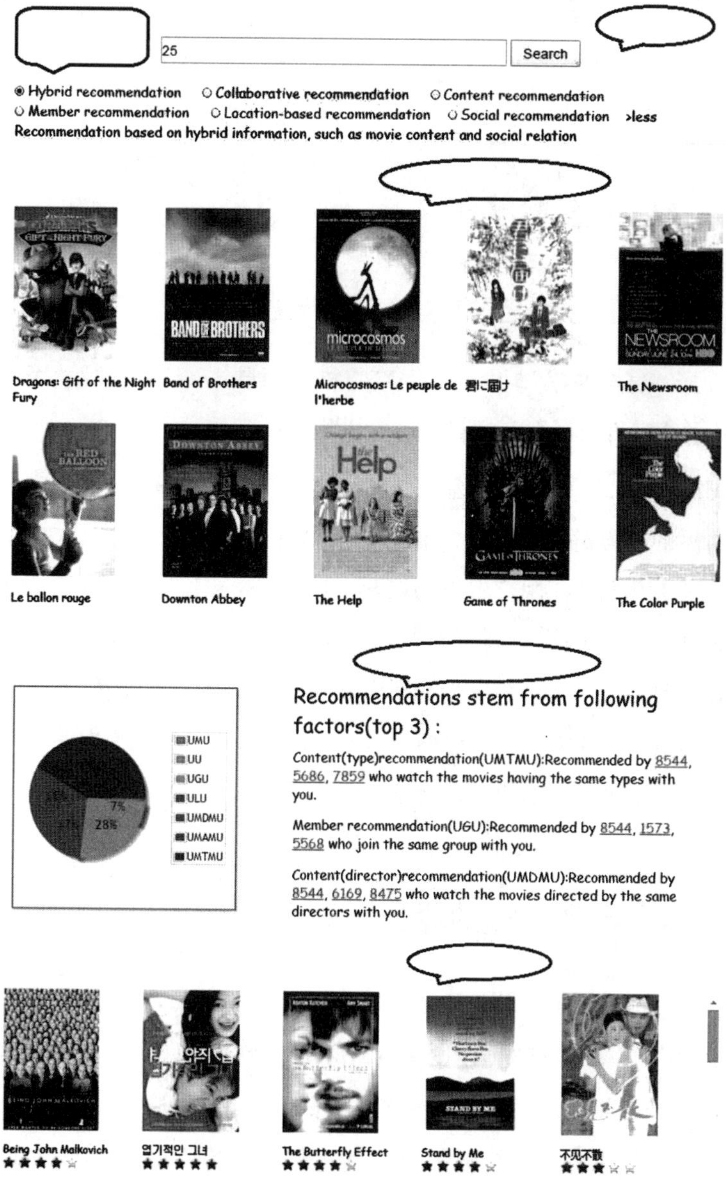

图 8.6　RecExp系统

示。我们可以看到推荐的结果根据不同的元路径而不同。不同的用户有他们个性化的偏好，通过设置适当的推荐模型，用户可以找到自己喜欢的电影。例如，如果用户更喜欢通过朋友的推荐来获取新电影，那么他可以选择社交推荐。

表 8.1 不同推荐功能所得到的结果

推荐模型	最好的 5 个推荐结果
协同过滤推荐	Sherlock, 127 Hours, Game of Thrones, Taxi Driver, The Crucible
内容推荐	The Big Bang Theory 2, Once a Thief, The Big Bang Theory 4, 2 Broke Girls, The Monkey King
成员推荐	The cove, Detachment, Inglorious Basterds, The Lives of Others, All About Lily
基于位置的推荐	Farewell My Concubine, Nuovo Cinema Paradise, The Cove, Saving Private Ryan, Sherlock
社交推荐	Spirited Away, The Pursuit of Happiness, Edward, Scissor Hands

当我们选择“混合推荐”功能时，系统将推荐源自 5 个语义推荐模型的复合结果，并展示前十个推荐。此外，推荐解释框会给出推荐的理由。

例如，我们搜索 25 号用户并选择“混合推荐”功能，系统将会展示推荐结果并给出如图 8.6 所示的推荐解释。在这种情况下，$UMTMU$ 路径具有最大权重，意味着用户对某类电影具有偏好。在用户看过的这些电影中，戏剧和爱情电影是他的最爱，所以这两种类型的电影在他的推荐列表中占有最大比例。系统捕获该用户对电影类型的偏好并在扇形图中展示。另外，系统会显示对应于三个最重要元路径的三个解释。例如，系统将会列出在 $UMTMU$ 路径下具有相同电影类型品位的最相似的三个用户，如果这些用户同意隐私协议并愿意展示自己的话。

8.3 其他基于异质网络的原型系统

在上面的部分，我们介绍了两个基于异质信息网络的推荐系统原型。除此之外，许多演示系统也在异质信息网络上设计了原型应用，Yu 等人 [23] 展示了异质网络中基于语义相似子结构的查询驱动发现原型系统。Danilevsky 等人 [3] 提出了 AMETHYST 系统，用于探索和分析由异质信息网络构建的主题层次结构。在 LikeMiner 系统中，Jin 等人 [6] 为带有“喜欢”功能的社交网络引入了一个异质网络模型，并提出了“喜欢”挖掘算法来估计对象的代表性和影响力。同时，他们也设计了 SocialSpamGuard [5]，一个用于社交网络安全的可扩展在线社交媒体垃圾邮件检测系统。以 DBLP 为例，Tao 等人 [18] 构建了一个 Research-Insight 系统来展示面向数据库的信息网络分析能力，其中包括排名、聚类、分类、推荐和预测。此外，他们构建了一个半结构化的新闻信息网络 NewsNet，并开发了一个名为 NewsNetExplorer 的系统 [19]，以提供一系列的新闻信息网络研究和挖掘功能。

一些真实应用的系统也设计出来。其中最著名的工作是 ArnetMiner㊀ [16]，为学术界提供全面的搜索和挖掘服务。ArnetMiner 不仅提供丰富的在线学术服务，也为异质信息网络分析提供了理想的测试平台。PatentMiner㊁[17] 是另外一个应用，用于分析和挖掘异质专利网络的通用主题驱动框架。

8.4 结论

随着异质信息网络分析的激增，无数原型系统甚至现实中的系统，都基于异质网络而构建。在本章中，我们介绍了两个推荐系统原型，而这两个原型系统说明了异质信息在语义捕获和信息整合方面的优势。然而，与异质信息网络的研究热潮相比，它的实际应用显得相对不足。未来，我们需要解决在系统构建中的实际问题，如噪声数据的网络构建、大规模数据的处理和新应用的场景设计等。

参考文献

1. Balabanovic, M., Shoham, Y.: Content-based collaborative recommendation. Commun. ACM **40**(3), 66–72 (1997)
2. Breese, J., Heckerman, D., Kadie, C.: Empirical analysis of predictive algorithms for collaborative filtering. In: UAI, pp. 43–52 (1998)
3. Danilevsky, M., Wang, C., Tao, F., Nguyen, S., Chen, G., Desai, N., Wang, L., Han, J.: Amethyst: a system for mining and exploring topical hierarchies of heterogeneous data. In: KDD, pp. 1458–1461 (2013)
4. Han, J.: Mining heterogeneous information networks by exploring the power of links. In: DS, pp. 13–30 (2009)
5. Jin, X., Lin, C.X., Luo, J., Han, J.: Socialspamguard: a data mining-based spam detection system for social media networks. Proc. Vldb Endow. **4**(12), 1458–1461 (2011)
6. Jin, X., Wang, C., Luo, J., Yu, X., Han, J.: LikeMiner: a system for mining the power of 'like' in social media networks. In: KDD, pp. 753–756 (2011)
7. Lao, N., Cohen, W.: Fast query execution for retrieval models based on path constrained random walks. In: KDD, pp. 881–888 (2010)

㊀ http://aminer.org/。

㊁ http://pminer.org/home.do?m=home。

8. Shang, M.S., Lu, L., Zhang, Y.C., Zhou, T.: Empirical analysis of web-based user-object bipartite networks. In: EPL, vol. 90(0120), p. 48006 (2010)
9. Sharma, A., Cosley, D.: Do social explanations work? Studying and modeling the effects of social explanations in recommender systems. In: WWW, pp. 1133–1143 (2013)
10. Shi, C., Kong, X., Yu, P.S., Xie, S., Wu, B.: Relevance search in heterogeneous networks. In: International Conference on Extending Database Technology, pp. 180–191 (2012)
11. Shi, C., Li, Y., Zhang, J., Sun, Y., Yu, P.S.: A survey of heterogeneous information network analysis. Comput. Sci. **134**(12), 87–99 (2015)
12. Shi, C., Zhang, Z., Luo, P., Yu, P.S., Yue, Y., Wu, B.: Semantic path based personalized recommendation on weighted heterogeneous information networks. In: The ACM International, pp. 453–462 (2015)
13. Sun, Y., Han, J.: Mining heterogeneous information networks: a structural analysis approach. SIGKDD Explor. **14**(2), 20–28 (2012)
14. Sun, Y.Z., Han, J.W., Yan, X.F., Yu, P.S., Wu, T.: PathSim: meta path-based top-K similarity search in heterogeneous information networks. In: VLDB, pp. 992–1003 (2011)
15. Symeonidis, P., Nanopoulos, A., Manolopoulos, Y.: Moviexplain: a recommender system with explanations. In: RecSys, pp. 317–320 (2009)
16. Tang, J., Zhang, J., Yao, L., Li, J., Zhang, L., Su, Z.: ArnetMiner: extraction and mining of academic social networks. In: KDD, pp. 990–998 (2008)
17. Tang, J., Wang, B., Yang, Y., Hu, P., Zhao, Y., Yan, X., Gao, B., Huang, M., Xu, P., Li, W., Others: PatentMiner: topic-driven patent analysis and mining. In: KDD, pp. 1366–1374 (2012)
18. Tao, F., Yu, X., Lei, K.H., Brova, G., Cheng, X., Han, J., Kanade, R., Sun, Y., Wang, C., Wang, L., Others: Research-insight: providing insight on research by publication network analysis. In: SIGMOD, pp. 1093–1096 (2013)
19. Tao, F., Brova, G., Han, J., Ji, H., Wang, C., Norick, B., El-Kishky, A., Liu, J., Ren, X., Sun, Y.: NewsNetExplorer: automatic construction and exploration of news information networks. In: SIGMOD, pp. 1091–1094 (2014)
20. Tintarev, N., Masthoff, J.: A survey of explanations in recommender systems. In: ICDE Workshop, pp. 801–810 (2007)
21. Vig, J., Sen, S., Riedl, J.: Tagsplanations: explaining recommendations using tags. In: IUI, pp. 47–56 (2009)
22. Wang, B., Ester, M., Bu, J., Cai, D.: Who also likes it? Generating the most persuasive social explanations in recommender systems. In: AAAI, pp. 173–179 (2014)
23. Yu, X., Sun, Y., Zhao, P., Han, J.: Query-driven discovery of semantically similar substructures in heterogeneous networks. In: KDD, pp. 1500–1503 (2012)

第 9 章
未来的研究方向

摘要 虽然许多数据挖掘任务已经应用了异质信息网络，但它仍然是一个年轻而有前途的研究领域。在这里，我们将介绍一些先进的研究方向，包括具有挑战性的研究问题和一些未探索的任务，并指出一些潜在的未来研究方向。

9.1 更复杂的网络构建

在当代研究中存在一个基本假设，即我们所要研究的异质信息网络定义明确，网络中的对象和链接是也是清晰明确的，然而在实际应用中并非如此。实际上，从真实数据中构建异质信息网络常常面临着挑战。

如果网络数据是像关系数据库一样的结构化数据，则可以很容易地构建模式定义良好的异质信息网络，例如 DBLP 网络 [36] 和电影网络 [28,52]。然而，即便在这种异质网络中，对象和链接仍然可能存在噪声。(1) 网络中的对象可能与现实世界中的实体不完全对应，例如在文献数据中的重名 [47]。也就是说，网络中的一个对象可以指代多个实体，或者是不同的对象可以指代同一个实体。我们可以将实体解析 [1] 与网络挖掘相结合，来预处理对象或链接。例如，Shen 等人 [27] 提出了一个概率模型 SHINE，用于将从非结构化 Web 文本中检测到的命名实体提及与存在于异质信息网络中的相应实体相关联。Ren 等人 [26] 提出一个基于关系短语的实体识别框架，称为 ClusType。该框架通过数据驱动的短语挖掘来生成实体提及候选集合和关系短语，并在由参数实体构造的异质网络中传播类型信息时，实施关系短语软聚类的原则。(2) 对象之间的关系有时可能没有明确给出或者不完整。例如，像 DBLP 网络中的 advisor-advisee 关系 [38]。

链接预测 [18] 可以用于填补综合网络中缺失的关系。(3) 对象和链接可能不可靠或置信度不高。例如，来自电子商务网站中的不准确的项目信息和来自多个网站的某些对象的冲突信息。但是，我们可以通过构建 HIN 捕获节点实体之间的依赖关系来清洗和整合数据，例如可信建模 [48,59]，垃圾邮件检测 [45]，以及问答系统中的问题、答案和用户的共同排名。

如果网络数据是非结构化数据，例如文本数据、多媒体数据和多语言数据，那么构建合格的异质信息网络会变得更具挑战性。为了构建高质量的异质信息网络，信息抽取、自然语言处理和许多其他技术都应该与网络构建相结合。挖掘高质量短语是由文本数据形成网络实体的关键阶段。Kishky 等人 [6] 提出计算高效且效果明显的模型 ToPMine，它首先执行一个短语挖掘框架，将文档分割成单个和多个单词短语，然后采用一个新的主题模型，操作导出的文档分区。此外，Liu 等人 [21] 提出了一种高效且可扩展的方法 SegPhrase+，它将高质量的短语抽取和短语分割结合起来。除了对文本数据的基于词袋模型的表示之外，一些研究者还尝试借助异质信息网络来表示文档。Wang 等人 [41] 首先将文档中的实体映射到知识库（例如 Freebase），然后将知识库看作 HIN 来挖掘实体间的内部关系。此外，Wang 等人 [40,43] 采用世界知识作为间接监督来提升文档聚类结果。最近，Wang 等人 [42] 通过将文本表示为 HIN 提出用于分类的 HIN 内核概念。关系抽取是网络中对象间形成链接的另一个重要步骤。Wang 等人 [38] 从文献数据中挖掘出隐藏的 advisor-advisee 关系，并进一步推断具有异质属性和链接的偏序对象之间的层次关系 [39]。从广义上讲，我们也可以从多媒体数据和多语言数据中提取实体和关系来构建异质网络，就如同我们在文本数据上所做的处理那样。

9.2 更强大的挖掘方法

对于无处不在的异质信息网络，很多数据挖掘任务已经提出了相应的挖掘方法。正如我们之前所说，异质信息网络有两个重要特征：复杂的结构和丰富的语义。根据这两个特点，我们总结了一些当下的工作并指出未来的方向。

9.2.1 网络结构

在异质网络中，对象可以以不同的形式表示。二分图被广泛用于表示两种类型的对象和它们之间的关系 [10,23]。作为二分图的扩展，K 分图 [22] 能够表示多种类型的对象。近年来异质网络通常被构建成星形模式网络，如文献数据 [29,34,36] 和电影数据 [28,52]。

为了结合异质和同质信息，还提出了自循环 [46] 星形框架。与星形模式网络中仅存在一种中心对象类型不同，一些网络数据具有多个中心对象类型。例如，生物信息学数据 [31]，对于这种网络，Shi 等人 [31] 提出一种 HeProjI 方法，将一般的异质网络投影到一系列具有二分或星形模式结构的子网络中。

在应用方面，网络数据通常更复杂和不规则。一些真实网络可能包含链接上的属性值，这些属性值可能包含重要信息。例如，用户通常会在电影推荐系统对电影从 1 到 5 进行评分，其中评分分数代表用户对电影的态度，而文献网络里作者与论文之间的作者可以取值（例如，1、2、3）代表论文中作者的顺序。在这种应用中，我们需要考虑属性值对加权异质信息网络的影响 [32]。还有一些时间序列数据，例如，一段时间的文献数据以及用户和电影的评分信息。对于这种数据，我们需要构建动态异质网络 [35] 并考虑时间因素的影响。在某些应用中，一种对象可能存在于多个异质网络中 [12,54]。例如，用户通常存在于多个社交网络中，如 Facebook、Google+ 和 Twitter。在这种应用中，我们需要对齐不同的网络中的用户并有效融合来自不同网络的信息 [55-57]。更广泛地说，很多网络数据难以用具有简单网络模式的异质网络来建模。例如，在 RDF 数据中，有很多类型的对象和关系，无法用网络模式 [25,40] 来描述。这种富含模式的 HIN[3,44] 产生了许多研究问题，例如，具有多种类型的对象和关系的管理以及元路径自动生成问题。随着真实的网络数据变得越来越复杂，我们需要设计更加强大、更为灵活的异质网络，这也为数据挖掘提供了更多的挑战。

9.2.2 语义挖掘

HIN 中独特的特性是对象和链接包含丰富的语义。元路径可以有效地捕获对象之间的细微语义，很多工作都已经利用了基于元路径的挖掘任务。例如，在相似性度量任务中，对象对在不同的元路径下有不同的相似性 [29,36]。在推荐任务中，不同路径下可以推荐不同的物品 [32]。此外，元路径也广泛用于特征提取，可以在不同的元路径下测量对象相似度，这可以被用作许多任务的特征向量，如聚类 [37]，链接预测 [2] 和推荐 [53]。

然而，一些研究人员已经注意到元路径的缺点。由于元路径无法捕获更多的微观语义，因此在某些应用中，一些研究人员考虑通过一些约束来改进元路径。例如，“作者–论文–作者”路径描述了作者之间的协作关系。然而，它无法描述例如 Philip S. Yu 和 Jiawei Han 在数据挖掘领域有很多合作，但他们很少在信息检索领域进行合作这样的事实。为了克服元路径中存在的缺点，Shi 等人 [16] 提出约束元路径概念，它可以限制对象上的

一些约束。以第一章中的图 1.3c 为例，受约束的元路径 $APA|P.L=$ “Data Mining” 通过使用“Data Mining”约束论文的标签来表示数据挖掘领域的共同作者关系。此外，Liu 等人 [20] 提出了“受限元路径”的概念，它通过允许对节点集的限制来对异质文献网络进行深入的知识挖掘。除此之外，传统的 HIN 和元路径不考虑链接上的属性值，而加权链接在实际应用中非常常见，例如推荐系统中用户和物品之间的评分与文献网络中论文的作者顺序。以第 5 章的图 5.2 为例，用户和电影之间的评分关系可以采取从 1 到 5 的分数。Shi 等人 [32] 提出加权元路径来考虑链接上的属性值，通过区分不同的链接属性值更巧妙地捕获路径语义。

另一方面，一些研究人员考虑通过融合多条相关的元路径来捕获更多的宏观语义。例如，两位作者写了两篇不同的论文，其中都提到了挖掘术语并在同一会议发表，而另外两位作者也写了两篇不同的论文并在同一会议发表，但没有提及相同的术语。因此，在第一种情况下的两位作者的相似性得分应该高于第二种情况下的两位作者。但是，单条元路径 $APVPA$ 或 $APTPA$ 都不能注意到这一点。为了解决这个缺点，Huang 等人 [9] 提出基于元结构的相关性度量，其中元结构是元路径的组合。同样地，Fang 等人 [7] 提出元图概念，它是定义在图模式上的子图，可以衡量对象之间的语义相似度。作为一种有效的语义捕获工具，元路径已经显示出其在语义捕获和特征选择方面的强大功能。但是，在某些应用中它可能是很粗粒度的，所以我们需要扩展传统的元路径来进行更微妙的语义捕获。从广义上讲，我们也可以设计新的和更强大的语义捕获工具。

更重要的是，元路径方法面临着路径选择和其权值重要性的挑战。如何在实际应用中选择元路径？从理论上讲，HIN 中存在着无限多的元路径。在当前工作中，HIN 的网络模式通常很小而且很简单，所以我们可以根据领域知识和经验分配一些简单而有意义的元路径。Sun 等人 [36] 已经证明，长的元路径没有意义，且在相似性度量方面并不能取得好的效果，然而，目前也并没有工作研究长元路径在其他挖掘任务上的影响。此外，在一些复杂网络（如 RDF 网络）中，即使是短路径却也有很多元路径。在这种情况下自动提取元路径成为了一项关键任务。最近，Meng 等人 [25] 研究如何自动发现元路径，这可以最好地解释节点对之间的关系。另一个重要问题是自动确定元路径的权重，现已提出一些方法来探索这个问题。例如，Lao 等人 [14] 采用监督方法来学习权重，Sun 等人 [37] 将元路径选择和用户引导的信息结合起来进行聚类；另外，Liang 等人 [17] 寻求了与最佳关系类型匹配的 K 个最有趣的路径实例。因此，仍有一些有趣的研究工作值得去做。所学的理想路径权重应体现路径的重要性并反映用户的偏好。然而，基于不同路径的相似性评估具有显著偏差，这可能使路径权重难以反映路径的重要性，因此需要优先处理路径权重。此外，如果真实应用中存在大量元路径（例如，RDF 网络），则路径权重学习将更加重要且更具有挑战性。

在图 9.1 中，我们从两个角度总结了 HIN 领域的一些典型工作：网络结构和语义探索。我们分别从上述六个挖掘任务中选择几个经典的研究工作，并根据网络结构和语义探索将这些工作将其放在一个坐标中。请注意，我们使用标题中关键词的第一个字母来命名未命名的方法，例如 UGES [51] 和 CPIH [50]。沿着 X 轴，网络结构变得更加复杂，语义信息沿着 Y 轴变得更加丰富。例如，RankClus [33] 是为双型网络设计的，只捕获链接语义（不同类型的链接包含不同的语义），而 PathSim [36] 可以处理更复杂的星形模式网络，并使用元路径更深入地捕获语义。此外，SemRec [32] 向链接添加约束从而在加权 HIN 中探索更微妙的语义信息。从图中，我们还可以发现大多数已有工作关注于简单的网络结构（例如，二分或星形模式网络）和主要语义探索（例如，元路径）。在未来，我们可以利用更强大的语义捕获工具来探索挖掘更复杂的异质网络。

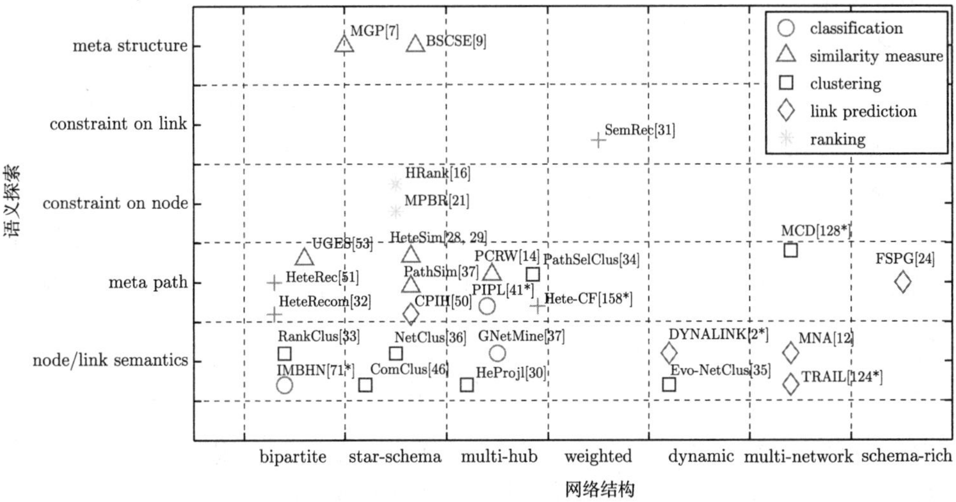

图 9.1 基于网络结构和语义探索的 HIN 典型工作综述，引用里的 “*” 表示该引用来自第二章

9.3 更庞大的网络数据

为了阐述 HIN 的优点，我们需要在更广泛的领域中设计大型网络的数据挖掘算法。多样性是大数据的一个重要特征，而 HIN 是处理大数据多样性的一种强大工具，因为它可以灵活有效地融合各种对象和异质信息。然而，构建实际的基于 HIN 的分析系统

是一件不容易的工作。除了上面提到的研究挑战如网络构建之外，它将面临很多实际技术挑战。一个实际的 HIN 是很庞大的，甚至是动态的，所以它通常不能完全存在内存中，也很难直接处理。我们知道一用户一次只能关注节点、链接或子网络的一小部分，我们可以不直接挖掘整个网络，而是基于特定用户约束或者预期的节点/链接的行为，挖掘隐藏但很小的，从已有网络中动态抽取出来的网络。如何从这样的一个隐藏的但非独立的网络中发现这样的隐藏网络和挖掘知识（例如，聚类、行为和异常）可能是一个有趣但具有挑战性的问题。

当前大多数 HIN 上的数据挖掘任务仅适用于小型数据集，并且没有考虑大数据上的快速并行处理，一些研究工作已经开始考虑在 HIN 上快速计算挖掘算法。例如，Sun 等人 [36] 设计了一种基于共同聚类的修剪策略，用于加快 PathSim 的处理速度。Lao 等人 [13] 提出 PCRW 的快速计算策略，Shi 等人 [24,30] 也考虑 HeteSim 上的快速/并行计算。此外，云计算还提供了处理大型网络化数据的选择。虽然已经提出了并行图挖掘算法 [4] 和平台 [11]，但是并行 HIN 分析方法还面临一些独特的挑战。例如，HIN 的划分需要考虑计算节点的过载平衡，以及不同类型节点的平衡。此外，在划分的子图中挖掘集成路径语义也很具挑战性。

9.4 更多的应用领域

由于 HIN 的独特的特性，如之前所总结，已经有许多工作在 HIN 上探索了数据挖掘任务。实际上，可以在 HIN 上研究更多的数据挖掘任务。在这里，我们介绍两种潜在的应用。

在线分析处理（OLAP）已经展现出其在结构化、关系化数据的多维分析中上的强大能力 [5]。当我们从不同角度和不同粒度级别看待异质信息网络时，也可以进行类似的分析。以文献网络为例，当我们将论文和会议指定为对象类型并将发表关系看作链接类型时，就可以在时间或空间维度上观察到发表的论文的变化。已经有一些学者就此问题进行了一些初步研究。Zhao 等人 [58] 引入图立方从而有效支持在大型多维网络上的 OLAP 查询；Li 等人 [15] 设计了 InfoNetOLAPer，为信息网络提供面向主题的、集成的和多维组织的解决方案。Yin 等人 [49] 开发了一种新型的 HMGraph OLAP 框架来挖掘具有更多维度和操作的多维异质信息网络。这些工作将链接关系视为一种度量，但它们通常忽略由多个节点和链接确定的异质网络中的语义信息。因此，对异质信息网络在线分析处理的研究仍然是值得探索的。

信息传播是一个广阔的研究领域，吸引了来自许多领域的研究兴趣，如物理学和生物学。在同质网络上 [8] 研究传统信息传播，信息只在单通道上进行传播。然而，在许多应用中，信息或疾病都是在不同类型的对象之间传播的。例如，疾病可能通过不同的渠道在人、不同种类的动物和食物之间传播，而很少有人探讨这个问题。Liu 等人 [19] 提出一个生成图模型，它利用异质链接信息和与每个节点相关的文本内容来挖掘主题级别的直接影响。为了捕捉更好地代表现实世界模式的传播模型，需要更多地关注异质信息网络上信息传播的研究。

参考文献

1. Bhattacharya, I., Getoor, L.: Collective entity resolution in relational data. ACM Trans. Knowl. Discov. Data **1**(1), 5 (2007)
2. Cao, B., Kong, X., Yu, P.S.: Collective prediction of multiple types of links in heterogeneous information networks. In: ICDM, pp. 50–59 (2014)
3. Cao, X., Zheng, Y., Shi, C., Li, J., Wu, B.: Link prediction in Schema-Rich heterogeneous information network. In: PAKDD, pp. 449–460 (2016)
4. Cohen, J.: Graph twiddling in a MapReduce world. Comput. Sci. Eng. **11**(4), 29–41 (2009)
5. Colliat, G.: OLAP, relational, and multidimensional database systems. ACM Sigmod Rec. **25**(3), 64–69 (1996)
6. El-Kishky, A., Song, Y., Wang, C., Voss, C.R., Han, J.: Scalable topical phrase mining from text corpora. PVLDB **8**(3), 305–316 (2014)
7. Fang, Y., Lin, W., Zheng, V.W., Wu, M., Chang, C.C., Li, X.L.: Semantic proximity search on graphs with metagraph-based learning. In: ICDE, pp. 277–288 (2016)
8. Gruhl, D., Guha, R., Liben-Nowell, D., Tomkins, A.: Information diffusion through blogspace. In: WWW, pp. 491–501 (2004)
9. Huang, Z., Zheng, Y., Cheng, R., Sun, Y., Mamoulis, N., Li, X.: Meta structure: Computing relevance in large heterogeneous information networks. In: KDD, pp. 1595–1604 (2016)
10. Jamali, M., Lakshmanan, L.V.S.: HeteroMF: recommendation in heterogeneous information networks using context dependent factor models. In: WWW, pp. 643–654 (2013)
11. Kang, U., Tsourakakis, C.E., Faloutsos, C.: Pegasus: A peta-scale graph mining system implementation and observations. In: ICDM, pp. 229–238 (2009)
12. Kong, X., Zhang, J., Yu, P.S.: Inferring anchor links across multiple heterogeneous social networks. In: CIKM, pp. 179–188 (2013)
13. Lao, N., Cohen, W.: Fast query execution for retrieval models based on path constrained random walks. In: KDD, pp. 881–888 (2010)
14. Lao, N., Cohen, W.W.: Relational retrieval using a combination of path-constrained random walks. Mach. Learn. **81**(2), 53–67 (2010)
15. Li, C., Yu, P.S., Zhao, L., Xie, Y., Lin, W.: InfoNetOLAPer: integrating InfoNetWarehouse and InfoNetCube with InfoNetOLAP. PVLDB **4**(12), 1422–1425 (2011)
16. Li, Y., Shi, C., Yu, P.S., Chen, Q.: HRank: a path based ranking method in heterogeneous information network. In: WAIM, pp. 553–565 (2014)
17. Liang, J., Ajwani, D., Nicholson, P.K., Sala, A., Parthasarathy, S.: What links alice and bob?: Matching and ranking semantic patterns in heterogeneous networks. In: WWW, pp. 879–889 (2016)
18. Liben-Nowell, D., Kleinberg, J.: The link-prediction problem for social networks. J. Am. Soc. Inform. Sci. Technol. **58**(7), 1019–1031 (2007)

19. Liu, L., Tang, J., Han, J., Jiang, M., Yang, S.: Mining topic-level influence in heterogeneous networks. In: CIKM, pp. 199–208 (2010)
20. Liu, X., Yu, Y., Guo, C., Sun, Y.: Meta-path-based ranking with pseudo relevance feedback on heterogeneous graph for citation recommendation. In: CIKM, pp. 121–130 (2014)
21. Liu, J., Shang, J., Wang, C., Ren, X., Han, J.: Mining quality phrases from massive text corpora. In: SIGMOD, pp. 1729–1744 (2015)
22. Long, B., Wu, X., Zhang, Z., Yu, P.S.: Unsupervised learning on k-partite graphs. In: KDD, pp. 317–326 (2006)
23. Long, B., Zhang, Z.M., Yu, P.S.: Co-clustering by block value decomposition. In: KDD, pp. 635–640 (2005)
24. Meng, X., Shi, C., Li, Y., Zhang, L., Wu, B.: Relevance measure in large-scale heterogeneous networks. In: APWeb, pp. 636–643 (2014)
25. Meng, C., Cheng, R., Maniu, S., Senellart, P., Zhang, W.: Discovering meta-paths in large heterogeneous information networks. In: WWW, pp. 754–764 (2015)
26. Ren, X., El-Kishky, A., Wang, C., Tao, F., Voss, C.R., Han, J.: ClusType: effective entity recognition and typing by relation phrase-based clustering. In: KDD, pp. 995–1004 (2015)
27. Shen, W., Han, J., Wang, J.: A probabilistic model for linking named entities in web text with heterogeneous information networks. In: SIGMOD, pp. 1199–1210 (2014)
28. Shi, C., Zhou, C., Kong, X., Yu, P.S., Liu, G., Wang, B.: HeteRecom: a semantic-based recommendation system in heterogeneous networks. In: KDD, pp. 1552–1555 (2012)
29. Shi, C., Kong, X., Yu, P.S., Xie, S., Wu, B.: Relevance search in heterogeneous networks. In: International Conference on Extending Database Technology, pp. 180–191 (2012)
30. Shi, C., Kong, X., Huang, Y., Philip, S.Y., Wu, B.: Hetesim: a general framework for relevance measure in heterogeneous networks. IEEE Trans. Knowl. Data Eng. **26**(10), 2479–2492 (2014)
31. Shi, C., Wang, R., Li, Y., Yu, P.S., Wu, B.: Ranking-based clustering on general heterogeneous information networks by network projection. In: CIKM, pp. 699–708 (2014)
32. Shi, C., Zhang, Z., Luo, P., Yu, P.S., Yue, Y., Wu, B.: Semantic path based personalized recommendation on weighted heterogeneous information networks. In: CIKM, pp. 453–462 (2015)
33. Sun, Y., Han, J., Zhao, P., Yin, Z., Cheng, H., Wu, T.: RankClus: Integrating clustering with ranking for heterogeneous information network analysis. In: EDBT, pp. 565–576 (2009)
34. Sun, Y., Yu, Y., Han, J.: Ranking-based clustering of heterogeneous information networks with star network schema. In: KDD, pp. 797–806 (2009)
35. Sun, Y., Tang, J., Han, J., Gupta, M., Zhao, B.: Community evolution detection in dynamic heterogeneous information networks. In: MLG, pp. 137–146 (2010)
36. Sun, Y.Z., Han, J.W., Yan, X.F., Yu, P.S., Wu, T.: PathSim: meta path-based Top-K similarity search in heterogeneous information networks. In: VLDB, pp. 992–1003 (2011)
37. Sun, Y., Norick, B., Han, J., Yan, X., Yu, P.S., Yu, X.: Integrating meta-path selection with user-guided object clustering in heterogeneous information networks. In: KDD, pp. 1348–1356 (2012)
38. Wang, C., Han, J., Jia, Y., Tang, J., Zhang, D., Yu, Y., Guo, J.: Mining advisor-advisee relationships from research publication networks. In: KDD, pp. 203–212 (2010)
39. Wang, C., Han, J., Li, Q., Li, X., Lin, W.P., Ji, H.: Learning hierarchical relationships among partially ordered objects with heterogeneous attributes and links. In: SDM, pp. 516–527 (2012)
40. Wang, C., Song, Y., El-Kishky, A., Roth, D., Zhang, M., Han, J.: Incorporating world knowledge to document clustering via heterogeneous information networks. In: KDD, pp. 1215–1224 (2015)
41. Wang, C., Song, Y., Li, H., Zhang, M., Han, J.: Knowsim: A document similarity measure on structured heterogeneous information networks. In: ICDM, pp. 1015–1020 (2015)
42. Wang, C., Song, Y., Li, H., Zhang, M., Han, J.: Text classification with heterogeneous information network kernels. In: AAAI, pp. 2130–2136 (2016)
43. Wang, C., Song, Y., Roth, D., Zhang, M., Han, J.: World knowledge as indirect supervision for document clustering (2016). arXiv preprint. arXiv:1608.00104
44. Wang, C., Sun, Y., Song, Y., Han, J., Song, Y., Wang, L., Zhang, M.: Relsim: relation similarity search in schema-rich heterogeneous information networks. In: Siam International Conference on Data Mining, pp. 621–629 (2016)

45. Wang, G., Xie, S., Liu, B., Yu, P.S.: Identify online store review spammers via social review graph. TIST **3**(4), 61 (2012)
46. Wang, R., Shi, C., Yu, P.S., Wu, B.: Integrating clustering and ranking on hybrid heterogeneous information network. In: PAKDD, pp. 583–594 (2013)
47. Yin, X., Han, J., Yu, P.S.: Object distinction: distinguishing objects with identical names. In: ICDE, pp. 1242–1246 (2007)
48. Yin, X., Han, J., Yu, P.S.: Truth discovery with multiple conflicting information providers on the web. Knowl. Data Eng. **20**(6), 796–808 (2008)
49. Yin, M., Wu, B., Zeng, Z.: HMGraph OLAP: a novel framework for multi-dimensional heterogeneous network analysis. In: DOLAP, pp. 137–144 (2012)
50. Yu, X., Gu, Q., Zhou, M., Han, J.: Citation prediction in heterogeneous bibliographic networks. In: SDM, pp. 1119–1130 (2012)
51. Yu, X., Sun, Y., Norick, B., Mao, T., Han, J.: User guided entity similarity search using meta-path selection in heterogeneous information networks. In: CIKM, pp. 2025–2029 (2012)
52. Yu, X., Ren, X., Sun, Y., Sturt, B., Khandelwal, U., Gu, Q., Norick, B., Han, J.: Recommendation in heterogeneous information networks with implicit user feedback. In: RecSys, pp. 347–350 (2013)
53. Yu, X., Ren, X., Sun, Y., Gu, Q., Sturt, B., Khandelwal, U., Norick, B., Han, J.: Personalized entity recommendation: a heterogeneous information network approach. In: WSDM, pp. 283–292 (2014)
54. Zhang, J., Kong, X., Yu, P.S.: Predicting social links for new users across aligned heterogeneous social networks. In: ICDM, pp. 1289–1294 (2013)
55. Zhang, J., Shao, W., Wang, S., Kong, X., Yu, P.S.: Partial network alignment with anchor meta path and truncated generic stable matching. ArXiv e-prints (2015)
56. Zhang, J., Yu, P.S.: Integrated anchor and social link predictions across social networks. In: IJCAI, pp. 2125–2131 (2015)
57. Zhang, J., Yu, P.S.: Multiple anonymized social networks alignment. In: ICDM, pp. 599–608 (2015)
58. Zhao, P., Li, X., Xin, D., Han, J.: Graph cube: on warehousing and OLAP multidimensional networks. In: SIGMOD, pp. 853–864 (2011)
59. Zhao, B., Rubinstein, B.I.P., Gemmell, J., Han, J.: A bayesian approach to discovering truth from conflicting sources for data integration. PVLDB **5**(6), 550–561 (2012)